Heibonsha Library

ニセレクション

平凡社ライブラリー

Heibonsha Library

藤田省三セレクション

藤田省三著
市村弘正編

平凡社

本著作は、平凡社ライブラリーのオリジナル編集です。

目次

III

IV

本書は、藤田省三の代表的文章を集めたものである。「理論人の形成——転向論前史」についで『戦後精神の経験』1（影書房、一九九六年）を底本にした以外、すべての文章についで『藤田省三著作集』（全一〇巻、みすず書房、一九九七〜九八年）を底本に用いた。

I

天皇制国家の支配原理　序章

明治以来の近代日本において、「天皇」の語の意味連関は、実に複雑多岐にわたっている。むろん、あらゆる政治的象徴は、それが取り上げられる政治的状況と、それを操作する政治的勢力の企図如何によって全く逆の意味内容を表象することすら屢々である。しかし「天皇」観念の多義性は、行論のうちに明かになるように、全く同じ政治的状況のもとで同じ政治的支配者の中に、同時に主観的真実として存在しているというてんで、まさに「万国に冠たるもの」があった。象徴としての「天皇」は、或は、「神」として宗教的倫理の領域に高昇して価値の絶対的実体として超出し、或は又、温情に溢れた最大最高の「家父」として人間生活の情緒《ゲミュート》の世界に内在して、日常的親密をもって君臨する。しかし又その間にあって、「天皇」は政治的主権者として万能の「君権」を意味していた。したがって前二者にあっては、「天皇」の支配体制《レジーム》は、政治外的領域を基礎とした「神国」となり、或は「家族国家」となるが、後者においては、体制は、最高の権力者によって統合される「政治国家」そのものに他ならなかった。

そうしてこうしたもろもろの体制観念が同一化して行ったことによって、赤裸々な権力行使は、一方で神の命令として至上化されながら、他方で「涙の折檻、愛の鞭」[*1]として温情と仁慈の所産とされ、権力は権力として自己の存在理由を主張する近代的国家理性を失い、被治者に対する権力の陰蔽は支配者の理性と責任意識をも自己陰蔽して、そこに権力の無制約な拡延を生み落したのである。政治権力が「権力に内存する真理性」[*2]（ヘーゲル）への自覚を喪失して、政治外に存在理由を求めて行く過程は、他ならぬ権力が全生活領域に普遍化し、したがって、日常化し、権力の放恣化を帰結して行く過程であるが、わが近代日本においてはとくに権力が道徳と情緒の世界に自らを基礎付けたことによって、権力の客観的な放恣化は主観的に神聖化され、したがって「主体的」に促進されることにさえ至る。そうしてこの論理過程は同時に、近代日本の政治が辿った歴史過程でもあった。

　明治維新において、君「徳」による支配に代えて君「威」によって集権国家を形成せんとした権力独立への志向[*3]は、明治中期から末期にかけて、いわゆる「家族国家」原理が貫徹せしめられ[*4]、最も基礎的な第一次集団たる「家」が権力組織の範型とされることによって根絶されたかに見えた。しかるにその後、日本社会の急速な資本制化に支えられたいわゆる「大正デモクラシー」においては、「君意民心の一致」[*5]すなわち天皇制国家統合の透明化のためには、「我が帝国古来の精神的方法」[*6]によるだけでなくて、「器械的即ち制度的方法」[*7]具体的には普選と政党政治とによって「之を補足すること」[*8]（尾崎行雄）が必要とされるに至った。ここでは、権力主体の転換が何等問題とされない以上、民本主義運動自体の中にはデモクラシーへの志向性は存在しなかった。しかし伝統的支配方法の「補足」手段としてであれ政党政治化による統合の「制度化」を意図したところには、明かに国内社会に於ける特殊意思の存在を暗黙に承認し、多元的特殊意思の「一致」の機構的保障を問題とする態度が存在していた。ここには国家を政治制度の領域に限定する萌芽が認められるであろう。もし支配が機械的制度に専ら依拠するものとなるときには、必然にそうした制度外の非機械的有機的生活領域とりわけ人間の内面生活は支配すべからざるものとして国家から解放されねばならないのである。けれどもこの方向は、最終的には、昭和大恐慌を劃期とするファッショ化の時期において、完全に圧殺された。そうして、それへの過程として、いくつかの面を持ちながらも、先述の「民本主義」の系列があった。

「部落組合」「町内会」「隣組」から宗教的乃至は修養団体的性格をもつ各種の「講」にいたるまで、あらゆる日常生活秩序がいわば非政治的支配機関と化し、支配権力は日常生活秩序の上にではなく、その中に存在するものになったのである。ここにおいて政治権力はそれが心情と日常道徳の世界の裡《ウチ》に存在している限り、安んじて暴力を恣にすることが出来た。維新において企図された絶対主義的政治国家は、日本資本主義社会が形成されるにつれて、社会の上に相対化されず、逆にその中に滲透しつつ、自己の政治権力としての固有性をすら忘却するにいたったのである。日本の支配者に政治的リアリズムが全く欠如していた事情はこれに起因する。何故なら、権力が、社会状況を自己の統制作用の対象として観察するところに、権力機能のリアリズムは成立するのであるから。また体制が危機にいたるや、つねに「国民道徳の頽廃」にその原因が求められるという奇現象も、同じく右の連関に由来する。いうまでもなく、権力の自己主張が、日常道徳の世界において自らの道徳性の顕示の形態で行われる場合（権力のモラリズム）には、反権力行為が道徳悪とされることは勿論、権力の対外的危機に対する敏感ならざる反応も又道徳性の喪失現象とみなされるのである。

　このように概括される天皇制の権力状況は、国家の構成原理からすれば、明かに、異質な二つの原理の対抗・癒着の発展関係として把えられるであろう。すなわち一つは、国家を政治権力の装置（Apparat）乃至特殊政治的な制度として構成しようとするもの[*9]であり、他は、国家を共同体に基礎付けられた日常的生活共同態（Lebensgemeinschaft）そのもの乃至はそれと同一化《アイデンティファイ》できるものとして構成しようとする原理である。前者においては、国内における社会的対立は当然存在すべきものとして前提されその上で政治的統合が問題とされるのであるが、後者においては、国内対立は本来存在すべきではない。では、この両者が二つながら国家の構成原理として体制によって確定されたのは、いかなる時点においてであるか。そのときこそわれわれの問題視角からして天皇制国家成立の劃期と見做されうるのである。時期についての答は決して新奇ではない。一八八九年を中心とする前後三年の劃期がそれである。ひとは天皇制の確立をつねにここに求めている。支配者自らが帝国憲法の発布を「千古不磨の国体」の確立として宣言し、又従来の如何なる研究も憲法制定をもって絶対主義天皇制の制度論的意味における確立と見なしている。しかしこの劃期の意義は、われわれの関心からは、そうした制度そのものよりもむしろ制度化（institutionalization）の原理に存在しているのである。

すなわち、維新以来の近代「国家」の形成が自由民権運動による「国家構想」と対抗することによって漸く完成するに至ったこのとき、同時に、はじめて体制の底辺に存在する村落共同体（Gemeinde）秩序が国家支配に不可欠のものとしてとりあげられ、その秩序原理が国家に制度化されたのである。そうしてそれによって、権力国家と共同態国家という異質な二原理による、天皇制に固有な両極的二元的構成が自覚的に成立し、ここに天皇制支配のダイナミックスを決定する内部の二契機が形成されたのである。

維新以来のこのくにで、最大の近代国家主義者《エタティスト》*10であった伊藤博文が、憲法制定と同時に、「郷党社会」の維持を承認していたことは、以上の関連を如実に示すものであった。伊藤博文は、帝国憲法制定に当って、「帝権ヲ熾盛《しじょう》ナラシムル」ことを国家秩序の目的とし、そのために「組織準縄中、尤不可欠モノハ宰相ノ職権責任、官衙ノ構成、官吏ノ遵奉ス可キ規律及其進退任免、試験ノ方法、退隠優待ノ定規」[*11A]なりといって、「民権」に対抗する「君権」の装置として国家を構成しようとした。彼の模範国家は「帝王」によって「運転」される「一大器械」に他ならなかった。[*11B]そうしてこの際、天皇が絶対君主として未成熟でなお前近代的な君徳者に止っていた事情は、さらに一層彼をして「大権の実在……を擁護し」、「皇位をして一種の虚飾たらしめざるに意を用ひ」[*12]させたのである。

伊藤の目的国家像乃至政治的思考は、維新以来明治末期までの歴史的状況の推移に応じて若干の変容を遂げていることはいうまでもないことであり、かつその歴史的推移自体が甚だ重要な意味をもつものであるけれども、それにも拘らず、「一君万民」の政治国家を形成しようとする原理的な図式の点では、終始何等異るところはなかった。維新当初、「皇国ノ安危ニ関ル者ハ唯其政体ノ立ト立サルトニ在ルヘシ……天性同体ノ人民賢愚其処ヲ得上下均シク聖明ノ徳沢ニ浴セシメント欲スレハ唯全国ノ政治ヲシテ一斉ニ帰セシムルニ如ク者ナシ」[*13]と建言した彼は、一八七七年（明治一〇年）西南事変に際して、「万機臨裁」が建前にしか過ぎず、天皇はなお「九重深厳」に止っている点に、国家危機の原因を認めて、天皇は「聖意ヨリ断シ検勤自ラ先ンシ日ニ外朝ニ臨ミ四聡ヲ洞達シ献替ヲ批裁シ」、「群僚ヲ率先」[*14]すべきであると論じたのである。そうして憲法発布のときから一〇年の後に至っても、伊藤は、「昔の勤王は宗教的の観念を以てしたが、今日の勤王は政治的でなければならぬ」[*15]となし、「勤王」＝loyalty の範疇を専ら欽定憲法に基く権利・義務関係に属するものとして、「国家に対して義務を尽し、王家に対して忠実の心を存し、憲法に条例してある所の権利を享有して国に対するの義務を尽し、之を誤らぬやうにすれば、即ち勤王の実を挙げることが出来るのである」[*16]と述べた。もちろん、憲法上の権利義務関係による政治体制（コンスティテューション！）の建設が意図されているとしても、憲法そのものが君権の道具とされているのであるから、そこでは、「法が国家の中にあるのではなくて、国家が法の中にある」[*17]ことを原則とする法の支配は成立しえない。何故なら法の支配にあっては、法は個人の相互関係の総体として、普遍性をもち、国家は法とその適用、すなわち原因と機能の交点にあるものとして第二次的存在とされるが、ここでは「法は最高権力からのみ生れるのである」[*18]。欽定の意味がここにある。

　かくして、彼の生涯を通じて行われた如上の発言の中には、一貫して絶対主義権力論がつらぬき、国家を特殊政治権力の機械として構成しようとする志向が窺われるであろう。そうしてこうした近代国家とくに伊藤のいわゆる「立憲国家」は、彼によれば、「私人の感情若くは情義に至つては、之を一擲して国家共通の幸福利益を冷静に商量するを以て本義と為さざるべからず」。「従つて国家の為には刎頸の友を捨て人材を挙げざるべからず。斯の如きは専ら情義を重んずる郷党的社会に於ては、決して之を望むべきにあらず」[*19]とされるものであった。国家は「商量」すなわち理性の体系であって、「情義」にもとづく全人格的結合を構成原理とする「郷党社会」とはカテゴリッシュに峻別され、前者の貫徹のためには後者は原理的に拒否されなければならないのである。何故なら、「冷静なる知識よりは寧ろ情義を重んずるの郷党に於ては、一事を処理するに当り、情義に殉ひて自由討論を圧し去るの風あるを免れず。従つて郷事を処するの権力を与奪するに当りて、所在豪族独り其意を恣にし、一郷の行政は一家の私事と択ぶ所なきに至るを免れざることあり」[20]、したがって、近代国家のコレクティヴィズムは「郷党社会」すなわち共同体秩序原理によって結合された社会の存在によって全く阻まれるからである。けだし中間勢力の私的支配特権を全面的に剝奪せずしては国家が公共性を独占することは不可能となるのである。

にもかかわらず、伊藤は、「帝国憲法を起草するに当りては、単に外邦の憲法を模写するのみを以て足れりとすべからざるは、当初より既に明かなる所なり」といいながら、あえて「我国固有の特質」としての「郷党社会」を維持しようとしたのである。理由は何か。彼によれば、(I)「郷党社会」における「道徳的義侠的元素」は、例えば恐慌に際して「互に相憐み、相救ふの情」を喚起して「我国商業界」の全体組織の「大動揺」を免かれさせ、「工業界」においては、「我労働者」を「他国に於けるが如く精神死滅の動物たるに至らず」に止め、「資本家と労働者との間には保護者、被保護者の温情ある関係」[21]を保たせて、〝日本資本主義の精神《ガイスト》〟の酵素としての機能を営むからであった。偉大なる前近代的道徳は、ここでは、資本制の人間自己疎外＝物化の必然法則をさえ防禦し、かつ資本制のスムースな成長を保障するものとされているのである。したがって資本主義社会の基底から発生する人間回復の思想と運動も、わが日本には内在的根基をもたない。それは、「海外諸国」においてのみ法則的確実をもって実証されるものであり、日本にたいしては、ただ思想一般がコスモポリティッシュな性格をもち、国際社会が流動化するにつれてますますその性格が濃化する限りにおいて、外からの流入必然性が認められるだけなのである。だからして運動そのものよりもそれの前提としての思想の「浸潤」を防禦することが体制にとって重要と考えられるのである。ここでは、思想が運動を惹起するのであって、運動乃至社会的現実が思想の発生根拠となるものではない。かくて流出論的思考形態が必然化する。したがって社会主義思想そのものが「悪」の根源とされるのであり、後年思想弾圧において世界無二を誇る所以もここに伏在していた。（「政治的実践に走りさえしなければ、思想はアカでもよい」と屢々説かれる論理は、日本においては、根本的「悪」が現実世界に発現しない限り「悪」が相対化される、という思考様式に立っている。）（II）ところで郷党社会の「道徳的元素」は、伊藤によると、こうした「社会主義思想の浸潤に対し、将来健剛なる障壁となるべきもの」であったばかりでなく、「社会に於ける各種機関の緩和剤を供して、其衝突、軋轢を調和し、同胞相助の徳義を実際に行ふに於て有力の材料[*22]」となることによって、社会一般のあらゆる対立を調和するために不可欠の要素となるものであった。伊藤が

「郷党社会」の維持を認めるに至った大きな理由はここにあったのである。

こうして体制に基礎付けられた共同体原理は、いかなる結果を日本の政治状況に与えるものであろうか。われわれは、些少の歴史的飛躍をも恐れることなく、伊藤の論理的連関の自己発展の方向を明かにしておかねばならない。「郷党社会」維持承認の歴史的意味は、このことによって逆にむしろ明瞭となるからである。答は三ツの方向において明かにされる。すなわち（I）「郷党社会」の「徳義」に、国内政治社会における利害対立の調和作用が求められるとき、国家は、論理必然的に、やがて徳義による結合＝道徳共同態となり、あらゆる意味での政治は日本国内から追放されねばならない。ここでは「利害の合理的調停」*[23]は成立の場をもたないし、いわんや「利害対立の貫徹」＝権力による対敵行為の決済*[24]は、そもそも存在すべきではないのである。そうしてこうした体制においては、伊藤によってあれ程強調されていた権力と法によって構成されるべき政治国家そのものが、対国内的な存在理由を失って雲散霧消し、日本国家は非国家的国家《ウンシュタートリッヘル・シュタート》とならざるをえないのである。冒頭で述べられた権力の拡延化と日常化すなわち権力の放恣が、ここに始まらねばならないであろう。（II）そして右の関連と照応して、対外政治の天皇制的特殊様式が可能となる。すなわち、右において「日本の社会が海外諸国と其趣を異にして、一種の特質を有すること」*[25]が郷党的日本社会の道徳的元素《エートス》に求められている限り、国際政治状況にたいする対応原理は、人間一般の倫理と特殊国家権力《クラートス》の内面的葛藤を内包する近代的国家理性に基礎付けられるものではあり得なくなる。逆に日本が道徳を独占することによって、海外諸国を道徳外諸国と化し、国際関係は、道徳国家＝日本と非道徳世界との交渉として把えられるに至るであろう。ここに、のちになって、積極的には世界教化＝「皇化による八紘一宇」と、消極的には「化外の国」にたいする抹殺が天皇制日本の世界観となって行く論理的核《ケルン》があった。かくていかなる対外的暴力も許されることとなり権力の放恣は国内を超えて世界に及ぶのである。[*26]

（Ⅲ）しかし「郷党社会」の存在は、決してスムースな共同態国家の形成を保障するものではない。すでに「郷党社会」に利害対立の中和機能を求めること自体が、その社会の内在的矛盾を示すものであった。すなわち右の企図の中には、伝統的日本社会における全人格的情義的結合＝一体化の原理[*27]と日本近代社会に必然的な利害の分化とが二つながら前提されているのである。伊藤は郷党社会論とは別の機会につぎのように述べている。

「凡そ一国の事を分析すれば政治上にもせよ又人民の営業上にもせよ、各々其利害得失を異にする点より、此れを利とし彼を害とするのは、数の免ざる所なり。素より其の得失の繫る所を以て分岐するは、妨げずと雖も、其帰着する点は一国の和同ならざるべからず[*28]」。

ここでいう「一国和同」のためにこそ彼は、われわれが当面問題としているように、「憲法の実行」と並んで「郷党社会の維持」を図っていたのである。この前提のもとではしたがって、もし一方で、情義的一体化が利益分化の意識化を阻止することが出来るならば、他方、逆の可能性も又同様の程度で実現されるにちがいない。つまりその際には、利益の分化乃至対立は、政治的・経済的利害の領域に止ることなく、直ちに「情義」の対立を誘発せずにはおかなくなるであろう。対立はここでは絶対的な人格的対立となるのである。明敏なる伊藤はすでにこの結果を予想していた。

「夫れ郷党的社会に於ては自由に其意見を吐露し、不平を訴ふるの途なきより、兄弟、親族間の不和も或は之を融解するの機なく、単に意見の扞格《かんかく》に止まらずして、遂に劇烈なる蕭牆《しょうしょう》の争鬩《そうげき》となり、為に往々不測の禍害を醸成することなきを保せず」[*29]。

情義的統一がパブリックに強要されているとき（制裁は村八分）、意見の扞格は内攻的対立となって爆発的エネルギーを蓄積する。したがって対立行為が共同体内部で公認される機会がおとずれたときには、「不測の禍害」は極めて一般的に生ずるのである。ここに選挙や村落を挙げた政治運動において、「ルールの喪失」が全日本に一般化して行く所以があった。かくて贈収賄はもちろん暴行・殺戮も当然のことゝとされる。山県有朋が「政治上の運動は動もすれば、党派の軋轢となり延て社交上の私事に及ぼし、或は其の為すべきの常業を抛棄し、時間と労力とを挙て不生産的の政論に糜費《びひ》し遂に其方向を誤り往々罪辟に触るゝ者あるに至る」といって「政治上の争議」が「情欲に使役せらるゝの境に陥る」[*30]ことを慨嘆しなければならなかったのは、まさに「郷党社会」の温存からくる必然的結果でしかなかったのである。否、このような機会には共同体そのものが屢々全く分裂していなければならないのであるから、共同体は自己分裂！　の傾向性を必然的に内包していたといえよう。[*31]

この状況においては、唯一の完全な共同体的秩序は、伝統的一系性と家父長制的一体性を構成原理とする前近代的「家」においてのみ存在する。したがって、解体の危機を経験した共同体の再建には、つねに「家」が範型とされなければならないのである。かくて明治三〇年代以来、共同体原理は家族主義によってのみ基礎付けられるに至るのである。ここでは共同態国家をも家が基礎付けるのであって共同体が家を国家に一義的に媒介するのではない。さて政治運動が「情欲に使役せられる」ものとなる状況においては、政治集団は私的心情によって結合する集団と化するから、そこに我国の政党は徒党に過ぎないとされる所以があった。したがって又、国家の公共性を維持するためには、政治運動の自由を極小化し、専ら国家官僚によって政治は独占されなければならなくなる。政党政治がこのくにで成育しえなかった一方、官僚が支配の人的要具としてでなく、「国家の観念の体現者」[*32]（ハチェック）として立ち現れて、オフィシャリズムが普遍的に成立した由来も、又ここに存在していた。そうして「情欲」に走る政治運動を抑制するためには、国家は被治者の心情そのものを規制して一定の型《パターン》に封入しなければならないであろうから、道徳教化は最高度に発展し、国家は政治から道徳・心情に及ぶあらゆる生活領域の価値を独占する。したがって官製価値の枠外に仕るものは、「夷狄禽獣[33]」となる。ここに「人間百般の思想中唯其政治思想の一点に稍や所見を異にすれば乃ち抗敵の心を生じ、他の心身の全部を挙げて之を敵視する[34]」福沢諭吉のいわゆる「極端主義」が体制的に成立する。共同体における政治運動の「極端主義」を克服すべく逆に「極端主義」が全体制化されるのである。かくして、郷党社会を体制の基礎に据えたことは、その「悪方面」を全国家的規模に拡大してゆくことにもならざるを得ないであろう。

以上の論理連関の結晶核をなした「郷党社会」の政治的機能を制度化したものが、一八八八年の地方自治制であったことは、もはやほとんど論を俟つまい。地方自治制は、一方官僚制的支配装置を社会的底辺まで下降させて制度化するとともに、他方で「隣保団結ノ旧慣ヲ基礎トシ」、「春風和気」の「自然ノ部落ニ成立[35]」つものであり、そこに政治的対立を解消せしめて、その基礎の上に国家を政治的にノイトラルな「家屋」として成立させる。ここでは自治とは「社会的倫理的[36]」な国家の基礎であって、政治は専ら、「監督官庁」の指導に任せられる。「市町村制の責は専ら之を市町村民に帰すべからず」、「懇に意を加へて適当の標準を示し其通弊を矯めて向ふ所謬らざらしむることを勉むるは監督官庁の責任なり[37]」とされる所以である。かくて国家は、一方、下からの心情的エネルギーを吸収しつつ、他方、自由に被治者を操作しうることになるのである。イギリスに典型的な近代的地方自治が市民社会の一般的価値体系としての法の具体的執行＝行政を担当するものとして展開したのに対して、ここでは個別村落の日常生活における心情と慣習を中核として国内社会を調和せしめようとする。彼にあっては「法」の観念の普遍性に媒介されて、議会＝一般的法の定立と地方自治＝法の具体化という均衡的分業体系[38]が形成され、そこに官僚制は存在の余地を奪われて追放されるが、われにおいては、社会の調停弁は共同体の情緒に求められて、法はその本来の存在理由を喪わなければならないこととなる。すなわち、「異説調和」（山県）が共同体から醱酵する「親和協同の精神」に担われた以上[39]、山県のいうように、「憲法制度は異説を調和する適当の方便[40]」と化するのである。

ここでは法は、価値的に普遍的な規範でもなく、又唯一の絶対君主の命令の体系でもない。かくして憲法そのものは無内容な形式的手段となり、地方自治が憲法の内容となるのである。清浦奎吾が、親分山県のために、いくらか伊藤にたいする対抗感をこめながら、「憲法が立派に出来ても、内容の充実が本である。……地方自治制が確立してこそ、始めて憲法政治が完全に運用せらるゝのである[41]」といった理由は、明かにここに存在していた。

かくてここにおいてもまた、君権の支配装置として国家を構築しようとする原理は、「全く異質の」、否反対の原理に遭遇するのである。しかし政治社会を「郷党社会」に基礎づけるこれまでの論理過程は、そのままでは決して国家を構成する原理にまで昂められうるものではない。個別的な自己閉塞性をもった村落共同体の「道徳的元素」が直ちに国家的規模の一般的原理たることは出来ないからである。[42]本来、近代国家は現実的市民社会にたいして「非現実的な普遍性」[43]（マルクス）として存在すべく、或は社会に超出した絶対権力を、或は社会に普遍的な法を、自己の結晶概念（kristallisierender Begriff）として形成しなければならなかった。しかもこの「国家の抽象的・一般的実存」は、ヘーゲルがいうように、さらに「自己を規定して個体的な意志及び活動たらしめなければならない」[44]のである。絶対主義においてそれを媒介するものは超出権力の命令であり、市民国家においてそれを架橋するものは普遍的法の社会内在であり、その媒介担当の機構は、前者では官僚機構、後者では議会である。いまやこの国においては、国家を「郷党社会」に基礎づけながら、しかもいかにして国家の普遍性すなわち個別的体系にたいする公共性を確保するのであろうか。

すでに地方自治制度はその第一階梯であった。すなわち、それは、従来自由民権運動との対抗の中で次第に強化され、一八八四年（明治一七）の町村法においても強固な地位を占めていた五人組規定（後述第二章参照）を、形式上すべて削除して「古来ノ自治ニ関スル精神ヲ基礎トシ」ながら、近代国家の「法案ノ形式ニ於テ」制定されたのである。かくしてのみ個別的共同体は一般的国家の「基礎」とされえたのであり、したがって又憲法からさえ普遍性を剥離して「方便」と化しながら、自ら国家の「内容」にまで成り上がらせ得たのである。けれどもそれだけでは共同体秩序原理は国家そのものではない。それはまだ形式的には国家の部分的制度にすぎず、自らを国家の一般的形式にまで昂める方法を欠いているからである。共同体秩序原理のその質的高昇、すなわち自然村落における「道徳的元素」の国家原理への普遍化を担ったもの、それが教育勅語であった。(Ⅰ)教育勅語の成立の決定的契機が再編成されつつある「郷党社会」からの圧力であったこと、そうして(Ⅱ)勅語の構成は、体制の俊鋭を集めて彫琢された結果、あらゆる係争原因の可能性を遮断した普遍的な「至尊ノ公告」たらしめられたことは、右の役割を物語るものである。

教育勅語の種々な形態での準備は、七九年(明治一二)頃からとくに自由民権運動への対抗のもとに始まるが、その間にあって伊藤博文・森有礼等のエタティストと儒家元田永孚とのあいだに、国教主義にたいする賛否をめぐって対立が存在していた。[*45]けれどもその対立にもかかわらず勅語の発布準備を決定的にしたものは、共同体秩序の再編を政治の面で直接に担当していた地方官のプレッシャーであった。すなわち、一八九〇年二月の地方長官会議では「民心の離乖を奈如[*46]」にするかが最大の問題とされ、結局「何等か道徳上の大本を立て丶民心を統一せんことを急要とすといふ丈けの事は、格別決議した訳では無かつたが、各地方長官の一致して認むる所[*47]」となり、そこで参集地方官が榎本文相に対して「徳育の基本確立」の提議を行い、「今や忠孝仁義の道は地を払つて空しく、国民は修身・処世の標準に迷うて居る[*48]」と報告するに至った。教育勅語渙発の問題はこのときから急速に具体化したのである。四月二五日には、例えば東京府知事は、管内府立学校校長・各郡区長に内訓を発していわく、「今般文部大臣ヨリ示サレシ次第モ之アリ、徳義ノ主義タルヤ、孔子ノ教ニ取リ、我国固有ノ倫理ヲ講明シ、徳性ヲ涵養シ、専ラ忠信孝悌ノ行ヲ力メシムヘキ事ニ決セリ」[*49]と。事態は体制の底辺で要求され、そこで具体的な進行をはじめたのである。かくて、五月芳川文相の任命、勅語の形態についての意見の対立を経ながら、エタティストと儒教主義者の合作として十月勅語は渙発されたのである。その際合作を可能にする客観的条件が体制の底辺の「郷党社会」からする圧力にあったのと照応して、主体的条件も又、社会の慣習・風俗つまり非政治的要素にたいするそれぞれの評価の中に存していた。

われわれは、そのてんを、エタティストの典型として伊藤の智嚢でありながら同時に教育勅語の制定に当って最も重要な役割を演じた井上毅と、国教論者として勅語作成に井上と共に重大な役割をもった元田との関係として考察しよう。国教論者元田はいうまでもなく国家を倫理的共同体と観念したが、伊藤井上もまたすでに七九年には「慣習、文学、歴史ハ国体ヲ組織スル元素ナリ」[*50]となし「政談ノ徒過多ナルハ、国民ノ幸福ニ非ス」[*51]と考えていた。そこには明かに非政治的国家観が伏在している。ただ、こうした思考が、彼等にあっては方法的な自覚をもった政治の優位の連関の中に定在していたてんにエタティストたる所以があった。井上によれば、「今日風教之敗レハ世変之然らしむると上流社会之習弊ニ因由ス矯正之道ハ只々政事家之率先ニ在る而已《のみ》」[52]なのである。ここでは非政治的要素を規定するものは「政治的なるもの」である。こうして非政治的国体の容認とそれの政治的統御が問題とされることになると、一方では「風教」指導の具体的・実質的実施は、政事家＝官僚に担わせられて「教育ヲ慎ミ、風化ヲ誘ヒ、間接ニ政論ノ方嚮ヲ正スハ、亦地方親民ノ官ニ在テ、尤モ注意ヲ加フベキ所ナリ」[53]とされるに至って、実は前近代的治者的性格を官僚に濃化せしめつつ、他方教育勅語を制定するとすれば、それについては、具体的・実質的性格を超脱した簡約化と一般化が当然に帰結する。すなわち「王言如レ玉ハ只〻簡短に在り」[54]として、その発布形式についても「文部大臣まで下付セラレ世ニ公布せす」[55]、或は「政事命令ト区別」して「演説ノ体裁トシ……学習院カ又ハ教育会へ臨御之序ニ下付セラル」[56]ことを提案することとなるのである。しかし、ここでも井上が主観的に道徳教育の国定に不賛成であったとしても、すでに彼が風教指導の期待をかけた「地方親民ノ官」から道徳国定への圧力が出て来た以上、勅語発布は彼自身の立場からするも不可避であった。その際、勅語は、彼によれば、あらゆる「宗旨」とすべての「哲学的理論」を超越し、いかなる「政事性」をも拒否した、要するに日本国の範囲内におけるすべての係争可能性の外に存在する「至尊ノ公告」たるべきものとなるのである。すなわち一八九〇年六月、勅語案文の基本条件を山県に提出していわく、

「第一　此勅語ハ他ノ普通ノ政事上ノ命令ト区別シテ社会上ノ君主ノ著作公告トシテ看サル

ヘカラス
第二　此勅語ニハ敬天尊神等ノ語ヲ避ケザルベカラズ何トナレバ此等ノ語ハ忽チ宗旨上ノ争端ヲ引起スノ種子トナルベシ
第三　此勅語ニハ幽遠深微ナル哲学上ノ理論ヲ避ケサルベカラズ何トナレバ哲学上ノ理論ハ必反対ノ思想ヲ引起スベシ道之本源論ハ唯タ専門ノ哲学者ノ穿鑿ニ任スヘシ決シテ君主ノ命令ニ依リテ定マルベキ者ニ非ズ
第四　此勅語ニハ政事上ノ臭味ヲ避ケザルヘカラズ何トナレバ時ノ政事家ノ勧告ニ出テ至尊ノ本意ニ出テズトノ嫌疑ヲ来スベシ
第五　漢学ノ口吻ト洋風ノ気習トヲ吐露スベカラズ
第六　消極的ノ砭愚戒悪之語ヲ用ウヘカラズ君主ノ訓戒ハ汗々トシテ大海ノ水ノ如クナルベク浅薄曲悉《きょくしつ》ナルヘカラス
第七　世ニアラユル各派ノ宗旨ノ一ヲ喜バシメテ他ヲ怒ラシムルノ語気アルベカラズ[*57]」。

ところが、この内容の「簡単化」と形式の非政治化が、おそらくは井上の意図を超えて、教育勅語をして日本「近代国家」の結晶概念にまで昇華させることになったのである。前者は勅語命題の原始化（Primitivierung）を生み、そのことによって社会への内在化を可能としてプソイド国民国家の形成に機能した。あたかも、デモクラシーが絶えず個人の経験にまで原始化して国家と社会の交通を保持する傾向性をもつのと機能的にパラレルに、ここでは勅語が、共同体の道徳的元素にまで原始化することによって「空理」よりも実例を重んずる「実践倫理」として国家と共同体の連結帯となったのである。そうして発布形式の非政治的超越化によって、軍人勅諭とならんで大臣副書なき勅語を生み、ここに「仲間的なもの」[*58]を排除して「陛下と一般国民との直接なる一致合体」[*59]をもたらして一方天皇の絶対化と他方道徳的国民統一体を形成したのである。

ところで、この原始化と普遍化の契機を通じて、井上毅の論理連関は、儒教主義者元田の論理に合流することとなる。けだし、(I)儒教は本来、元田自身がいうように、「日用彝倫の実」を説いて「天下只一教、上下貴賤皆同学」[*60]に至るものであり、その意味で単なる日常的倫理を超える固有理論性に甚だ欠乏する教学であり、したがって井上がおそれるような、係争原因となるべき、主観による現実の再構成としての思想性において比較的薄弱であったが、それに加えて、元田は、一八七〇年(明治三)以来、一方で積極的に古学派の考証学的伝統に真向から闘争を挑み、他方儒教の日本的日常化を徹底化しようとしていたからである。

すなわち、彼によれば「孟子歿してより……輩出した、詞章に熟し訓詁に詳かに性理を談じ、道術を説くを以て各一家を成し、自以て学問とす」[*61]る如き伝統を受けた「当世の支那好き文章家考証学の奴隷」[*62]は堯舜孔孟の「己を修め人を治めて天工を亮くるの実学」[*63]を不明にする「腐儒曲学[*64]」であった。こうした理論癖を粉砕して「書籍を恃まず文字に拘ら」[*65]ざる日用の「真の実学」すなわち五倫の教を国家化《ナシヨナライズ》することが、元田の一貫した主張であった。朱子学の系譜に立ちながら、原始朱子学の体系性の片鱗をも有せず、只管この国の「日用の事実に就て義利の在処を弁明[*66]」することを自己の教学の中心においたのである。そのことは、彼の教学に、儒教にふさわしく、一方で、「日本の今日にありては、忠孝の大道を其時世々々に活用するを以て僕の学問[*67]」とさせる巨大な歴史的適応力を与え、それによって更に本来教化の学たる意味において政治的な儒教をさらに近代国家機構を通じて再生産させようとする、二重の政治性を帯びさせ、遂に儒教を以て「文部に命じて教育となす[*68]」べきものとする国教論を生み出させたのである。ここでは儒教は治者学一般に止るものではなく、国家と国民の教となっているのであった。その際、儒教思想における「天子」の絶対化と階層的・連鎖的性格が、そうした変容を媒介して、一方天皇＝天子の同一化操作によって天皇制国家の絶対性を導き、他方儒教の適用下限の「士」から「民」への単なる量的拡大として国民への滲透を論理化せしめたのである。

かくて儒教が、自己の歴史的系譜の中で僅かにもちえた体系的理論を分断しきって、全く「日常の規矩」と化したところに、それが明治以来の近代日本に強力に生存し、さらにあらゆる思想と結合しえた最大の原因があった。いわば儒教は、それが思想として有していたミニマムな抽象性を殆ど放棄することによって、たんなる思想の素材としてあらゆる思考のあらゆる部分に浸潤することになったのである。そうした過程は、万物に道を内在せしめ、思想と現実、全体と部分、形態と素材との相互移動が可能である儒教本来の思考様式の極限的な展開であった。その意味で儒教的思惟方法における非思想性の純粋化とさえ云えるかも知れない。儒教が、近代日本において科学としてでなく教育材としてのみ巨大な機能を営んだことは、そうした連関を表しているが、さらに、そこから逆に近代日本の精神構造の奥深く儒教的思惟が蓄積されることとなったのである。この一点、すなわち儒学の極限的日用化[*69]とその普遍素材化の関連はわれわれが日本の近代諸思想における儒教性を考察する際の基礎視角とならねばならないが、それが、国家的・政治的現象の水面に姿を現わしたのが、此の教育勅語制定過程であった。

すなわち勅語が内容的な「簡短」＝原始性とすべての理論に対する超脱性を要求されるとき、それに応えて最も簡約化された道徳命題を理論の外から提供するものは、日用化された五倫を措いて存在しなかったのである。従来日本に存在する他の唯一の思想たる国学は、すでに天皇に対する心情的絶対性を除いては、否それ自体をも含めて、無規定の思想に他ならなかったから。しかも既にこの日用儒学はさきに見た歴史的適応性を儒教としてもマクシマムに活用していた。「孔子の教は、吾国にありては吾君を愛し、吾父の子となりては吾父を愛して、孔子を愛せざるを以て吾道と心得る」[*70]と宣言しているのである。日本の「勅語」の素材としての欠格事由はいかなる立場からするも皆無であった。

（Ⅱ）また勅語制定にあたっては、元田も又「此度ノ勅語ハ、則末文之通ニ万古不易之道ヲ御親諭被遊候事故、当世之風潮ニハ決シテ御顧念無之被仰出可然ト相考ヘ候ニ付、老拙ニモ百世ヲ待テ不疑之存意ニテ立案致シ置候」[*71]という歴史的普遍化への意図を明かにしていた。儒教主義者として当然にもっている論争意欲を抑制し、そのことで儒教の普遍化を企図していたのである。もちろん、彼が儒教主義者である限り、エタティストとしてあらゆる倫理学説から自由な井上の如くに、勅語の超越化の見事な定式をつくり上げることは出来なかった。そこに又元田の側からも井上と合流しなければならぬ原因が存在していたのである。

かくして教育勅語は、内容上の簡約化・原始化の照準を五倫とし、形式の超越性の焦点を天皇として成立し、「郷党社会」の論理からの圧力のもとに、芳川文相によって「道徳ノ国民ニ欠クヘカラサル猶塩ノ肉ニ於ケルニ異ナラス塩アレハ肉全ク道徳ナカリセハ国民存セス則チ道徳ハ国民ノ塩ナリ」[*72]とされた教育勅語制定の課題意識は、ここに達せられるのである。道徳は国民核（Nationskern）であり、国民はここでは政治的統一としてよりも先ず道徳的統一体である。

一般に、近代国家の歴史において、権力の超越化によって日常社会に対する自己の普遍性を保証するのは絶対主義の原理であり、規範を同質の理性的個人の経験にまで原始化することによって社会の内面から国家の普遍性を獲得するのはリベラル・デモクラシーの原理であったが、わが日本近代国家は、教育勅語によって道徳領域に国家を構築することによって、一方天皇において理性を超越した絶対性を形成しながら、他方自己を「郷党的社会」の日常道徳の中に原始化せしめるという特異な近代国家を生み出したのである。そうして、勅語がすべての理性的主観から超脱していることからしてまさに、その解釈の無限の多様性が可能となり、恣意の錯雑な衝突をもたらすことになる。井上毅の「至尊之勅語を以て最終手段とするに至りては天下後世必多議を容る丶者あらん」[*73]という懸念は実に当然であった。この関係こそ、「郷党社会」が「商量」の対立を「情義」によって緩和せんとして逆にあらゆる利益対立を「心情」的に絶対化するに至るという既述の自己矛盾連関を、国家的領域において照応的に表現するものであった。

さてこうして、道徳的義侠的元素を核とする共同体秩序原理は、教育勅語に媒介されて日本国の一般的原理となったのである。したがって教育勅語は単なる権力陰蔽のイデオロギーでもなければ、家族国家観の萌芽に止るものでもない。それは「教の法」[*74]として道徳国家の構成原理そのものである。国家構成原理は明かに二元化した。地方自治制成立過程に於ける意見の両極——一方エタティスト津田真道によって代表される純粋絶対主義的・機構的把握と、他方井田譲によって代表される伝統的自然村的把握[*75]——も、教育勅語成立過程の矛盾も、すべてこの二元論を産出する陣痛にほかならなかった。そうしてこの二元論は国家の構成原理に表れたばかりではない。国家機構の機能原理乃至支配方法にも当然に表現されねばならなかった。

象徴的な事実を挙げよう。一八八九年一二月、三条実美を形式的な筆頭として、山県有朋以下内閣各大臣は連署をもって内閣官制の改革を上奏し、M・ウェーバーのいわゆる客観的な「権限」の階層的体系がモノクラティッシュに秩序づけられ、それに基く責任と没主観的行為とが「規範」づけられている近代的官僚制を、国家領域に限って、殆ど文字通りのイデアルティプスにおいて確立しようとした。

「謹で惟ふに、内閣は陛下信任の府にして百揆の出る所なり。内閣にして組織鞏固ならず、責任明ならず、政機縝密ならざるときは、肺腑萎靡して経路敗壊し、立憲の大事何に由てや挙がることを得む。惟ふに憲法の主義に拠るに、万機を立宰するは元首の大権にして、国務大臣は各々其職務の責に任ずべし、今総理大臣は各大臣を統督し、法律勅令一切の文書必ず主任大臣と倶に副書し、其権力拡大に過るの嫌なきこと能はず。……内閣の責任上の義務は身を以て責に任ずるに在り。立憲の主義に依るに大臣の君主に於けるは、其説の採用せらるゝと否とを問ず、君主の特別の特許を得るにあらざれば、議会及他の人民に向て私に宣言することを許さず。一も此禁を犯すものあるときは、其身は法律上輔相の位置を保つべからざるのみならず、……又道義の許さざる所なり。……内閣の各員は内部は多少議論の異同あるに拘らず、其外に向て宣布し、及、施行するの政治上の方嚮は必ず帰一の点に傾注せざるべからず。而して内閣の一致を保たんとせば内閣の機密を以て最も緊要とせざるべからず。立憲国の政体は公明を旨とし、議会は公開を例とするに拘らず、内閣の会議は専ら秘密を主とし、各員の意見は一も外に漏洩して輿論の毀誉褒貶の種子となることなし。内閣員にして君主に対して其の重要なる意見を採用せられず、又は同僚の多数と議論合ざるを以て辞職すと雖ども、然れども退罷の後猶在職の時に於ける政務の事件に就ては、長く秘密を守るを以て、政治家の義務となさざるべからず。此を内閣輔相の徳義とす。云々」[*76]。

「政治家」にたいしては客観的権限を超えた「権力拡大」を許容せず、閣員は客観的「職務」に対して責任を負い、一切の主観的行為を禁欲して、絶対君主の命令に「帰一」することが「徳義」であるとされ、「秘密」（Arcana）の原理[*77]による公私の峻別が主体的義務とされる。この際、唯一の支配人格として存在しているのは、絶対君主のみである。絶対主義は、このように客観的機構支配を唯一の人格に従属せしむるてんでなお完全な近代国家への過渡的存在であって、したがって人格的＝非人格的支配たるの特質をもっている。しかし同時にこの支配人格の唯一化によってのみ近代国家の集中的機構は、始めて形成されたのである。右の上奏文においては、こうした絶対君主のもとにある国家機構の運営原理における近代性が、あまりにも典型的に定式化されているのである。

論ずるまでもなく、これは、第一の国家構成原理の確立に照応する。すなわち第一章・第二章で述べられるように維新以来、機構支配原理形成への努力が続けられたのにもかかわらず、「郷党的社会」と藩閥セクショナリズムの存続は、その現実的成立を妨げ、当時はなお、例えば板垣退助・谷干城などが鋭く批判したように、一般的には、「蓋シ方今行政ノ状タル必要ノ事業アルカ為ニ官ヲ設ケ官ヲ設ケタルカ為ニ人ヲ用フルニアラズ、却テ人ノ為ニ官ヲ設ケ官ノ為ニ事業ヲ設クルノ風アリ」[*78]（谷）という状況であり、機構内部的には、当時指摘されたように、「今行政部ノ紀律漫然未タ備ハラザルガ如シ諸省長官往々其ノ権内ノ事ヲ以テ推譲シテ裁ヲ太政大臣ニ乞ヒ内閣ノ文書雲聚雨散シテ軽量並ヒ投ツ」る、いわば「諸省卿責任ノ制無」き状態であったが[*79]、それにたいして、上奏文は、支配機能における人格の一般的優位を否定して絶対主義国家を完成すべく先ず内閣の責任制を確立しようとする体制の側からの反応であった。これを次の事実と比較せよ。

右の事実と同年同月、一八八九年一二月、しかも右の上奏の主役の一人で、なおかつ右の上奏とともに首相となった山県有朋は、その翌日、施政方針について地方官に訓令して曰く、

「治道の要は、平易にして民に近き、上下阻隔する所なく、法律規則の外に藹然として親和する所あらん事を欲す。処務手数の繁細、及、延滞なるにより、小民をして徒に其時を失はしむるは、最も厭苦を招くの道なり。是れ宜しく及ぶべく、簡易敏速を主とし力めて煩苛の弊を除くべし[*80]」。

何と見事な逆転ではないか。官僚制が社会の底辺におよんだとき、そこでは、客観的規則の状況への適用によって支配機能を営むことは、もはや全く不可能であった。日本社会は体制自身によって温存される「郷党社会」であったから、頂点において原理化された政治の規則化は、言葉のもっとも正確な用法において、「全く逆」のもの、すなわち支配における規則の疎外化の原理へと転化しなければならなかったのである。厳しい権限の帰一的体系に支配機能を組織化することによって権力運用の能率化を企図した絶対主義は、その制度的完成と同時に、ほかならぬ「治道の簡易敏速」すなわち能率化を理由として底辺における支配の規則化を排除するという奇怪なパラドクスを生み落したのである。中央「政事」と地方「施治」とが範疇的に区別されるに至った所以もここにある。かくして国家構成の原理と支配方法とにおいて完全な両極的二元論が天皇制を貫徹することになった。

そうして、この政治的二元論は、いうまでもなく日本における資本主義の育成が、前近代的な農業生産関係の上に行われるという特殊日本的関係の確立に見合うものであった。したがって、社会経済的な媒介環が寄生地主制度に求められ、以来近代日本を通じて日本資本主義の運命が寄生地主制の変貌とともにあったのと同様に、政治体制においても又、以上の両極を媒介するもの——担い手と担い場（tragende Situation）が、国家の支配を維持する最も重要な要素となるのである。天皇制において体制の危機したがってその再編成の時期がおとずれると例外なく「地方問題」が最大の政治問題となり、同時に「地方問題」は地方の制度の問題としてのみでなく、より以上にそれを担う「人」の問題とされて、「名望アル者」「篤農」「農村中堅分子」「各界中核精鋭分子」の養成の名のもとに歴史的経過と共に、社会層としても下降し且つ多元的な社会領域に及びながら、体制的中間層の育成が他国にまして重大な意味をもってくる所以はここにあった。[*81]

先ず明治中期には地主が封建的地代に寄生化することによって、商品流通回路に生活しながら直接耕作農民を封建的に収奪しえたのと照応して、地主中の名望家は選挙資格を与えられることによって、村落を非政治的に支配しつつ、ネイション・ワイドの政治的流通回路に席を与えられた。その場合彼等は、資本主義生産の経営者でないのと同様に、国家機構の経営者すなわち政策の生産決定の担当者ではなかったのである（官僚制と共同体の媒介者）。明治末期（日露戦争前後）からは、本来日本資本主義の媒体としてその矛盾を内攻的に自己の一身に集中していた寄生地主制[*82]は制度として完成すると同時に、当然に早くも分解を顕在化し、大寄生地主は農村との人格的結合を失ってゆき、政治的には国家権力との直接的結合を遂げる（系統農会の成立と役割）。ここにおいて、媒介者たる寄生地主制はそれ自身が、いまや自らの矛盾の媒介者を要求する。自作農上層＝中農範疇の維持が経済政策上の中核におかれ、これに見合って、政治的国家と村落共同体の非政治的支配との媒介を新に担当すべき在地の体制的中間層

（篤農）が育成される所以がここにあったのである。

ここに天皇制国家のミクロコスモスの階層秩序として社会が編成され、かくして大小無数の天皇によって、生活秩序そのものが天皇制化されることになってゆく。われわれが天皇制社会の成立と呼ぼうとするものがこれである。以来第一次大戦と一九二〇年の恐慌による寄生地主制の全面的危機、昭和大恐慌によるそれの崩落開始とともに、愈々在地的中間層はその意味と、従って機能とを拡大し、農山漁村自力更生運動を出発点とする政治体制のファッシズム化の過程で、あらゆる社会領域において農村中間層を範型とした機能的中間層すなわち平沼のいわゆる「各界中核精鋭分子」が形成され、それが頂点と底辺との連鎖媒介的通路を破って国家権力に直接把握されることとなり、ナチの如くアトマイズされた個人を単位とするのでなくて共同体をレジメンテイションの単位とするファッシズムの天皇制的形態が成立するのである。

このような歴史的展望をもつ体制の媒介構造の成立と同時に、それと不可分の連関をもってイデオロギー的な統合が、国家原理の二元性を陰蔽する。一八八九―九〇年において天皇は、二元国家の体現者として君権者と同時に道徳的絶対者であるとされたが、明治末期天皇制社会の形成とともに教化と政治は全く同一化し、道徳と経済は「一致」せしめられ、[*83]かくてイデオロギーは無媒介に政治に滲透して、遂にファッシズム期において「万邦無比」の観念国家を形成するにいたったのである。「忠孝」の観念だけで生命を捧げる「勇気」ある被治者が標準的国民となったことを想えば良い。

こうして中間層の拡大再生産による媒介と道徳的絶対者による統合の体系として天皇制社会が成立して国家と社会が完全に癒着する以上、政策の形成と決定すなわち政治の主体的機能を独占する絶対主義官僚機構の人間結合関係も又、当然に特殊日本社会的に変質されなければならなかった。

官僚は命令の代弁者たる絶対主義官僚の本来の傾向的性格から逸脱して、被治者にたいしては道徳的価値の独占者＝「お上」として倫理的暴君となり、上級官僚にたいしては身分的下層＝「子分」乃至「弟分」として純真無垢なる精神的幼児と化する傾向性を帯びるに至る。そこでは下級官僚は上級者にパーソナルに「献身」してそのメリットを保証することにより、将来同様の可能性を自らに確保する（中間層！）。かくして官僚機構の縦の階層性が、客観的規則によってではなく人格的・直接的に構成されるや、機構内部の系統的セクションは必然にクリーク（clique 徒党）と化し、それらの間の相互関係は、絶対的倫理的意思の独占をめぐって深刻な抗争を展開する。その際、天皇が意思の表白を自ら行い得ない無意思的君徳者に止っているため、彼の意思を独占することは、解釈の独占として恣意の貫徹そのものとなるから、抗争は調停不可能に絶対化する。もちろんこの抗争の直接担当者は、クリークの総代たるセクションの長であるから、官僚制内部の争闘は頂点においてもっとも激化するのである。彼が絶対者にたいして距離的に接近していることは、抗争への衝動を培養する主体的条件となっている。官僚機構の人間結合原理がこのような連関にある限り、各クリーク内部でも同じ関係が小規模に再生産される。上長の人格的寵愛を独占して昇進の可能性を保障すべく個々の官僚の間に内攻的にして陰性なる抗争が深刻化するのは、あらゆる近代的官僚組織の頽廃現象であるけれども、天皇制官僚にあっては、上長は小天皇として相対的絶対者たることによって、その抗争は質的に昂進する。かくて、絶対主義天皇制のレジーム内部では、すべての体制のトレーガーがいずれも主観的絶対者と化し、そのことによって逆に客観的には絶対者を消滅させる。天皇は道徳的価値の実体でありながら、第一義的に絶対権力者でないことからして、倫理的意思の具体的命令を行いえない相対的絶対者となり、したがって臣民一般はすべて、解釈操作によって自らの恣意を絶対化して、これ又相対的絶対者となる。ここでは、絶対者の相対化は相対的絶対者の普遍化である。かくして天皇制絶対主義は権力絶対主義を貫徹しないことによって、恣意と絶対的行動様式を体制の隅々にまで浸透させ、したがってあまりにパラドクシカルにも無類の鞏固な絶対主義体系を形成したのである。厖大なる非人格的機構としての官僚制の、厖大なる人格支配の連鎖体系への埋没、客観的権限の主観的恣意への同一化、「善意の汚職」と「誠実なる専横」、かくて天皇制官僚制は、近代的なそれから全く逸脱してゆくのである。

　さて、天皇制国家の二元論が包蔵する問題連関が、かくも複雑にして重大であるとするならば、われわれは、体制の媒介と統合の構造的・機能的連関の詳述を第三章に譲って、先ず、本章において明かにした天皇制国家の二元的構成の両極的契機を、さらに歴史的起点にさかのぼって剔出することから論述を始めよう。したがって、第一章においては維新当初の国家形成の状況が、右の問題視角に限定された上で考察される。

＊1　石炭統制会坂田進の、「労政時報」昭和一七年八月二一日号における朝鮮人労務管理に関する論文、「日本政治年報」昭和一七年第一輯二六〇頁。「朝鮮人労務管理五訓」の一として「親んで馴るるな而して愛の鞭と涙の折檻を忘るる勿れ」が挙げられている。この五訓は、「皇国臣民」に鍛造すべき対象として体制に自覚されている朝鮮人に対するものであるだけに、一層明瞭に天皇制ファッシズムの支配原理を自己表白するものであった。天皇制的社会を自己の生活秩序そのものとしている国内被治者にたいしては、体制の支配原理は原理として与えられる必要はない。否むしろ体制自身が原理の自覚を失っている。その論文には五訓の他に、さらに次のような天皇制支配原理の要約がある。「厳父としての務めは政府の力を以てし、慈母としての務めは労務管理者が徹底的に力を致す」。天皇制における国家官僚と中間層（職能的）の関連が見事に表れているではないか。権力の物理的側面け国家官僚によって社会に下降せしめられ、それを陰蔽しつつ下からの心情的正統性を培養する機能は、地域的・職能的中間層によって営まれるのである。

＊2　G. W. F. Hegel, Die Verfassung Deutschlands, 1793, Verlag von P. Reclam, 1922, S. 163. ヘーゲルにおいては権力 Macht（Gewalt と区別される）は、被制約的なものとしてではなく、自己内在的な発展を遂げるものとしてそれ自身弁証法的存在であった。したがって権力の運命を決定する要因は、直接には、特殊権力状況の中にのみ、その意味で自己の中にのみ存在する。かくて、現存権力は「よりよき」権力契機が自己の中から出現することによってのみ脅威をうけるのである（S. 162）。ここでは権力の止揚さえも権力の自己運動の結果であるから、権力国家の確立は、自由獲得のための歴史的＝論理的前提となる。

＊3　『木戸孝允日記』第一、三六三頁、明治三年六月一一日の条、なお第一章第一節参照。

＊4　このてんについて、具体的には差当って石田雄『明治政治思想史研究』（昭和二九年）参照。

＊5・6・7・8　尾崎行雄『立憲勤王論』（大正六年）一五頁以下。「大正デモクラシー」の思想連関については別稿にゆずる。

＊9・10　近代国家主義《エタティズム》と明治三十年代以後に特殊日本的に成立した「国家主義」とは範疇的に区別されなければならぬ。この両者は、本文で指摘された国家構成の二原理に照応するものである。前者は国家を対内的にも独立した特殊権力装置とするが、後者は、対外的な共同態としてのみ国家を把握する。近代ナショナリズムは、対外的国民共同態の観念であるけれども、それは、社会の権力にたいする民主的統制を機構的に保障して権力の合理的正統性を確保したとき成立するものであるから、近代的国家主義を内在的に克服したところの、いわば、媒介された、第二次的な共同態観念である。従ってそれは、困難な状況にも堪える自覚性をもつとともに、

国家の専制を許さない。特殊日本的国家主義と異なる所以である。近代国家主義におけるÉtatの概念は、いうまでもなく、J・ボーダンによってはじめて範疇化された。彼自身においては、未だなお、Étatの概念は、家族・組合の綜合としてのrépublique, communauté等のコルポラティーフな国家概念と共存し、従って二元論の一極としてのみ存在した。(J. Bodin, Six Livres de la République, Vgl. Reinhard Höhn, Der individualistische Staatsbegriff und die juristische Staatsperson, 1935, Kap. II, Absch. 1.) 国家を権力装置とする観念のもとでは、国家は実体ではなく機械にすぎないから、その機能如何によって変革さるべきである。日本においてはこうした国家観念は、明治前半期（大体日清戦争以前）のエタティストの他には、否それをも含めて典型的には、大正後半以来の革命的マルクス主義においてのみ存在した。そこでは、天皇制は「封建的階級およびブルジョアジーの政策の執行機関」である（三二年テーゼ）。マルクス主義における革命へのエネルギーは、ここに生れるが、その際問題となるのは、日本にはこうした国家観念とは逆の国家原理が体制化されていたから、マルクス主義がそこに止る間は、被治者をとらえて体制を内側から顚覆することは不可能であった、ということである。

＊11　（A）『続伊藤博文秘録』四六頁。（B）『伊藤博文秘録』二〇七―八頁。伊藤は明治一五年、滞欧中の書簡で、プロシャと推定される国について次の如く述べている。「殊ニ此国ハ百事規律ノナキ者ナク、殆ンド一大器械ヲ創置シ、百般ノコト此ニ依テ動クガ如ク、故ニ帝王ハ其器械中ノ一部分ノ如ク憲法上ニテハ見エ候得共、実ハ決シテ其部中ノ者ニアラス、此器械ヲ運転シテ、百事凝滞ナカラシムルノ主宰者ナリ、故ニ時トシテハ之ニ油ヲ差シ、又ハ釘ヲシムル等

ノ抑揚ナカル可カラズ、而シテ此器械ノ運転ニ依リテ国民ノ安寧利益ヲ保護シ」。

＊12 帝国憲法制定についての『伊藤博文談』、大隈重信撰『開国五十年史』（明治四〇年）上、一三〇頁。なお、この伊藤博文の意見は、『伊藤公全集』第一巻一八二頁以下に前半削除の上で後半のみ掲載されている。

＊13 明治元年一一月姫路藩主の藩籍返上建議のとき、伊藤が朝廷に呈出した意見書。『岩倉公実記』中巻、六七四―五頁。

＊14 『伊藤博文伝』中巻八一一―二頁。

＊15・16 明治三二年六月九日、山口県徳山町に於ける演説、『伊藤公全集』第二巻、一五四頁。

＊17・18 C. Schmitt, Der Wert des Staates und die Bedeutung des Einzelnen, 1914, SS. 46-48.

＊19・20・21・22 前掲『伊藤博文談』、大隈重信撰『開国五十年史』上、一三二―四頁。

＊23・24 この二つの政治概念は、近代の政治過程を貫く基礎範疇である。両者はリベラリズムとラディカリズム、価値多元主義と決断主義に対応する。したがって、それは、支配形態に関する区別をもたらすものであって、社会的支配階級如何と直接には関係しない。前者の極限に、一九世紀リベラル・デモクラシーに特徴的な夜警国家が成立し、後者の極限に、二〇世紀ファッシズムがある。前者の系譜では、二〇世紀の「指導国家」さえも社会集団間の「摩擦の調節」を「指導」のイデオロギッシュな内容とする。マルクス主義においては、この両者は弁証法的構成をもって内包されている。つまり「調停観」そのものの背後にも階級的「力関係」を剔出し、自らは、完全な自律社会の実現＝権力作用の解消を目的としながら、それへの方法と

して闘争による力関係の転換を主張する。マルクス主義において、本来闘争がファッシズムにおけるように自己目的となって絶対化されることなく、逆に闘争における非合理的要素の目的合理的統制が可能となるのはそこに由来する。（この両者のバランスを失ったとき種々のいわゆる「誤謬」が生ずる。）

＊25　前掲『伊藤博文談』、大隈重信撰、前掲書、一三三頁。

＊26　F. Meinecke, Die Idee der Staatsräson, 1924, S. 6.

＊27　共同体の全人格的一体化については、例えば、H・フライヤーの次の表現を見よ。「das Ich が ein Wir の中に入り込む時には、Ich はたんに部分となるだけではなく、自己の中に同時に Wir をも包括する」。（H. Freyer, Soziologie als Wirklichkeitswissenschaft, 1930, S. 173.）

＊28　明治二二年二月一五日、在京中の各府県会議長への演説、東京日日新聞、明治二二年二月一九日（第五千百九拾号）。

＊29　前掲『伊藤博文談』、大隈重信撰、前掲書、一三四頁。

＊30　山県有朋、明治二三年二月一三日、地方官会議での訓示、東京日日新聞、明治二三年二月一八日（第五千四百九十三号）が前日号から二日にわたって訓示の大意を当局の許可を得て掲載したものによる。

＊31　「郷党社会」の温存からくる選挙・政治運動のルール喪失と共同体の自己崩壊の連関に対応する資料として、例えば、明治四五年三月二一日、第二八帝国議会貴族院における衆議院議員選挙法中改正法律案委員会委員長代理有地品之允の委員会討議報告がある。「選挙ハ為ニ町村

ノ自治体ノ円満ヲ傷ケルヤウナコトガアツテハ宜シクナイ、又若シクハ親族ノ平和ヲ害スルトヲフガ如キコトモ、是ハ大ニ避ケナケレバナラヌ、又競争ノ為ニ不正ナル不当ナル手段ヲ用キルト云フ如キコトモ力ヲ尽シテ之ヲ防ガナケレバナラヌ」(『官報付録貴族院議事速記録』第二十八回、第二十九回、一三五頁)。「家」を範型とする共同体の再建がこうした状況で企図されたばかりか、天皇制国家の選挙法改正問題のイッシューも又、つねにここにあった。

＊32 ハチェックは、イギリスの国家形態の特徴を述べて、ここでは、いかなる警察官・徴税官も自己を「支配する国家理念の体現者 Inkarnation der waltende Staatsidee」と意識することなく、そのことが個人の優位を体制的に保証する条件となった、としたが(J. Hatschek, Englisches Staatsrecht, 1905, Bd. I, S. 93.)、これを、「帝国の栄誉を後世に貽す」べく人民を「正当の方嚮に指導する」わが牧民官僚と比較せよ(明治二〇年九月二八日、首相伊藤博文の地方長官への訓示、『伊藤博文伝』中巻、五六一―六三頁)。ここでは、民主主義的「綏撫」も「国家理念の体現者」たる意識形態から生れる。

＊33 福沢諭吉『教育の方針変化の結果』、明治二五年一一月三〇日「時事新報」、『続福沢全集』第三巻、五五三頁。

＊34 福沢諭吉『極端主義』明治一五年九月二九―三〇日「時事新報」、『続福沢全集』第一巻、七五頁。福沢が明治一五年に極端主義の批判を行って、殆んど同じ批判を再び明治二五年に行ったことは、おそらく彼の意図以上に重要であろう。明治一四、五年は、寄生地主＝共同体の再編の方向確定・政治上の「保守漸進主義」(伊藤)成立・教育上の儒教主義復活・軍事的価値

の体制的優越の方向確立の年であり、明治二五年は、二一—三年の共同体秩序原理の体制的定着が漸くその全連関を、とくにその矛盾を顕在化したときである。

＊35　『明治憲政経済史論』、四〇八—四二八頁。

＊36　大津淳一郎は、地方自治の基礎単位たる「隣保主義の団体」を、欧州における「業態主義の団体」と区別していう。「欧州の防衛組合は……経済的団体たるに反して、我は経済以外に、倫理的社会的に属する各種の事物を支配せるを以て、此の五人組の組織は殆んど近世における地方自治の団体と酷似するものありき」（傍点原著者、『大日本憲政史』第三巻、七四—五頁）。日本における「業態主義団体」は、明治末期以来とくに第一次大戦後広汎に成立し、それは「隣保主義団体」を範型として体制に組織化されつつ、両者の矛盾を内攻化する。この問題は、理論的には集団の職能原理と共同体原理の関連として接近される。詳細は別稿。

＊37　山県有朋、明治二三年二月一三日、地方官への訓示、東京日日新聞、明治二三年二月一八日号。

＊38　cf. G. D. H. Cole, Local and Regional Government, 1947, p. 29.

＊39・40　山県有朋、明治二三年二月一三日前掲訓示、東京日日新聞前掲号。

＊41　清浦奎吾談、『公爵山県有朋伝』中巻一〇四二頁。「地方自治制は憲法の内容である」とする、この清浦のテーゼが、たんに山県の功績にたいする讃美に止るものでないことは、明治四一年に至って（四月）、当時の平田東助内務大臣が、地方長官会議で「自治制ハ国法ノ大本ナリ」と言明したところからも理解されよう（内務省「地方長官会議及警察部長会議ニ於ケル内務大

臣訓示演説集」、昭和四年、三三三頁)。

*42　われわれが、共同体と共同態を区別している理由が略々明かであろう。Gemeinde に共同体を、Gemeinschaft に共同態の語を当てるてんは、大塚久雄教授に倣っているが（「共同体の基礎理論」）、われわれの視角においては共同体は「部落」として個別的・具体的存在であり、共同態は共同体秩序原理によって構成される、より一般的な社会形態である。

*43　マルクス『ユダヤ人問題』岩波文庫版四七頁。なおマルクスが、この論文で近代「政治国家」の形成過程について絶対主義と市民国家との段階区分を行っていない点は、われわれの第一章第一節の視角から見て興味深い。市民国家は絶対主義によって形成された政治国家を純化するのみで些も破壊するのではない。

*44　G. W. F. Hegel, Die Vernunft in der Geschichte, herausge, v. G. Lasson, dritte Aufl. S. 118.

*45　この対立・論争の事実的過程については、註記される諸史料の他、『教育勅語渙発関係資料集』三巻を参照。憲法問題とともにこれほど資料が整理されている問題は、近代日本には他にない。そのこと自体が教育勅語の天皇制における比重を物語る一つの資料である。

*46　渡辺幾治郎『教育勅語渙発の由来』一三〇頁。なお東京日日新聞、明治二三年三月四日参照。

*47　芳川顕正『教育勅語御下賜事情』「教育時論」九八二号、二六頁。

*48　渡辺、前掲書、一三〇頁。

*49　渡辺、前掲書、一三三頁。

*50　井上毅文書、国会図書館憲政資料室所蔵、これは明治一二年九月の伊藤博文の『教育議』の

草稿である。『教育議』では、「歴史文学慣習言語……」となって、「再構成されたもの」、「形象化されたもの」から「無規定なるもの」への配列をとって建議の体裁を整備しているが、それは、却てこのテーゼの象徴性を不鮮明にしている。

＊51　同右。

＊52　文部省教学局編『教育に関する勅語渙発五十年記念資料展覧図録』一二一頁。

＊53　井上毅文書、国会図書館憲政資料室所蔵、明治二〇年機密文書中、署名あり。

＊54・55・56　山県宛井上毅書簡、明治二三年六月二〇日、参照前掲『資料展覧図録』一二〇頁。

＊57　同右書簡（『井上毅伝史料篇第二』所収の同書簡と照合する限り、引用には一部、省略箇所がある――〔『藤田省三著作集』〕編者）。

＊58・59　渡辺幾治郎、前掲書、一七二頁。なお、副書なき勅語の成立の意義を当時の文部大臣芳川顕正は「天意民心ノ一致合体」とした（芳川、前掲論文「教育時論」九八一号、一七―八頁）。

＊60　元田永孚『教学大意私議』明治三年一〇月、海後宗臣『元田永孚』一九〇頁。

＊61　元田永孚『為学之要』明治四年、海後宗臣、前掲書、一七二―四頁。

＊62　元田、『森文相に対する教育意見書』、明治二〇年頃、前掲『資料展覧図録』九九頁。

＊63・64・65・66　元田『為学之要』、海後宗臣、前掲書、一七二―四頁。

＊67　元田、『森文相に対する教育意見書』、前掲『資料展覧図録』九九頁。

＊68　元田、『国教論』、明治一七年八月、海後宗臣、前掲書、二〇六頁。

＊69　われわれは、ここでいう儒教のマクシマムの「日用化」を、「現実化」乃至「経験主義への

移行」と峻別して用いている。何故ならば、「経験」とは、ヘーゲルもいうように、「思想内容すなわち現実にたいする最初の意識」であって（Hegel, Die Wissenschaft der Logik, Hegel sämtliche Werke von H. Glockner, Vol. 8, S. 47.）、すでに主観的構成規定を含む限定的原理だからである。「現実」も又理性的思惟を前提とするものとして現象一般から区別される。それ故「経験する」とは、主観が現実との自己合一性を主体的に見出すことである。この意味で、ヨーロッパ近代の経験的思考の勃興が、同時にデカルトからカントに至る理性的主観の独立過程に媒介されていた事実は象徴的である。ここでは、「個別的なもの、具体的なもの、事実的なものへの衝動」が「普遍的なものへの衝動」との相互規定の結果、「経験」の原理を完成するのである（ニュートン）（E. Cassirer, Die Philosophie der Aufklärung, 1932, S. 49, S. 57 ff.）。「日用」は、それと異って、慣習の原理であって、主観の独立を含まない。日本に「経験」の原理が成立しなかった条件は、（Ⅰ）共同体慣習の体制化と（Ⅱ）それに基礎付けられた儒教の極限的日用化である。ここでは、思想命題と慣習は無媒介に連続する。

＊70　元田永孚『森文相に対する教育意見書』、前掲『資料展覧図録』九九頁。元田についてはわれわれが用いている、儒教的特質の「極限化」「マクシマイズ」の規定についてはさらに説明を要するであろう。元来、儒教の「日用化」と「日本化」の傾向は、（Ⅰ）儒教自体の思惟様式の中にその必然性をもち、又（Ⅱ）それが日本封建体制のイデオロギーたらしめられた以上、徳川幕藩時代から濃厚に存在した。しかしそれは、ここで元田によって行われているような思想性の意識的粉砕をもったものではなかった。一般に思想が、その発生地盤を離れて、他の社

会に風土化してゆく可能性は、社会的構成の類似度と思想自体の普遍性度の函数として表われるであろうが、儒教の近世日本における関係は、両者について適合的であった（丸山眞男『日本政治思想史研究』第一章第一節参照）。従って「儒教の日本化」においては、上天は天皇に、有徳者＝易姓革命思想は、源―北条―足利から徳川への幕府の歴史的交替の「合法性」に安易に類推されて、尊皇論と儒教思想との癒着は矛盾の意識なく行われたのである。幕末の尊皇倒幕には、この関係の自己爆裂たる思想的性格が含まれているが、その際、儒教の日本主義化も昂進したのである。元田の「日本化」は、その系譜の下に、「孔子の教は、吾君を愛して孔子を愛せざること」という一般的テーゼにまで儒教を論理的に極限化したのである。それは（Ⅰ）国学による「から心排斥」を経過し（Ⅱ）より大きくは明治国家形成の思想的表現であった。

＊71　明治二三年八月二六日井上毅宛書簡、前掲『資料展覧図録』一二二頁。

＊72　芳川顕正、首相山県有朋宛『徳教ニ関スル勅諭ノ議』明治二三年九月二六日、前掲『資料展覧図録』一三九頁。

＊73　山県有朋宛井上毅書簡、明治二三年六月二五日、前掲『資料展覧図録』一二一頁。

＊74　元田の前掲『教学大意私議』の言葉。本文からすでに読み取られるように、教育勅語は典型的近代国家の法に代るべき天皇制国家の法なのである。この「教法」が天皇制国家を成立せしめる結晶概念なのであった。

＊75　地方自治制成立過程のこの対立については、くわしくは後述するが、津田は、「聖天子全国ニ臨ミ万機ヲ統ヘ政事ノ根軸トシテ玉フ」一君万民の立場から『是ヨリ分レテ府県ト為リ、郡ト

為リ、町村ト為ル」絶対主義流出体系を、彼の国家像としていたから（元老院会議明治二〇年一一月二二日、町村制案第一読会「元老院会議筆記」第五百五十九号議案ノ部五九頁）、「先ッ国家ノ大本タル憲法ヲ定メ、夫ヨリ府県制ヲ発シ、以テ郡制、市制、町村制ニ及フヲ以テ順序ヲ得タリトス」る（同上六一頁）と主張して地方自治制の尚早性をついたのである。彼のこうした機構的国家像は、明かにあらゆる中間団体を粉砕して個人を析出し、それによって国家を構成するときにのみ達せられるものであった。津田自身方法的明確さを以てその点を論じている。すなわち「畢竟自治ノ根元ハ町村ニ在ラスシテ一個人ニ在リ。人々智識ヲ発達シ、個々自営ノ精神ヲ振作セハ文明ノ化域ニ達スルヤ疑フ可キニ非ス」（第二読会明治二〇年一二月二四日上掲「筆記」一〇三頁）。結局、分解された個人を上から権力的に機構に組織化せんとするのである。したがって彼が、例えば「我国古来ヨリ……上ヨリ下ニ及ホスヲ例トス」（第二読会、上掲「筆記」一〇三頁）と述べて伝統的専制を論理展開に援用したとしても、その立場を「純粋な古代アジア的政治形態派」と規定するのは（平野義太郎『日本資本主義社会の機構』二九九頁）、「純粋な」誤りである。むしろ全く逆に津田は絶対主義理念型を最後までアンリアリスティックに固守したものとして我国に稀な存在であった（伊藤や井上毅の「リアル」な共同体秩序への妥協と比較せよ）。それは、いうまでもなく天皇制国家原理の一つを典型的に代表するものであった。これにたいして、井田譲は、町村制法案においては、官僚の「監督権ノ余リニ強大ニ過クルヨリ」町村長が「其実宛モ純然タル官吏ノ姿」となっているてんを批判して、「抑々町村長ハ一自治機関ノ司ナリ。官吏ト同様ナル者ヲ以テ自治機関ノ司ニ充テ、以テ自治ヲ遂ケシメントスルハ覚束ナキニ非スヤ」と述べ、さらに「町村長ノ職務ノ如キハ成ル可ク旧慣ヲ引キ起シ、古ノ庄屋ノ如キ組立ニ変スルノ可否ヲ調査セン事ヲ望ム」だのである（前掲会議、第二読会上掲「筆記」一一七―八頁、なお、引用箇所に些細な用語の誤りはあるが、亀卦川浩『明治地方自治制度の成立過程』一九二―三頁参照）。これ又天皇制国家構成原理の一つの典型的代表なのである。因に、地方自治制制定について伝えられる伊藤と山県の対立は（『明治憲政経済史論』三九八頁）、本文でわれわれが、伊藤の「郷党社会」維持の態度について詳述したところから理解される如く、時間的先後や相対的な価値的重点をいずれにおくかにかかわるものではあるけれども、体制の二元論的構成原理の賛否に関するものではなかったのである。両者はともに分裂を体現していた。この二面性を地方自治制がもっていたから「国民之友」によって、「行政上の便宜」のみはかる「劃一の制度」と「自然団結の区画に拠つて定めたる制度」との「恰も地方政治上に二重の機関を設けたるか如き看無き能はず」と批評されねばならなかったのである（「国民之友」第二九号明治二一年九月、六頁、この文は蘇峰のものであることが後に明らかになっている）。序に言っておくならば、蘇峰は地方自治制に対して基本的には「我邦の政事歴史に特筆大書す可き一の紀元《エポク》を生したり」として賛成し、「市町村制なる者は、我邦人民に向て政治運動の善良なる模型を与へた」ものとした。彼が自治制に期待した政治上の変化は、（Ⅰ）従来自由民権派に見られた「身をも、家をも顧みず、恰も天下の事に身を委ねる」（七頁）非日常的運動形態から「一身一家より隣里郷党に及ひ延て一国に及ほす」（七頁）ような日常的政治形態への転換と（Ⅱ）同じ慷慨型政治的行動様式から

「自家自ら自家の職分を尽す事務的の精神」（八頁）によって行動する合理的自律型のそれへの転換であった。彼がこの担い手をCountry gentryからの類推のもとに生成中の寄生地主に求めたことにより、体制への抵抗性を失ってやがて天皇制に吸収されるに至るてんは、ここでは触れられない。

＊76　明治二二年一二月二四日『内閣官制改革に関する各大臣の上奏文』、官報第千九百六十一号、明治二三年一月一五日。

＊77　政治的機密 politischer Arcanum の観念は、経営の秘密 Fabrikationsgeheimnis に照応する近代的技術概念である（Vgl. C. Schmitt-Dorotié, Die Diktatur, 1921, S. 13f.）。

＊78　明治二〇年、『谷干城意見書』明治文化全集正史篇下、『名家意見書』所収、四六六頁。板垣退助、明治二〇年八月の『封事』、『自由党史』下巻、五〇四頁。社会の動態化に伴う「事業ノ必要」の多様化に対応するために権限の規律体系としての官僚制が必要であると考えたてんは、福沢・板垣・谷に共通であった。但し官僚制の機能を原理的に把えるか否かで異っていた。福沢は、組織の機能原理まで追跡して、それは構成員「一個の進退を不自由にして、全体の進退を自由にする」（『時事小言』選集四巻二三一頁）ものとしてのみ把えたが、他は政府の「行政事務上」の必要悪としてのみ把えた（例えば明治二〇年八月、板垣の意見書）のである。そこに自由民権運動が、近代的組織の一般原理を認識して逆に自己の運動の組織化を意識的に遂行することが出来なかった思想的根拠があった。このてんは重要である。第二章で詳しく検討する。

＊79　井上毅文書、『法制定規案』中の明治二三年井上法制局長官宛の文書、執筆者の氏名は不詳である。

＊80　明治二二年一二月二五日、地方長官への訓示、東京日日新聞、二二年一二月二七日（五千四百五十二号）。

＊81　「地方問題」が、つねに、それを担う「人」の問題にされることは、人格支配原理が清掃されなかった「近代」日本では、もちろん明治初年から一貫して存続しているが、それが体制の頂点において自覚されて恒久的な体制の原理となったのは、天皇制国家の成立以後であった。先ず地方自治制制定当初には、国家と地方を連結する「人」＝中間層は或る程度以上の土地所有者乃至部落共同体の長一般すなわち選挙資格者一般ではなく、その中での上級身分としての名望家に限られた。たとえば福井県知事であった牧野伸顕は、明治二五年三月、郡長にたいする訓示草稿と推定される文書で曰く、「憲法治下ノ臣民殊ニ政権所有者ノ輩最モ注意シテ体認スヘキ事アリ乃チ名望信任アル人ニ各自ノ権利ヲ委任シ而シテ各自ハ勉メテ参政権ノ濫用ヲ慎ム事是ナリ」（「牧野伸顕文書」国会図書館憲政資料室所蔵）。この際の名望家範疇の分析は、第三章参照。次で日露戦争中とそれ以後、共同体の分解傾向の激化と国家共同態強化の要請とともに起る地方再編成においては、部落組合、産業組合、報徳会、在郷軍人団、青年団、各種講などの形成によって、共同体の「組合」化が体制の集団編成（天皇制社会の形成）を担当するが、その際には――「組合の基礎は何うしても精神的共同がなければならぬ、……然らば団結の力は何うして養ふかと云ふと、此れは何うしても組合に在つて、世話をせらるる所の組合

長、及び理事諸君の感化に依らねばならぬ、組合は恰も一家の如く、一家和合して富み栄ゆるも、又は家内の争常に絶えずして遂に分散の不幸を見るも、畢竟主人の責任に帰せねばなりません。」（平田東助『自彊瑣談』明治四四年、五二頁）とせられて、「人」の問題はより具体的となり、イデオロギッシュな性格を濃化しながら、それに伴って、単なる「名望」ではなく「世話」の契機が重視されてくる。したがって社会層としては、より下降し且つ広汎化する。それの具体的連関及び「家」との関係、さらに社会経済状況との関連は、別稿。この問題は、大正期を通じて職能的集団の体制への編成の問題と合流し、新な職能的中間層（工場における職長以上労務管理者、商工組合役員など）を形成し、昭和大恐慌以後ファッシズムの進行とともに、例えば古典的ファッシズムにおける「斡旋者」（H・D・ラスウェル）の体系とパラレルなものとなって重視されるに至る。一例に止む。其の際の体制の職能組織化原理の最初の適用は農村にたいする産業組合の一元的強制であるが、「産業組合ノ経営ハ、其経営ニ当ル人ニ依ル」とされた（後藤文夫農相、「第六三回非常時臨時議会議事録」五六頁）。この「経営」とは勿論政治的視角からいわれている。以後の「農村中堅人物養成」から産報〔産業報国会〕組織後の「各界中核精鋭分子」の機能と性格については別稿。ただこの際天皇制一般にたいして天皇制ファッシズムを区別するものは、系統農会などの中央と部落との連鎖階層的組織が機能を弱められて国家が直接に在地・職能中間層を把握したてんにある。これは重要と考える。中間層は非官府的官僚として全生活領域を蔽い、地域では隣組長から各個別家族の戸主にまで至る（終点）。特殊日本的官僚制化の貫徹である。

＊82　寄生地主制は、高率封建地代を温存してそれを流通回路に定着せしめるものであったから、その成立過程からして既に「従来土地ヲ蛇蝎視シタル華士族商工家ニ至ル迄土地ヲ買収シ競フテ之ニ放資スルニ至リタル」状況を呈し、したがって「故ニ地主ト小作人トノ間ニ行ハルル自然ノ秩序ヲ紊乱シタル」要素を含むこととならねばならなかった（『斎藤善右衛門伝』昭和三年『日本農業発達史』二二四頁所引）。これは伝統的名望家地主との間に対立を内包し、かつ後者を次第に吸収する。関西地方のように商品生産の発展度が相対的に高い場合には、流通回路と伝統的村落との接点はより下降し、したがって中小寄生地主層を形成するから寄生地主制の内部矛盾は現象的には比較的小さく、したがって又より内攻化する。

＊83　例えば平田東助、前掲書、二三四頁参照、「道徳と産業とは車の両輪の如く、影の形に伴ふ如く、必ず相俟ちて離るべからざるもの」。しかしここでの「調和」論は、昭和八年にいたると、「農村の振興は、道徳の土俵で経済の相撲を取るに在り」という非合理的「癒着」論の公認に「発展」する（日本教育学会版「非常時匡救農村教育模範経営の実際」昭和八年、五頁所収の文部省社会教育官の講演）。

理論人の形成――転向論前史

上巻（『共同研究　転向　上』）でわれわれが取扱う現代日本思想史の一時期は、われわれの研究主題である「転向」という言葉の意味をはじめて確定し、それを思想を検索するカテゴリーにまで仕上げた、という点で、時代順に記述する転向研究の第一章をなすだけでなくて、転向の思想を構造的に把握する線からも第一章をなすものである。転向という言葉が、単なる一つの単語としてでなくて、思想上の特別の意味をもって現れてきたのは、大正時代末期、プロレタリア運動の「方向転換」が論議された過程においてであった。このときには、転向という言葉は、支配権力の動向にあらためて屈服するとか、あらためて同調するようになるとかのことを意味するものとして用いられたのでは決してない。むしろその逆にちかい。正しい表現ではないが、転向は、「悪い」意味においてではなく、「良い」意味において用いられ始めたのである。山川均の提唱した方向転換を、労働組合主義＝経済主義と革命主義＝政治運動化との「折衷主義」であると批判しながら、「真の方向転換」を主張して現れた「福本イズム」が、「転向」とという記号によって、「歴史の普遍法則」における弁証法的「転化」の原理に対して、能動的主体が自分を積極的に適合させて行く行動を表現したときに、この言葉は、一つのカテゴリーとして成立したといえる。福本は、大衆の中に「沈潜」することによって大衆を社会主義に結び付けようとする運動の態度は、「無産者結合に関するマルクス的原理」に反する仕方であって、弁証法的な運動方針は、「結合する前に先づ、きれいに分離しなければならない」というレーニンのテーゼを適用することから始まるべきだ、という。「ズルズルベッタリ」の結合に対して、一度切れた上での結合のみが、マルクス的結合なのだ。とすると、原則的な切断を経過しないで社会主義運動を起そうとした「私達はいままでは、一段階を飛びこえての先方に視野をおいたのであつた。私達は、今や、一旦後退してこの一段階から現実に踏み進まねばならないのだ。今やこの転向をなすべき瞬間に到達したのだ」。転向とは、ここでは、全く主体的な概念として考案されている。状況の中に喰い込んで、状況自体を目的意識的に変えてゆくためには、単に、状況の中に内在している「転化の法則」によりかかってばかりいたのでは駄目だ。「客観世界の法則」の他に、状況と変革主体との関係を、できるだけ正確に法則的に捉えて、それによって主体的な原則をつくり、原則によって状況に働きかけねばならない、と考えるのである。いわば、運動自体を法則化しようとするのだ。そうして運動の法則は、「客観世界」の法則と対応して弁証法の定式に適合していなければならない。この努力を行うときに、転向が生ずるのである。無法則の運動から法則的運動へと法則的に転化しようとする能動的な行動が、それなのである。（この場合、大衆とは状況を対人指示言語で呼んだ代名詞のように用いられている。この用法は、現在でも、重要な意味をもっていると思う。）従って福本は、転向をしばしば「自己揚棄」と同じ意味で用いた。つまり、転向は、状況＝大衆に対する働きかけ方の能動的変化であるから、それに伴なう、自己批判と反省を片面に含まねばならないのである。

このようにして、転向とは、主体的人間が、外に向う行動を自分の力で法則的に転化させることと、内に向う内省をこれまた法則的に一歩深めることとを統一的に把えた概念なのであった。ここでは、主体の構造は、その主要な全面に亙って方法的に問題とされうることになったのである。そうして思想の観察とは、そうすることに他ならない。私が思想のカテゴリーとしての「転向」が生れたというのはこの意味においてなのである。

福本イズムにおいてできあがったこうした転向の考え方が、国家権力あるいは日本の支配体制によって逆用されて、日本の体制に正統な国民哲学を忘れて、実現不可能な「全く空想とも謂ふべき……外国の思想に惑はさ」れた者（共産党検挙に関して昭和三年六月二十七日に原法相が行った談話）が、自己批判して再び体制によって認められる国民思想の持主に復帰することを「転向」と呼ぶようになったとき、現代日本思想史に特殊な基礎範疇の一つとしての転向が生れた。それは、主体的に、「非国民的行動」(昭和三年原法相の言葉。昭和に入って政府当局によって、この言葉が使われたおそらく最初)を止めて、天皇制日本の状況に対して積極的に随順するようになることを意味する。一九三三年の佐野・鍋山の転向が、この転向概念の成立の画期であるが、そのときの両名の声明文は、「日本プロレタリアートの自覚分子の意見」なのである。佐野・鍋山の転向の思想については、個別研究の節とは別に、この小論においても後に社会状況と絡めてもう少しくわしく述べるが、ここで、まず明らかにしておくことは、両名の「思想転向」の形式が、一つは主体的で、状況——大衆に対する積極的な姿勢をとっている点であり、同時にまた歴史的で、共産党の三二年テーゼ以前と以後をハッキリと区別して、共産主義運動の現状をとくに批判=自己批判しようとする態度を表面にあらわしていることである。これは、説明するまでもなく、福本によって作られた転向の概念と形式的に同一である。ただ決定的に異なるのは、福本が、情緒を基軸にしてできあがっている日本の状況に対し、それを変革すべく、それに対蹠的な「理論」によって、また「理論」に向って、転向しようとしたのに反して、佐野・鍋山は、逆に日本社会に対して超越性をもつような理論の現実的不妊性を指摘して、現存の日本の労働者・農民・大衆の実感に復帰し、日本民族の国民哲学を何ら変更することなく、「あるがままの姿で」積極的に是認し、かつそれを理論化しようとした点である。状況に能動的に復帰する理論ができたのである。こうして、まったく逆の意味内容が、同一の形式に盛られることになった。この方向は、日本社会のファッショ化の傾向に支えられて、次第に一般化し、エリートだけでなく、状況構成の基幹である大衆の中にも、また共産主義者だけでなく、それ以外の非天皇制的思想流派にも及んで行った。

こうして、「転向」は、状況に対する主体的な態度の主体的な転換を意味するものとして生れたものであるからこそ、「治安維持法に優ること万々である」として、司法当局によって逆用されたのであった。状況を、運命的にか、または偶然の生起として把えて、つねに自分の行動半径内で現在の瞬間における状況に適応して行く態度からは、そもそも転向問題は発生しない。完全適応主義は、その意味で、無転向の路線を生むから、思想的非転向を維持するためのテクニックとして、利用することもある程度まで可能となるのであるが（後に検討される）、にもせよ、われわれがここで注目しておくことは、転向というものがどんな場合でも、本来、主体的な精神態度の存在を一つの前提としている、ということなのである。そうして、そのような精神態度を現代日本にまず発生させ、それによって現代日本の思想史の展開を可能にしているものは、明らかに生産性・不生産性のすべてを含めて、共産主義なのであった。

＊

かくて、転向の思想史は、転向概念の転向によって始められ、また転向概念の転向過程として進行した、と考えることができる。また、さまざまな個人および集団が「大正・昭和」時代に、さまざまな仕方で転向を行ったけれども、その色とりどりの糸が織りなす時代の思想状況の中には、一つの、歴史の狡智に似た、主線が発見できる。私たちは、個人差に執着しながら、同時にそれらの公約数を求める。そして、いまこの第一章では、もっぱら公約数とそれを形づくるに当って中核的地位を占めた基礎思想の構造を述べようとする。その際、最初に問題となるのは、共産主義の福本イズム的側面である。福本イズムのねらいは、理論人の形成にあったと見ることができるからである。それは、純粋に「マルクス主義的要素」をとり出し、その「結成」を行って、われわれの身体を武装しようとした。温情や仁慈とはまったく次元を異にする「理論法則」を細胞として、われわれの全身を構築し直すなら、もはやわれわれは日本的環境に対して鉄壁をはりめぐらすことができる。昭和の初期に共産党員となった一農民運動家の言葉を借りれば、共産主義者になることによって「強くなつた。何とはなしに一つの魔力を自分に得た様に思へた」のである（小野陽一『共産党を脱する迄』）。そうして、このような性質は、福本イズムに典型化されてはいるけれども、福本イズムだけに特殊なものでは決してなく、共産主義、とくに日本の共産主義には、特徴的な一面なのである。そしてまさにその点において、共産主義は、現代日本思想史の起点たるにふさわしい位置を占めているのである。

福本和夫が、天皇制日本の教育制度の中で優等生コースを歩んだ後、文部省の留学生としてドイツに学んで、マルクス・レーニン主義者となって帰国し、大正末年、一九二五年から二六年にかけて、雑誌『マルクス主義』その他によって論陣を張って「前衛組織」の理論をつくり上げようとした際に、議論の底に存在していた基礎的な構想は、従来、いろいろな「社会主義運動史」において、福本のテーゼがもっている政治的価値についてだけ論ぜられてきたが、ここでは社会主義運動内部の問題として扱うのではなくて、思想一般のレベルにおける福本イズムの意味を抽き出そうと考える。そのような操作を通して始めて、異なった「主義」の間の、交流や生産的な対決が可能となって行くのだ。かくて福本イズムの思想的特徴は、次のようにまとめることができる。

(1) 「ズルズルベッタリ」の状況追随主義からの切断

日本の天皇制社会の原理は、人間社会が自然世界と公然と対立せず、国家が家や部落や地方団体と公然と対立せず、公的忠誠が私的心情と公然と対立せず、全体と個が公然と対立せず、その間のケジメがないままに、どちらが起源でどちらが帰結かが明らかにされないで、ズルズルベッタリに何となく全体が結びついているところにある。このズルズルベッタリの状況に区切りをつけないでは、社会運動を起しても、その結果がどこに吸収されるかわからない。被支配者は、支配者とケジメなく心情的につながっているのだから、被支配者のために、その経済的利益を増そうとする運動は、やり方如何によっては、ひょっとすると、政治的にはますます支配者を楽にさせる結果になるかもしれない。そこで、ズルズルベッタリ主義的な精神態度や運動の方針を止めさせることが重要な問題になる。福本は、この点の具体的な分析を行ったこともなかったし、また彼の視角は、運動史の経済主義から政治運動への発展という点に限られてはいたけれども、ともかくも、ズルズルベッタリ主義の切断を第一目標においた。彼の河野密批判は次のようにいうのだ。「俗学主義者、粗雑なる経験主義者……の追跡は、必然に現象のズルズルベッタリな羅列に終る」。そして彼ら「粗雑なる経験主義者」は、社会主義運動の組合主義から政治運動への「方向転換過程をば、組合運動の見地よりズルズルベッタリに延長せしめやうと努めてゐる」といって攻撃する(『方向転換』)。日本社会の歴史過程におけるキレ目の欠如を何とかして打ちこわそうとしていることだけは確かである。

このように、社会の「ズルズルベッタリ」な拡がりに対抗しようとする主体的な思想は、その先駆をすでに明治末期の自然主義に持っていた。「宇宙にわれ唯一人あり、共同は妥協だという心持」を抱いて、「普通の悲哀を強ひて嚙殺して了ふ」(田山花袋『東京の三十年』)精神は、むしろ福本イズム以上に、純粋に日本社会の原理そのものに対決していた。田山は、当時日本の文筆世界を支配していた硯友社が、非人格的な規約によって拘束され運営されるような集団としてでなく、もっぱら尾崎紅葉のもとにパースナルに結びついた日本的結社として存在していたことに対して、「妥協的で、外交的で、乃至朋党的で、『群』としての境にとどま」るものであることを衝いていた。彼によれば、そのような社会結合の原理のもとでは、「友人・門下生の情」などはすべてそれらの「群」の「単なる儀式」としての意味しかもっていないのだ。彼は、紅葉の葬式に参列した友人や弟子が泣いているのを見てそのことを痛感した。したがって、人間の感情を復活させるためには、こうした〈共感〉を排除して、自分だけの〈実感〉を探し求めなければならぬ。「真」の感性は「普通」の感性を噛殺し、取り去った後にあらわれ出るかも知れないものなのである。ここに、感情を事実によって否定的に媒介しようとする、自然主義の方法論が生れたのではないだろうか。つまり自然主義作家は、「普通の」感情を表現しないで「事実」だけを書くことによって逆に「真の」感情をよび起す術を知ったのである(初期実感主義は、このようなダイナミックな構造をもっていたのだ)。そしてこの哲学は「外国の書物を透して」消化したものであった。

　だとすれば、福本イズムに象徴される大正末期・昭和初期の共産主義は、自然主義の反社会哲学の理論化版として、把えることができるだろう。両者に共通なのは、唯一主義の精神である。自然主義は宇宙に唯一人であるという実感を鍛え上げようとし、福本イズムは、宇宙に唯一つの理論があるのみだという「意識」を建築しようとする。そうした理論型への転換をもたらした契機は次の歴史的事情に求めることができる。大正デモクラシーにおいて、知識の制度化とインターナショナリズムの思潮が展開したことがそれである。詳しい統計をあげるまでもなく、第一次大戦をきっかけとして中学校、女学校、高等専門学校が倍加され、大学の拡張が行われて、インテリゲンチャが大量に生産された。この制度によって生産される知識人は、学習によって思想を形成する。学習の対象が、滔々としてヨーロッパから受け入れられた。そこでその伝達者となった大学教授が、文化日本の指導者となっていく。「哲学叢書」とか「史学叢書」とか「独逸文学叢書」とか「音楽叢書」とかの叢書類や各種外国語辞典類の大量の生産・販売が、はげしい勢いで進んだ。これらはいうまでもなく、世界大戦の勝者となった日本において生れてきた文化的インターナショナリズムの思潮に支えられ、また逆にそれを促進した。反社会的精神はこのような風土の中では、世界に普遍的な反社会的なモデルを学習することで、自己を形成しようとする。そして、理論は普遍者の顔をしているから、出発点における反社会精神は、理論として自己を形作るにつれて反社会的であることだけにけ止まることができない。自分たちの理論的社会を将来に望み、かつその萌芽的存在を現代に作って準備しようとする。かくて組織体の結成が要求されるに至る。「前衛」の理論としての福本イズムは、このような脈絡の上に成立したものと考えることができるのだ。それは「ズルズルベッタリ」の社会から個人として切れることではなく、組織体として切れようとしたのである。個人としては自然主義のように社会から自らを切断し、自己の属する組織体員としては、むしろ社会に密着しながらそれに働きかける仕方で、革命精神の再生産を行うのなら、自然主義の上に理論と組織をつけ加えたことになるのだが、福本イズムはそうではなくて、自然主義の代りに理論主義と組織主義をもってきて入れかえを行ったのである。

ともあれこうして、福本イズムは「大正デモクラシー」の一つの時代状況によって生み出されたものであるにもかかわらず、「大正デモクラシー」の他の一つの傾向に対しては、当然のことながら、かなり鋭く対立していた。その傾向とは、人格主義という形での日本型ヒューマニズムと政治的調停主義とである。大正デモクラシーの思想的主流は、政治上は、たとえば島田三郎が「現在世界を支配して居る通有の性質は何であるかと申しますれば、人を土台として物を土台とせぬ、是が真理であります」という哲学からして、「物に対する所の資格を改めて、人に対する所の資格に引直す」普通選挙案を推進したことにうかがえるように（一九二〇年二月十五日第四十二帝国議会における演説）、人格主義に他ならなかった。普選を「権利」としてよりも「時代の要求」として理解するところに状況追随主義があらわれてはいるが、それとともに、ここには人間を政治力学上の「人間という物」Menschenmaterialとして把えるマキャベルリ的な政治的発想は、いささかも存在しない。むしろその反対である。

人間を力学材料として駆使する逞しい政治精神は、明治のはじめ伊藤博文ら少数の変革期の政治家にあらわれただけで、その後跡を断ったが、「大正デモクラシー」は依然としてその反対へ向いて進むことをデモクラシーであると思っているのである。たいへんロマンティックなデモクラシー観である。鳩山一郎のような「友情デモクラット」がこの時代に育った理由もよく分る。われわれ進歩的インテリの多くが、優しい接人態度をとれば、それが大衆路線であるとかデモクラティックであるとか思うのも、この時代を日本のささやかではあるが模範的時代であった（「グッド・オールド・デイズ」！）とする考えを捨てないでいる、ということが一つの理由となってのことではなかろうか。

ところが、人間を建築材料として考えることができないからこそ、抽象的権利としても把えることができないのである。この両者は裏腹なのだ。つまり、「大正デモクラシー」はいずれともあれ、人間を単純な規定に還元することができないのだ。だから武者小路のように、「人間の妙味」に執着する。これが日本の定説のようにブルジョア・ヒューマニズムなどであるわけがない。この時代に生れた「専門哲学者」たちが「人格主義」や「我の自覚」や「個我の発見」を論じ合った潮流は、もとより、以下の状況に見合ったものであるに過ぎない。

これはまことに天皇制の支配体制にとって好都合なことであった。彼らによれば、わが国民は抽象的権利としてよりも人情をもった具体的人格として扱われることを喜ぶのだ。一九二二年（大正十二）二月にひらかれた小作制度調査委員会特別委員会では、農村に関する限りではあるが、「毎日顔ヲ合ハス」間柄においては「審判所ヲ先ニ作ツテウマク治メル必要ガアルト思フ、権義ヲ先ニ決メルノハヨクナイ」という判断も出た（農商務省農務局の同会議事録、その二）。いうまでもなく、これは小作法へ向う線ではなく、調停法の方へ向う線に属する。毎日顔を合わすのは農村だけではあるまいから、この原理は固定した人間関係の存在するところなら、どこへでも使える。共同体思想が、新たな法制度の名を借りて再編成されるのである。調停法主義がそれだ。一九二二年に借地借家調停法、和議法、一九二四年に小作調停法、一九二六年に商事調停法が相次いで生れた。この傾向は昭和の前半まで引続き、一九三二年には金銭債務臨時調停法が作られた。これが「大正デモクラシー」の政治社会的帰結であった。これらの調停法は、いずれも「権義の観念に拘泥せず或は提撕輔導の誠を致し……一は慈愛を念として一は協調を旨と」する（一九二二年五月、司法官会における大木司法大臣訓示）。ここでは法が支配者をも超えた抽象的存在として、全ての人格を拘束するのではない。もっぱら練達の「運用者の適宜なる裁量に一任」されることになる（一九二四年十月横田司法大臣訓示）。かくして官僚支配はさらに躍進する。これでは大正デモクラシーのエセ・ヒューマニズムは、歴史的連続の担い手となりながら、日本ファシズムを準備したものでしかないではないか。

福本イズムは、これに対しては鋭い対立をもっているのだ。現存状態の中にでなく、抽象理論の中にこそリアリティを発見しようとする。だから、制度によって生産されたインテリによってまず唱導されたにもかかわらず、国家制度から排除された貧乏人の中から、福本イズムを通じて社会活動家が育ったのである。制度を通らないでも、理論を通れば指導力を得ることができるという考え方があるからだ。たとえばその一人山辺健太郎は、彼の思想の全体のスタイルがいかなる意味で有効であり又無効であるかの議論は別として、ともかくも革命的自然法の確信をもっている。彼は、黙秘権が戦後の日本国憲法でつまり実定法で保障されているからそれを行使するのだ、というわれわれ戦後派の持ち易い考え方を批判して、憲法にどう書いてあろうとも、自然の権利として何時如何なるときでもわれわれの意思如何によって行使すべきではないか、という。この思想が、「大正デモクラシー」の裏正面に位置してそれに対するエネルギー供給源となっていた労働・農民運動の展開を支えたものなのであった。

(2) 超越主義

歴史過程を切断しようとして、われわれが能動的にこれに働きかけることができるためには、われわれは方法的自覚をもってエネルギーを用いなければならない。赤松克麿（国家社会主義になる前の）のように「近代の社会運動は観念の闘争でなくして生活の闘争である」（赤松「我国労働階級の当面の任務」）などという「ルーズな規定」によって運動を行うときには、どうしても「労働者の当面の生活」に固執する「経験的現実主義」に堕してしまう、と福本は考えた（『理論闘争』）。そうして「当面の生活」にひきずられるということは、歴史を創造するのでなく、歴史の所産によりかかることとなのである。だとすればまた、われわれは、現在「労働者の多数」がもっているところの「自己の粗雑なるそして極めて狭い範囲の経験……によつて世界を認識せんとする傾き……を排除することが必要である」（『理論闘争』）。

けだし、生活それ自体が闘争性をもつのではなく、生活に潜在するエネルギーにある一定の方向が与えられるときにだけ行為が生れるのだ。とすると、行為あるところ必ず観念の方向づけがある。生活闘争主義は、理論的自覚の面では「観念の闘争を否定してゐるのだけれども、実は、狭い生活内の経験による狭い世界認識によつて導かれてゐるものに過ぎない」。明らかに「ルーズな規定」にちがいない。その場合には行為は、現在の生活を再生産するようにしか働かない。われわれは、現在の生活を超越して行くような観念の体系をもたなければならない。

福本においては、それはいうまでもなく世界人民の諸経験を唯一つ正しく抽象しているマルクス主義理論であった。かくて、ひたすら学習にはげむことが要求される。マルクス主義をその原型において理解することによって、歴史を遮断する正しい観念のエネルギーを作り出すことができる、というのだ。だから、この場合の学習は、単なる知識の蒐集ではなくて、主体的な把握でなければならない。階級意識の存在を知るだけでなく、「階級意識を意識しなければならぬ」。かくして福本イズムは、次第に学習とともに自らを日本社会から隔絶させ、超越させていくことができる、と考えられた。日本労働組合評議会内のマルクス主義の闘士は、「組合員が馘首されてゐるのに」ストライキをそっちのけで、「理論闘争」にはげもうとしたことさえあった（野田律太『評議会闘争史』）。

しかし、学習主義による「進化」のコースの設定は、もしかすると、福本自身が前述のような日本の教育制度の中で「進化」してきたコースをモデルにしてつくられたものかもしれない。現代日本の多くの理論家が、ほとんど必ず自分の後輩に自分の歩んだと同じコースで、自分と同じ理論を学習して、形式内容ともに自分と同じような理論家となることを望むのと同一の精神が、福本にはなかったとは断言できない。

いや、福本が『革命は楽しからずや』の中で、学校生活を通じて彼がつねに優等生であったことを手放しで誇っているところを見ると、彼が自分の辿ったコースを最良のものと考えていることは明らかである。彼が「現地」から直輸入したマルクス主義をすべての点で唯一無二の正しき理論であると考えたことも、もちろんこの精神と深く関り合っているだろう。この傾向は、いうまでもなく、日本社会の状況から超越しようと理論的に企図した福本イズムが含むところの、思想的な破綻に近い決定的な自己矛盾である。自分の「狭い生活」を超越するのと正に逆に、自分の「狭いコース」の型を実体化するものだからに他ならない。いや、「労働者の多数」とは異なって、彼自身の生活が「狭い」とは思っていないのである。自己の超越を含まぬ日本からの超越論。福本イズムに内在するこの似非《エセ》思想は、現代日本の理論家の多くの中に存在している特徴の典型的表現である。優等生として生活する場合、われわれは、つねに模範

（モデル）であり、したがって実体である。日本社会における指導秩序は、ほとんどこのようにして具体的人間をモデル化し、その具体的モデルの階層として形成されている。ここでは、指導者は、自らを実体化することによってのみ、指導者たり得るのだ。この〈指導者の自己実体化傾向〉が支配している以上、自分を部分として意識し、守備範囲と打撃順位を規定して、其処にエネルギーを集中することはできない。つまり民主主義秩序はつくれない。

　そうして分業意識のないところ、当然に部分が全体を侵蝕しようとしてセクショナリズムが発生する。しかもさきの〈傾向〉に従って、指導者のコースが絶えず後輩にそのまま受けつがれるのだから、同型の人間と同型の理論がいつまでも再生産されるばかりで、相互に対決しそのことによって相互に増殖するであろうような、異なったタイプの人間と理論を生まない。かくして一方で「民主的討論」の原則は、同質のものの間の空疎な用語の修正のやりとりとなって形骸化する。とともに他方、集団はいつの間にかエピゴーネンの集団と化す。こうして、日本社会はほとんどエピゴーネンの社会ではあるまいか。エピゴーネンの間に階層があって、エピゴーネンが同時に下に向っては指導者であり、その点で自己を実体化しようとする。だからして、われわれ日本のインテリゲンチャは、独創性をほとんど持ちあわさないにもかかわらず、絶えず自己の独創性を意識しかつ主張するのである。したがって、このオリジナリティ主義は、明らかに自己認識の不能な自己欺瞞症の露呈でしかないのである。自己の超越を含まぬ日本からの超越理論が生れるのは、けだし当然なのである。そうして現在の日本共産主義運動は、以上のいずれか一つの点においてでも——指導者の自己実体化傾向においてか、セクショナリズムにおいてか、エピゴーネン化においてか——日本社会の一般的傾向から、完全に離れてはいない。国家制度の階梯を通らないで、福本イズム以後の運動史を通じてアクティブとなったインテリが（前述）、かえって時としてアカデミズムに劣等感を示すのは、このような風土においてこのような仕方で、制度通過型インテリによって指導されながら育ったからではないだろうか。したがってここでは、反国家的存在者が自己のタイプの特殊性にどこまでも執着しつくすことによって、普遍に到達しようとする態度は容易に生れない。

福本イズムの、理論としてよりもむしろ思想としての悪しき側面は、同時に、われわれすべての悪しき側面として、打倒・変革されることが期待されていると考えられる。

(3)　一元方法的批判主義・分裂主義

福本は、理論主義によって、現在の生活を超越して実在（リアリティ）の生活に到達しようとしたのだが、その過程を自覚的に推し進めるためには、当然のことながら、現在の生活形態に対する絶えざる方法的批判をくりかえさなければならぬ。「労働者階級の意識がその自らの限界を越えて、真実の無産階級意識にまで発展転化をとげる……ためには、まず社会的階級＝範疇＝集団の活動並に生活の凡ての形態を唯物弁証法的に批判することを理解するにいたらな*

ければならぬ」(『理論闘争』)。こうして、福本の一九二六年までの全著作を貫く猛烈な一元的批判主義が生れる。彼の批判は、対象に応じて複数の方法を組み合わせて使うというのではない。「凡ての形態」を一つの物指しでピシピシと切っていくのだ。彼はこの仕方で他人の立場を批判するだけで、何も具体的な命題をたてなかったように見える。また日本経済史の研究も、問題の視角をあげつらうだけで、経済史的事実の発掘の一つをもなさなかった。しかし彼にとっては、批判の中にこそ最も具体的な主張があらわれると考えられたし、また福本イズムが事実に対する方法の優位を一貫して主張するものである以上、それは当然でもあった。したがって、福本イズムは原論主義であって各論主義ではなく、適用主義ではあっても、状況に適応して方法を変形することを原理とするところの応用主義ではなかった。この態度もまた現代の多くの進歩的理論家に共通するところである。一つの方法の万能を信じて疑わないのだから、同じく原理主義者ではあっても、懐疑の放浪生活をくりかえし、行動に当っては決断の契機を絶えず必要とした『方法叙説』の著者とは、大きな隔りがあった。

＊ プラトンの「洞窟」の神話を想起せよ。それが「真の存在」と「哲人王主義」を支える。(一九九六年)

福本のこうした批判主義の最高のかたちは政治的曝露である。彼によれば、ここまでゆくとき「真実の階級意識」が生れるのである。「我々は今や理論的闘争に政治的曝露を重ね始めなければならぬ」(一九二六年十月)。つまり、方法の純化による思想的な対立に加えて、運動そのものの分裂をひき起そうというのである。もちろん、日本社会では内面世界の独立性についてのコモン・センスはないから、思想的分裂を深めることは直ちに集団そのものの分裂をひき起す傾向が強力に存在していて、そのため、福本の方法の純化主義は、すでにそれだけで、この国では運動の分裂を結果しているのであったが、この二つの契機——思想的方法の純化と政治的運動の統一とは、本来は別の次元に属するものとして扱われねばならないのだ。しかし福本自身もまた、この区別を意識してはいなかった。彼においては、理論闘争はどちらかといえば消極的な分離であり、政治的曝露はより積極的な攻撃であるに過ぎなかった。

こうした能動的分裂運動は、福本にとっては、「真の」積極的な統一運動に他ならないと考えられていた。いうまでもなく分化こそはより高次の統一のための「必然的」前提であるというのが、森羅万象に例外なく妥当する弁証法の法則だと定められていたからである。とすると、一九二五年の労働総同盟の分裂は、実は潜在的な真の統一運動に他ならなかった。かくて、分裂活動に積極的であればあるほど、自動的にそれだけ熱心に統一に力をつくしていることになるのである。この結果、農民運動においても、村にせっかく「農民組合らしいものがあっても、それがたとへば農民自治系のものだといふのでマルクス主義者はすぐ理論闘争をやつて分裂してしまふやうなことを、熱心に行つた」(小野陽一『共産党を脱する迄』)。農民自治系の運動の多くは次第にファシズムをつくる起動力となったが、もし福本イストの分裂活動がなくて、逆の方向に運動がすすめられていたならば、農本主義のもつエネルギーがファシズムと結びつくことはあるいはずっと困難であったかもしれない。農本主義者で戦後共産主義に近寄ったものが多いところから考えれば、この路線の展開が――完全に成功し得たかどうかは別として――全く不可能であったとはいえない。そうなればもちろん日本ファシズムは、われわれが経験したほどまで国民の内面的力を吸い上げることはできなかったかも知れないのだ。

しかし、こう考えることは、私の哲学からなのである。福本イズムにおいては、あくまで分裂することこそが、現象的にはどうであれ、真実の統一を拡大深化することなのである。かくして、「常識」を超越しようと努力した福本イズムは、ついに「常識」を無視するに至ったのである。けれども「常識」の超越は、絶えず常識によって繋縛されていることによって、はじめて可能となるのではなかろうか。反俗だって俗生活者が行うときにだけ反俗精神としての意味をもつのだ。つまり、超越とは主体の弁証法的活動であって、超越せられるものからの拘束を受け続けている状況においてのみ生ずるものであるとすれば、福本イズムは、歴史過程における分化・総合の弁証法を全称命題として一元的に適用した結果、遂に超越の弁証法を失ったのである。

いうまでもなく、こうした考え方は、福本だけでなく、相似の思想が、たとえば志賀義雄によっても、雑誌『マルクス主義』で述べられたことがある。おそらくマルキシストに一般的であった。そうしてこの奇妙な結論が生れる過程には、論理上の誤りがあるわけではない。私はここで、H・ライヘンバッハが『科学哲学の形成』の中でヘーゲル弁証法の法則について説明した巧みな例証を思い出す。宇宙に関する天文学的概念の歴史は、トレミーの地球中心説とコペルニクスの太陽中心説とに分化した後、アインシュタインの相対説によって「統一」される、という形で進行してきた。これは弁証法の法則に適ったことである。いうまでもなく、相対説は地球の運動をも太陽の運動をも、それらが絶対運動でない以上、認めるのであるから、「弁証法の法則」に適った事として相対説の成立を説明するのは論理上いささかも誤ってはいない。しかし、アインシュタインの科学理論の成立の歴史過程における弁証法的な型を示したからといって、そのことは彼の相対説自身の真理性を何ら証明するものではない。アインシュタイン理論は、それの成立史における弁証法性とは独立の根拠によってその真理性を証明されねばならないのだ。福本イズムは歴史的弁証法のみを弁証法と考えた点において、まさにこのたとえ話で指摘されていると同じ誤りを犯しているのである。

すなわち福本は、複数の論理を組み合わせるのでなければ理論的に対象に近づくことはできないという思想をもたず、したがってまた、組合せの論理を持ち合わせるようにもならなかったのである。思想と論理の決定的な不足があったのだ。しかし、われわれは理論によって現実を十分に把えることができるほどに、十分に理論を持ち合わすことはできない。福本イズムは、組合せの思想や組合せの論理を持たなかっただけでなくて、むしろなによりも、この理論の力の不完全性についての自覚において全く欠けていたのである。だから知識分子が知識分子たる点においてではなく、全面的に「尊敬され……理論闘争に参加せず、組合の実務をコツコツとつてゐる連中は、三文の価値もない哀れなものとして軽蔑される」ような状況をつくり出したのである（野田律太『評議会闘争史』）。行動と存在の意味は汲みつくすことができない。それは、扱い方如何によって、理論を抽き出す無限の宝庫ともなる。理論はそれ限りのものであることによって、むしろ明晰という意味をもつ。理論の不完全性が意識されたとき、コモン・センスの価値が認められる。その上で強い理論精神をもつならば、理論の不完全を自覚するからこそヨリ完全に近からしめようとして、有効な多くの理論を組み合わせる努力を惜しまない。そうして理論に関する組み合わせ精神が生れたときには、異なったタイプの人間と共同活動を行うための精神的準備はできあがっているのである。だから、一つの理論によって武装をはかった福本イズムからは、実は逆に、しぶとい理論精神が醱酵できないのである。自分たちの力でなんとか歴史を切り開こうとするのではなくて、一つの既成理論に依存するから、状況判断を行うときにも命題から演繹し推理して状況の性質を決定する態度は生れても、因子決定的な態度は出てこない。リアリティ感覚がうしなわれていくゆえんなのだ。学習することのできる長期の歴史法則と、見ることのできるその日その日の暮しかたとについては計画が立てられるけれども、二年三年先についての中期の見透しはつけられなくなる。だから現実の状況は、その日の事件として起ったときに、始めて知られる。そのときが内面的な転向の時期なのである。転向は、自分にとって外的な日本社会に一定の仕方で対決する超越的理論人を、現実の世界に引きずり降ろすような、外的な事件に結びついた、内面上の変化として起るのが普通だった。

「プロレタリア民主主義」の原型——レーニンの思想構造

1　運動としての「民主主義」

認識がミネルヴァのふくろうである限りにおいて、歴史は自らを認識することなく作られる。したがって、民主主義の現実的形成の歴史もまた「民主主義理念そのもの」の展開としてかたち造られたものではない。それは、ローゼンバーグが彼の思想的苦闘の末に要約した如く、「常に一定の目標に向かって闘う一定の社会的勢力によって担われた一定の運動」[*1]としてのみ実現されて来たのである。

もちろんそのことは民主主義の理念そのものの性質からも説明できる。つまり、その理念が「治者と被治者の一致」の理念である以上、その実現の過程は自律的秩序の統合の過程であると同時に「治者と被治者の不一致」に対する反抗（或は批判）の過程である。従って民主主義の政治理論は統合の理論であると同時に反抗の理論たらねばならない。この相反する両側面の同時存在性が崩れるとき、人は民主主義の「挫折」を感じなければならなくなる。それが統合過程だけになった場合にはそこに「形骸秩序」を感じ、それが反抗過程だけになった場合にはそこに唯単なる「騒擾過程」だけを感ずる。前者は「機構の手続」だけとなり、後者は「目標なき反対」となる。そういう風になったとき、人はまた民主主義とは実現過程をとることのできない抽象的理念に過ぎないと感ずる。それは神の国の如く天上高く時・空を超えて存在しているものであって、地上に実現できるものではない、永遠にユートピア（存在しない国）なのであるという風に感じられる。ところが「統合」の契機と「反抗」（批判）の契機が結合した状況の下にあっては、ひとは民主主義の理念は実現過程をとりうる理念――ヘーゲル流の「理念」であると感ずる。いやむしろ今正に実現されんとしていると感ずるのである。言って見れば「神の国到来の時近し」と思われるわけだ。そういう状況とは歴史上何であっただろうか。もはや説明するまでもなく、社会革命を典型とする変革の運動過程として歴史上出現した状況である。「反抗」を通して「新たな秩序の自主的統合」を行なわんとした時、さきの両契機は現実に結合するのであった。こうして民主主義の歴史は、二重の運動史である。一方では、それは「現実化しうる目標」と「静的な永遠のユートピア」との両極を社会的状況の転変とともに往復する。そこでは民主主義の理念そのものがいわば一個の運動体なのである。そこでは、その理念は或る時は「天」そのものとなるが、次にはまた「地上の高嶺」となる。しかし他方では、民主主義の理念が「生きた現実」となっている場合にも、それは運動過程のなかにのみ存在する。その理念がそれ自体運動体として往復運動をしているのではない。逆に人間世界の運動のなかに存在する。それは具体的過程の間にのみ存在するという意味でだけ抽象的理念である。具体的過程から離れたことによって抽象的となっているのではない。そうしてその過程とは、「反逆」(批判)を通して「統合」を行ない「新たなる統合」を行なうことによって「反抗」(批判)を結実しようとする過程なのである。「民主主義」の意味自体が運動体となって「天地の間」を往復する先の過程は、シンボルの歴史的循環として更に詳しく解くことができる。だが今ここでの問題はその理念を現実過程に内在させるところの後者の運動である。その運動は通常「民主化」(デモクラタイゼイション)と呼ばれている過程である。

では二十世紀の激動史を通じて、民主主義の理念を現実過程に投入した最大の運動は何であったか。防衛的な反ファシズム闘争とともに見逃しえないのが積極的な共産主義運動であった。前者はファシズムの成立を前提し、そうしてファシズムは民主主義の両極的結合が解体した状況において「目標なき騒擾」として発生した。目標によって制御されない騒擾は騒擾の自己目的化である。ファシズムは国内社会を不安な騒擾態となし終わると、更に国際社会を騒擾態と化そうとする。反ファシズム闘争はこれに対抗して民主主義「制度」と人間の目標(価値)一般を擁護しようとする。その結果民主主義の理念が抵抗過程に再生する。「目標なき」騒擾と暴力に対抗した結果として「目標と価値」の人間にとっての意味があらためて生々と想起されたのである。[*2]

しかし、それより以前に、共産主義運動は、民主主義の両極的結合が解体し始めた状況において、既に「目標」と「価値」を運動に結びつけるものとして発生していた。ヨーロッパの辺疆に起こったロシア革命がそれである。

＊1 A. Rosenberg, *Demokratie und Sozialismus*, 1937. ただし、引用は、Europäische Verlagsanstalt, 1962, Frankfurt am Main, S. 302.

＊2 ファシズムのこうした性格の具体的分析については、F・ノイマン『ビヒモス――ナチズムの構造と実際』(*Behemoth, The Structure and Practice of National Socialism 1933-1944*, 1944 の邦訳、一九六三年、みすず書房)、S・ノイマン『大衆国家と独裁』(*Permanent Revolution* の邦訳、一九六〇年、みすず書房)、丸山真男『現代政治の思想と行動』上・下(一九五七年、未来社)等を参照せられよ。また抵抗過程で民主主義の理念が再生する状況は、フランスだけについてではあるが、加藤周一『抵抗の文学』(一九五一年、岩波新書)が生々と描いている。

2 「プロレタリアート」範疇のもつ認識論的弁証法

「今ロシアのプロレタリアートは、計り知れない程いっそう苦しい試練に際会している。それに比べれば立憲政体の国における取締法などは本当の一寸法師に見える様なそういう怪物との闘争が迫っているのである。歴史は今我々の前に、いずれの国たるを問わず、他国のプロレタリアートの凡ゆる最近の課題の中で最も革命的であるところのものを提出しているのだ。この課題を実現し、欧洲のだけでなく、又(我々は今にして言い得る)亜細亜の反動の最も強力な砦を打破するに於いては、ロシアのプロレタリアートは万国の革命的プロレタリアートの前衛となるであろう。」[*1] 一九〇二年に早くもレーニンはロシア革命の課題をこのように定式化していた。つまり、ロシア革命が「打破」すべきツァーリズムはヨーロッパとアジアの両世界の反動の結節点にして同時に総本山である、だからこそロシアの「プロレタリアート」に課せられている課題は世界中の何処の国の「プロレタリアート」におけるよりも革命的な課題なのである、何故ならツァーリズムを打破することによって「世界の反動」を打破することができるからである、とレーニンは考えたのであった。

このレーニンの考えの中には、後々の彼の諸言説の節々に窺い見ることができるのと同じく、来たるべき革命と革命独裁の後に到来するであろう一切の反動と「国家の死滅」はそんなに遠いものではない、という予測がニュアンスとして含まれているように思われる。しかし今ここで問題なのは、「世界革命到来」と「国家死滅」の時期についてレーニンがどのように観測していたかを穿鑿することではない。ここでの問題は「明日の天気」の予測ではなく、そこに存在している「精神《ガイスト》」なのである。また自己認識である。此処に先ず我々は一切の民族主義的偏見から解放されたレーニンの自国政府に対する曇りなき認識を見出さないであろうか。あの反動的なツァーリズムなのだから彼がこう言うのは当り前である、と今なら言える。しかし、レーニンの行動を系統的に追うて見るならば、このことの意味は直ちに判明する。後年あの第一次世界大戦において、反動的な自国の「敗戦」を願ったロシアの革命家はレーニンを除いて何人いただろうか。レーニンの恩師、ロシア随一のマルクス主義者プレハーノフすらが「社会愛国者」となったのではなかったか。ボルシェヴィキの中にすら戦争承認者はいた。それでは「祖国擁護派」となった彼等はツァーリズムの専制の下にいなかったのか。むろんそうではない。けれどもレーニン程ツァーリズムの反動性を確実・冷徹に把えていなかったことは疑いえない。世界中の反動の総本山ならば如何なる仕方においても倒れた方が良い。屢々見落とされているが、他の交戦国における場合とは若干の事情の差があるのである。すなわち、イギリス、フランスの場合には、その国の「運動家」にとって自国政府が敗れることはドイツの専制政治《オートクラシー》が民主政治《デモクラシー》に勝利することを意味した。むろんそれ程ではないが、ドイツにおいても、自国の敗北は立憲政体が世界一の反動ツァーリズムに打倒されることになるという弁解根拠があった。[*2] ロシアでは、自国政府の国際的比較における「相対的進歩性」を論証しうる何等の根拠もない。

更に今一つ西欧諸国とロシアとの事情の差があった。さきのものが国際的尺度における進歩度の問題であるとすれば、これはそれと関連してはいるがむしろ国内社会における労働運動の日常的進歩度の問題であった。つまり、ドイツを含めたヨーロッパ諸国においては、レーニンがかねがね羨望していたように、既に前世紀中葉から労働運動が発達し始めていたからして、第一次大戦の頃となると、長年にわたる日常的闘争の結果として嘗ての昔に較べると相当の権利を獲得し蓄積していた。獲得された権利が増大すれば当然何としてもそれを維持しようとする。その意味では保守化するわけである。そうして戦争勃発に際会したとき、「我国」の崩壊は同時に「我々」が支配階級から獲得してきた諸利益の体系の崩壊をも意味すると考えられたのである。[*3] 「カウツキーの背教」の背後にはこうした社会過程が存在していた。彼等ヨーロッパの社会主義者が戦前に語っていた言説からすれば原理への「裏切り」であることは疑いえないが、しかし他方でこうした労働運動の日常的進歩がもたらしたところの階級的利益による制縛を無視することはできない。そこではもし自己の原理に公然たる忠実さを示して「祖国擁護」を拒否するならば、広汎な大衆運動から遊離することは殆ど確実であった。ローザとリープクネヒトが「少数精鋭」となり終わったのはこうした社会関係によるものであった。思想への忠誠と大衆への忠実とはここでは悲劇的に分裂していた。比喩的に言えば「理論」と「実践」との乖離が殆ど必然化された状況であった。彼等西欧の社会主義者にとっては、知識人として「精神」に生きるか組合運動家として「国家的統一」戦争を黙認するかの選択と決断を迫られたわけである。もちろんそうした問題だけではなく、戦争勃発によってそれまで自分で気付かなかった自己の中の非合理的ナショナリズムが触発されて噴出したという面を見逃してはならない。その意味では彼等西欧の「社会主義者」達の多くは、その時までは「想像の領域に生きていた」[*4]に過ぎなかった。そうして開戦によって「自分達が自らかくあるべきだと従来信じていたのと異なったものであったのを発見して自ら驚愕したのである」[*5]。いわば「肉体の発見」であった。そうして「精神」に生きるか「肉体」に生きるかの選択を迫られたのである。この面の重要性は看過できない。矢鱈に「革命々々」といっている場合、「想像の領域に生きて」そう言っていることもあるのだ。しかし重要だからといって、通常学者が注目し易いこの契機の他に前に述べたような客観的ファクターがはたらいていたことを軽視するのは、余りにも思想の条件性に対する感覚に欠けるもののように思われる。けれども、この「労働運動の一定の保守化」は自己が蓄積した権利と利益の擁護のためにのみ大衆を「祖国擁護」に参加させたものであるから、その権利と利益に無関係な戦局になったり或は逆にそれを台無しにするような戦局になった場合には、直ぐさま「祖国への無関心」か或は「祖国への反抗」を引き起こす傾向を内包していた。その限りでこの「保守化」は非合理的な愛国的熱狂とは異質である。だからこの基盤の上に一定限度の平和への試みも可能であるばかりでなく、敗戦国においては蓄積権利が台無しにされた時（戦後）猛烈な国家への反抗が起こったのでもある。

ロシアには「労働運動の日常的進歩」の結果生じたこの「保守化」傾向は存在しなかった。一八九〇年代にやっと労働運動が起こったばかりであった。相手はまたツァーリズムであった。「祖国なき労働者」が成立するのは「現存政治体制が継続するよりはむしろ自国全体の敗戦の方が望ましい様な厳しい状況《イントレラブル》[*6]」が存在する場合であるが、ロシアだけはそういう状況を広汎に持っていた。そうして「転向」の国際的・国内的な社会的根拠を持っていなかったという点から見れば、ロシアの社会主義者の「祖国擁護」の方が西欧におけるそれよりも「罪深い」ものであった。それでも他の理由を挙げて「祖国の戦争」を擁護しようというものが多かったのである。

「レーニンは渦潮の真只中の巌の如く立っていた。[*7]」彼は以上の諸タイプと全く逆であった。世界反動の総本山ツァーリズムの戦争に反対したばかりでなく、古典的政治制度論からすれば「国際社会における相対的進歩性」を挙証しうる他の交戦諸国の中にも「最新の反動性」を発見して、精密に挙証し体系的に説明したのである。いうまでもなく『帝国主義論』がそれである。ここでも彼は伝統的判断様式に妨げられることなく——そのことに伴う若干の弱点が彼の他の場合には現われうるとしても——二十世紀固有の特徴を剔出したのであった。カウツキーとドイツの社会民主主義者とをひたすら恩師と仰いで傾倒して来たレーニンが、彼等の戦時の判断には露程も影響されることなく、寸分の動揺もなく現実構造の赤裸々な把握を行ないえたのである。それは何故か。彼個人の資質における原理感覚の異常な卓越を今仮りに除外して考えるなら、その理由の一つは、彼が、自己を同化して他に誇るべき祖国を何処にも持たない「プロレタリアート」として現実に立ち向かったからであった。既に述べたところから明らかなように、「ロシアのプロレタリアート」は自国政府の世界一の反動性を認識する限り、世界で最も国家に親近性を持たない「プロレタリアート」となるのである。レーニンはその認識を極めて冷徹に行なうことによって「ロシアのプロレタリアート」となっただけでなく、国際社会の「プロレタリアート」ともなったのである。自国を客観的に認識することによって世界の「プロレタリアート」となり、逆にまた「プロレタリアート」となることによって一切の情緒的同一化《エモーショナル・アイデンティフィケイション》から解放された即物的現実把握者となる。この、マルクス的範疇における「プロレタリアート」のもつ弁証法が『帝国主義論』成立の認識論的基礎であり同時に社会的基礎でもあった。国際世界の支配構造を説き明かしたこの画期的な著作は、国際社会における「プロレタリアート」すなわちロシアを冷酷に認識したロシアの「プロレタリアート」からしか生まれえなかった。その意味では『農民生活における新しい経済的動向』（一八九三年）以後『ロシアにおける資本主義の発達』（一八九九年）に至る「ローマン的ロシア観[*8]」の徹底的な打破がなかったなら『帝国主義論』はありえなかったということができる。もちろん本項冒頭に掲げた『何をなすべきか』もまたありえなかった。

＊1　レーニン『何をなすべきか』佐藤勇訳、三四ページ、一九四六年、穂高書房、及び、『レーニン全集』第五巻、三九二—三九三ページ、大月書店。両者をつき合わせて見た。

＊2　第一次大戦におけるヨーロッパ労働運動の「転向」に関する、「国際社会における各国の相対的進歩度」という条件については、F. Borkenau, *The Communist International*, 1938. p. 60 から学んだ。この書物は他の部分はそれ程でもないが、第一次大戦中のヨーロッパ社会主義者と労働運動の精神過程、及び、レーニン、ローザの人格構造（パースナリティ）を述べた部分はさすが第一級である。しかしレーニンの論理的構造については全くといってよい程解き明かす力を持っていない。喪って了っていたのかも知れないし、始めから持っていなかったのかも知れない。彼もまた「想像の領域に生きて」コミュニストになっていたのだろうか。従って本稿の主テーマは彼の方向とは全く異なっている。

＊3　Cf., F. Borkenau, *ibid.*, p. 59.

＊4・5　*Ibid.*, p. 57.

＊6　*Ibid*., p. 59.

＊7　*Ibid*., p. 80.

＊8　これらの一連の論文は経済学の論文であるけれども、それを通してレーニンが初期の一〇年間に精力的に繰り返し批判したものは、単に経済学上の「謬論」なのではない。「人格に対するアジア的侮辱」（「人民の友とは何か」、『レーニン全集』第一巻、二四二ページ）すなわち「善意の小吸血鬼」（同上）の本態をかえって見極めることのできないロシアのそれ自体アジア的な直接情緒的理論或は直接心情的ヒューマニズム思想を批判し尽すことを一つの根本的モチーフとしていたのである。この精神傾向を変革しなければ「労働者の思想を目醒めさせる」ことはできないと考えられたからである。だから『いわゆる市場について』においても（またその他の全ての初期経済論文においても）、現実に対する心情的対処を完膚なきまでに批判しているのである。経済学論文の形をとったのは、一方ではもちろんマルクス主義者として「経済的基礎構造」における資本主義化を実証することが最も重要と考えたからでもあるけれども、他方では、「動かし難い」即物的統計資料を駆使する経済学論文において最も良く心情的思想を方法そのものを通して批判できると考えたからでもあったことは私には疑いえない。このレーニンの初期の思想的テーマについてはまた後に他との関連で触れる。

3　レーニンにおける「終末論」の弁証法

このように見て来ると、前項冒頭においてレーニンの考えについて「先ず」述べた一面がいかに深い構造と広い裾野をもってこのロシア革命の指導者の精神と行動を規定しているかが分かるであろう。然しあの文章はこれ迄述べた「プロレタリアート」範疇の認識論的弁証法の面だけを物語るものであろうか。今一度立ち返ってレーニンの他の諸著作との関連において読まれたい。ロシアの「プロレタリアート」の「世界史的課題」を語っているこの一文は、ひとりツァーリズムに対してのみならず、一〇年を費やしたロシア社会に対する冷酷な認識に支えられて逆に壮大無比なロシア社会の希望と抱負を語るに至ったものなのである。「世界中」の大小全ての「反動」・「国家」はロシアの「総本山」を打倒することによって「終末」に至るであろうという「黙示録」は、あたかも全てのマイナスを集中しているが故に自らの手でそれを克服する時には世界の負を一挙に清算して全的なプラスを集約的に所有するに至るという逆転的「救済」の希望を展開するものであった。ここでは「国民」の観念は完全に転換する。ずるずると続いたロシア社会を徹底的《ラディカル》に否定することを通して新たなそして世界に輝く「再生」を予告しているわけである。そこでは伝統的「ロシア国民」はなくなって「万国のプロレタリアート」の「前衛」として生まれ代わるであろう、こうして自国の同心（コンヴァージョン）を通して世界の嚮導者となる、というのである。

当時の世界において決定的な新しさを持った『帝国主義論』を成立せしめた「プロレタリアート」範疇の認識論的弁証法は、実は、今述べた「終末論」と『再生論』の希望によって支えられていたのである。この「終末」と「再生」への希望と衝動とがあるが故に、ロシア社会と国際的世界に対する認識はいよいよラディカルになる。そうして冷徹に当時のロシアを世界環境と共に認識する時に、ロシアの「プロレタリアート」は世界、の「プロレタリアート」となり、かくて何物にも心理的に捉われることのない「客観的認識」が立ち現われる、ということになる。M・ウェーバーのいう認識における「没価値性の要求」・「主観的好き嫌いの禁欲」は、ここにおいては、今見たような「革命」への衝動と希望によって逆に感情的に支えられながら、成立するのである。

このレーニンにおける終末論の契機は、ベルジャーエフが仄めかすようにロシア正教の伝統から生まれたものと見做すことはできない。ひとは或は、意識的にはもちろんレーニンは徹頭徹尾マルクスの弟子であったが、ロシア社会の住民として無自覚の裡に伝統的感覚を自己の肉体の中に持っていた筈だ、と考えるかも知れない。しかし、それに対しては、多くの散在する根拠を列挙する余裕が今全くないので、あえて断言しておくが、そうした考え方はレーニンをあまりに知らな過ぎる、という甚だ失礼な返答を私は提出する。およそ客観視する能力をいくらかでも持っているレーニン研究者が例外なく驚くことは、彼の徹底的な「方法的精神態度」である。レーニンの冷徹な側面に目をそむける者は、その冷徹さが彼の厳格無類な方法的思考の全き貫徹から生まれて来ることを指摘する。レーニンの情熱的な率直さに目を見張る者は、その情熱が確固無比の方法的思考の帰結点としての目標に真一文字に向けられていることに驚嘆する。彼における「理論」は「理論」ではなく彼の「肉体」であり、彼の「肉体」は「肉体」ではなくて彼の「理論」の体化である。ひとがもし『レーニン全集』を通読するかまたは複数の彼の著作を熟読しさえすれば、もろもろのレーニン研究を見る迄もなくこの点は直ぐさま感じとれる筈である。そうして或は呟くかも知れない。これは方法的自覚によって完全に精神的武装を遂げた精神的鉄人だ!! と。或はまたこう考えるかも知れない。これはマルクス以上にマルクス主義的であると。或る人の教えをその人個人の生活環境から離れた地点で拳々服膺する時その教説は一層整序されたものとなる。本来何程か「合理的に表現された体系」だからこそ国と時間の差異を超えて理解されるのであるが、ひとたびそうした理解が行なわれると、そのことによって逆にその体系は一層合理的に整序され、従って方法化される。ここでは先生に直接会って知覚によって学び取ることはできないから、論理的作業を通して当面の問題に対する先生の考えを自ら抽き出さねばならないからである。レーニンの著作の多くはこの態度に貫かれている。

しかし、いくら方法的態度に徹していてもロシア社会で生きる以上その社会関係の空気を吸うのであるからロシア的伝統を身につけざるをえない、とひとはまた繰り返し言うかも知れない。私は、成程自然に其処に生きているならば、と答える。しかるにレーニンは自然に生きたことはよかれあしかれ殆ど一度もないだろう。逆に彼の著作・言説を初めから最後まで貫いている一つのテーマは自然的精神態度の徹底的な否定である。初期の経済諸論文における「東洋的専制を基礎付けている自然心情的要素」への批判、傑作『何をなすべきか』における「自然に喚起されて行動するテロリズム」・「自然成長にだけ依存する経済主義」に向けた批判、後期の革命後の諸報告における「小ブルジョアの自然的エゴイズム・自然的怠惰」に対する批判等、各処に見出すことのできるそうしたテーマは人間の自然的感覚に対する彼のラディカルな警戒心を物語っている。近代初頭において「制度の必要性」を基礎付けたホッブズと同じく、レーニンは人間性を野放図に放任してよいものとは考えなかった。その意味では性悪説の一面をもっていた。彼が人間に期待するのは、彼の好きな言葉で言えば「自覚的規律」、すなわち自律的規範であった。そうしてそれを持ちうるのが「プロレタリアート」であった。その、「持ちうる」と考える点で彼は人間性の可能性を信ずるものでもあったのである。その点では自然感覚との内的格闘を人間の倫理と考えたカントに等しかった。もちろん、「自然心情」を「小ブルジョア」に典型的に受肉させ、「自律的規範」の可能性を典型的に「プロレタリアート」に体現させて、前者との格闘による後者の展開を歴史的発展とした点は、「人間の自然」を一般的に同等なものと考え、歴史の進歩を「自然の意図」の展開として把えたカントと異なってい る。しかし如何なるものを「徳」とし如何なるものを反「徳」とするか、そうして両者の関係はどのようなものであるか、という点では同じ型に属している。

しかし、ひとはまた繰り返して言うかも知れない。いかにレーニンが自然的心情による生活態度に警戒しそれと内面的に不断の闘いを続けたからと言っても、人間は対決する相手に逆に規制される面をもつものであるから、彼もまた対決し続けた「ロシア的自然」から影響されているに違いない、と。私は答えねばならない。成程、自律を目標にどんなに努力しても、その努力が無規範的自然との格闘である以上、対決から起こる逆規制の自然的浸透は避けえないのか。だからカントは「道徳法は、たといかつて誰一人としてこれを守ったことなくまた今後守ることがないとしても、尚、それが道徳法たるの効力に於て些かも損う所はないのだ」といった意味の凄絶無類な言葉をもって規範の超越的普遍性とそれへの不断の努力の要を説いたのであろう。[*1]そうしてレーニンもまた革命後になってからも尚「自己規律」が逆に自然と化す遠き未来の状態を目指して不断の努力を自他に要求し続け、その課題を推し進めることは「白痴のロマノフや愚者のケレンスキーを打倒することより遙かに困難である」と説くのであった。[*2]そこには屢々一種の永久革命的な考え方が窺われる。それは、伝統の強さを知って安易な楽観を微塵も含まないだけに逆にかえって彼において「ロシア的・自然心情的」契機との断絶が進行していることを信頼せしめるに足るものではなかろうか。少なくともここには、「精神地理が自然地理に一致している」といわれるロシア的精神傾向はない（ベルジャーエフ）。[*3] また、解体の情緒的予感の中に身を委ねていわばディオニュソス的に「終末」感に陶酔してしまうところの、あの、ロシア的黙示録と共通な精神は存在しない。[*4] かくて本項冒頭で述べたレーニンの「終末論」はロシアに伝統的なギリシア正教の情緒的に神秘的な終末論とは構造的に異なっていた。むしろ、その戦闘性といい、「自国プロレタリアートの世界的前衛」への激しい「待望」といい、それらはユダヤ的構造に近かった。

　では、そうしたレーニンの終末論は何処より由来したものか。いわずと知れた、マルクスである。レーニンは、若い頃から革命を希んでロシア社会から「内面移住」し、後には「実際に亡命」し、「党」を作った場合にも、厳格に訓練された少数メンバーによる厳格な規律をもった組織として、ロシアに対する「社会的距離」を保ちながら、一方、その「距離」から生まれる鋭いリアリズムと、他方、「距離」によって可能となる「純粋思索」をひたすらマルクスに向けて「自己訓練」した結果、マルクスが殆ど無意識な肉体的感覚の中に持っていたどろどろしたデモーニッシュな「終末預言」の弁証法をいとも明晰な論理的作業を通して獲得したのであった。それはまことに目を見張らせる習得というべきである。

　では、マルクスのどこに「預言者性」が存在するのであろうか。彼がヘーゲルから、「内在的批判」の契機、「歴史の自己運動」という考え方、「現存するもの」を単に「在るべきもの」と「在るもの」とに分ける啓蒙の立場を越えて「在らざるをえざるもの」（つまり「必然性」範疇）として「和らげられた忍耐」を以て「批判」するという方法、……等をそのまま学びとりながらしかも決定的にヘーゲルと異なった点は、その「宣言的」態度であった。マルクスの資本制社会に対する内在的認識は、その社会に向かって昂然と指さして「宣言」した「終末預言」と関連して生まれたものであった。根拠の認識はミネルヴァのふくろうであって時代の夕暮において始めて飛翔し始めるのだとするならば、現代の内的根拠をもし認識できれば、そのことは逆に現代の終末（夕暮）を意味することになる。あたかも逆捩じを喰わせるようにヘーゲルの認識論を「逆用」して、現代の終末を基礎付けるためにマルクスの「内的批判」は始まった。ここでは、資本制社会の運動法則（内的矛盾）を内在的に説明し尽すことは、その社会に向けられた終末宣言である。できる限り対象の裡に潜ってその「必然性」を懇切丁寧に「理解」し尽すことは、マルクスにあっては同時にその対象が蛻《もぬけ》の殻《から》となることを意味する。徹底的に内在化して認識することと対象の終末を預言すること、この両契機は相互に関連し合ってお互を促進する。内在的認識への衝動は終末宣言によってますます根柢的《ラディカル》なものとなり、内在的認識の徹底は終末預言をいよいよ確信に満ちた断固たるものにする。彼の理論における社会科学性がその預言者性を保証し、宣言的性格が逆に科学性への衝動を強める。まさに「科学の時代」における「社会革命の哲学《イデオロギー》」の典型的骨格と言うべきであろう。古来宗教的預言者によって担われて来た「社会変革の哲学《イデオロギー》」[*6]はここに透徹した「客観的認識」とリンクされるに至り、そのことによって、「神の衰退」の時代における「社会革命のイデオロギー」が成立したのである。それと較べて見られるがよい。マルクスと同様にヘーゲルの「包括哲学」からの脱出を試みたキェルケゴールは、「激変の時代」における「指導者」として世俗的指導者ではなく「大衆」を「個別化」して内面的に救済する宗教的指導者を期待したのだったが[*6]、その理論は我々個人の内面の問題に関しては依然一つの真理を提示してはいるけれども、決して社会変革の運動を惹き起しはしなかった。もはや純然たる宗教的カリスマによっては社会変革の運動は起こりえなかったのである。そうしてそれと反対に、マルクスからは近代社会を縦断する壮大な運動が展開され、遂に二十世紀の世界にロシア革命を提出することになったのである。

レーニンにおける、「終末預言」と「客観的認識」との相互関連が如何にマルクスにおける今述べた骨格に照応しているかはここに明らかとなったと考える。唯、レーニンの方が一層冷徹に、いわば「バザロフ的自然科学性」――その点においてこそレーニンは一定のロシア的伝統と連続するであろう。しかしそれについては此処では触れる余裕を持たない――を帯びた論理性と意識性をもってその骨格を展開しているだけ、「思想家」・「預言者」というより「実践者」・「使徒」の性格を強めている。相違はそれだけであり、またその一点が大きな相違でもある。

けれども、いわば「真理は情熱を欠き情熱は真理を欠いていた」[*7]状況はこのレーニン的思惟において全く克服された。逆に、熱情は論理によって統御され論理は熱情によって推進されるところの、マルクスが自ら持ち且つ世界に希望したあの精神構造[*8]が、図らずも、ここヨーロッパの辺疆ロシアにおいて産声を挙げたのであった。

＊1　カント『宗教哲学』豊田昇訳、一九五一年、創元社、及び、同『実践理性批判』波多野精一・宮本和吉訳、一九五八年、岩波文庫、を参照のこと。

＊2　レーニン「アレクセーエフ馬術練習所での集会における演説」、『レーニン全集』第二七巻、二三〇ページ、大月書店。

＊3　ベルジャーエフ『ロシア思想史』田口貞夫訳、四ページ、一九五八年、創文社。

＊4　ロシア的終末感については、例えば『ベルジャーエフ著作集』（一九六〇年、白水社）の第二巻『ドストエフスキーの世界観』斎藤栄治訳、第七巻『共産主義論』田中西二郎・新谷敬三郎訳、等を参照。

＊5　「社会変革」と「カリスマ」・「預言者」との関連については、M・ウェーバー『宗教社会学』（部分的に邦訳あり）の諸論文を読まれることが望ましいが、それへの手引となる研究書としては、R. Bendix, *Max Weber, an intellectual portrait*, 1962. Anchor Books が最も最近のものとして注目される。日本における研究は何といっても、大塚久雄「宗教社会学と経済社会学」（『思想』一九六三年十月号、岩波書店）が展望を与えるであろう。

＊6　キェルケゴールのこうした側面をその時代との関連で述べた研究書として、手に取り易いものは、K. Löwith, *Von Hegel zu Nietzsche*, 1941, Zürich and New York（邦訳『ヘーゲルからニーチェへ』柴田治三郎訳、Ⅰ・Ⅱ、一九五二年、岩波書店）がある。

＊7・8　この点ではマルクス『ブリューメール十八日』（『マルクス＝エンゲルス全集』第七巻、大月書店、所収）を熟読せられよ。尚、マルクスの「終末論的宣言」の契機もこの論文にはよく出ている。

4　普遍的価値への献身

かくもダイナミックな構造のもとに冷徹な世界認識と壮大な世界史的「希望」を持った精神構造が、政治的水面において、「戦略・戦術」を定立しようとする時、その基本方針は何処に置かれることになったであろうか。彼レーニンの傑作『何をなすべきか』の一節を再び引用する。
「社会民主主義者の理想はトレード・ユニオンの書記たることではなく、仮令それが何処で行なわれたものであろうと、又仮令如何なる階級又は層に関係したことであろうとも、恣意と圧制の如何なる現れにも直ちに反応することが出来、之等一切の現れを綜合して警察の暴圧と資本家的搾取の実相を明示する一つの絵巻に纏め上げることが出来、一つ一つの些事を利用して万人の前で自己の社会主義的信念と民主主義的要求を吐露し、万人にプロレタリアートの解放闘争の世界史的意義を解説することの出来る護民官たることでなければならないということは如何程強調するも尚足りぬのである。」[*1]

この文中から、「一切の」現象を「綜合」して「解明せよ」という完全主義《パーフエクショニズム》と「全部認識《ホーリズム》」の脈絡を早々と読み取ることは、肯定的角度からするのも批判的角度からするのも暫く待つべきである。そうすることは、レーニンのこの場合には必ずしも適当ではないからである。この一文の核心は次の点にある。

「何処において、如何なる社会層如何なる階級の上に現われたものであろうとも」、およそそれが「恣意」と「圧制」である限り、それに敏感に反応できるものだけが「社会民主主義者」=共産主義者であるということである。ここでは、共産主義者とは現存する共産党の目前の政党的利害だけを考えて行動するものでは決してない。そういうものは共産主義者ではない。全く逆に、労働者階級だけでなく「どんな人間にふりかかる圧制」をも見逃さず、もろもろの圧制を綜合して、それの拠って来たる社会的所以を、「万人の前で」解明し、そのことを通してプロレタリア解放の根源的意味を「万人に向かって」解説しようとするもの、それが共産主義者なのである。よし自分と異なった「政治意識の陣営」にある人間であろうとも其処に「圧制」が降りかかっているならば最も敏感にその「圧制」に反応しなければならない。まことに「民権」の「綜合的」な「擁護者」たらんとするものである。「護民官」たれというのはその意味である。「前衛」とは、客観的根拠もないのに自分と違うからという理由だけで矢鱈に他党派・他集団をやっつけることではなくて、逆に、それらに向かって現われた「圧制」を、それが如何に隠微な形態であろうとも、明らかにし排除しようと努力すべきものだ、というのである。あたかも、神によって「選ばれた民」だけでなく「異邦人」に対してもそこに現われた「悪魔」の「圧制」を排除して彼等の中に神の「御心」を見出し、その自覚にまで導こうとする「異邦人伝道」の精神に似ているのである。

かくて此処にひとは、嘗て原始キリスト教の預言者・イエス・使徒において体現され、また宗教改革の指導者において復活し、更に啓蒙のフィロゾーフにおいて「理性法」の形態で立ち現われたところの、あの、普遍的価値に対する献身の精神態度を見出さないだろうか。「一切の」人間の民権そのものに仕え、排除せんとして闘うのはひとに対してではなく「恣意」と圧制そのものに対してであり、その「圧制」と「恣意」を社会的に体現している限りにおいてその体現者とラディカルに闘うのであるという態度をそこに見出さないだろうか。だからレーニンは再三再四にわたって次のように強調したのではないだろうか。いわく、「我々が全人民の前に全民主主義的任務を吐露し強調する義務があるということを事実上忘れているようなものは社会民主主義者ではないのである。あらゆる全民主主義的問題の提起、激化及び解決において自分は万人の前方に居るべき責務があるということを事実上忘れているようなものは社会民主主義者ではないのである」[*2]と。更にまた、いわく、「労働者階級の意識は、もし労働者達が仮令それが如何なる階級に関係したことであろうとも恣意と圧制・暴力と濫用の行なわれた時は何時如何なる場合にも黙過しない様に習慣付けられているのでなければ真に政治的な意識ではあり得ない」[*3]と。「真の階級意識」とはレーニンにあっては「一切の階級」の「知的・道徳的及び政治的生活の一切の面」において生ずる「恣意と専制」を黙過しない「意識」を言う。あたかも巨木の全重量を一点で担うテコの支点の如くに普遍的イデーの実現を担当する典型的部分がプロレタリアの「真の階級意識」なのである。普遍的イデーが歴史的にプロレタリア階級（一つの部分）に担われるというパラドクシカルな命題は、マルクスにおいては弁証法的認識の面を相対的に強く持っていたが、それがいわば純粋に「宣言的命題」として目的意識的な「実践」の課題へと完全に移された時、「プロレタリアート」は自主的に普遍価値の担当者たるべく自らを訓練しなければならないものとなった。いわば、「事態はこういう意味を歴史的に持っているのだ」という認識の命題が「そういう意味を自ら獲得せねば歴史を作ることはできない」という実践の命題へと移行したわけである。とりわけ、その認識が「普遍」と「個別」を意味上リンクさせる弁証法的認識である場合には、この移行に当たって「課題」化する「意味」は「普遍的意味」であるから、それとリンクされた「個別」者の自己訓練はラディカルな献身となる。いわんや、その認識が価値（の預言）とリンクされている点でもまた弁証法的である場合には、「課題」化は一層内面的に熾烈となる。

こうして普遍的意味が自己の課題となり目標価値となり、そうして「プロレタリアート」たらんとするものはその普遍価値に向けて献身する自己変革者となる。レーニンがさきの文章で要求しているのは、そうした自己変革なのであった。前に見たレーニンの自己規律性・徹底的な方法的生活態度は、こうした、歴史的弁証法からもたらされる宣言的命題を意識的な実践課題とする所に生まれたものであった。むろん、マルクス主義に始めから存在する「普遍価値への献身」の精神態度は一層意識的な生活規範となった。自己の全生涯のあらゆる生活領域を挙げてそこに捧げて瞬時も忘けない普遍価値への献身がレーニンにおいて結晶したのであった。

そうして普遍的「民権」への献身という、この原則のもとに二十世紀の共産主義運動が起こったからこそ、それは世界を覆う国際的運動として、ひとりロシアのみならず、世界中の各国において、また世界の国際社会において、専制構造を打破し民主化を推進するものとなったのではないだろうか。逆に言えば、こうした普遍的価値への献身の態度によって貫かれていない場合には、その運動は直ちに病理現象を現わし、そこに周知の様々な混乱と迷妄を生んだのである。従ってまたその混乱と迷妄は共産主義本来の性質から生じたというよりむしろ逆に自己の本来的原理を忘れたところに起こったものであり、すくなくとも自己顕現の面よりも自己背反の面の方が遙かに大きかったのである。むろんそれはスターリン時代だけのことではない。

*1　レーニン『何をなすべきか』佐藤勇訳、一一八ページ、一九四六年、穂高書房、および、『レーニン全集』第五巻、四五二ページ、大月書店。
*2　同前書、一二二ページ（同前書、四五五ページ）。
*3　同前書、一〇一ページ（同前書、四四〇ページ）。

5　「指導」と「民主主義」

「労働者階級の注意や観察力や意識等を専ら或は優先的に同階級に向けさせる者は社会民主主義者ではない」[*1]という感動すべきレーニンの言葉は、普遍価値への献身態度を象徴的に示すものであった。「階級のエゴイズム」を自己超越しなければ「真の階級意識」は生まれず、即自的な「階級利害」を超えたところにだけ共産主義は成立する。しかし、このことを実現するのは容易なことではない。個人のレヴェルにおいても然り、いわんや社会的規模でこれを実現することは至難に近い。「労働者階級の自己認識は……現代社会の凡ゆる階級の相互関係についての完全に明徴な理解と不可分離に結びついている」[*2]からである。政治権力の作用は何処か一つの画された領域の中にだけ及ぶものではない。すべての社会階級の「知的・精神的・政治的生活の一切の現れ」[*3]の中に作用している。いや、レーニンによれば、階級関係をすら超えて、「一切の階級・住民層及び集団の活動と生活の一切の面」[*4]にはたらくものなのである。「圧制」は、「職業的方面と言わず、一般市民生活と言わず、個人的干渉と言わず、家庭生活と言わず、宗教的方面と言わず、学問的領域と言わず、極めて多種多様な生活分野と活動領域に亘って現われる」[*5]ものなのである。恐らく現代政治学から見た場合、ここには政治現象一般の特質の鋭い把握がある。非政治的生活領域の持つ政治的意味なり政治的機能なりを良く把えているからである。しかしまた、この認識は、権力があらゆる生活領域にドカドカと踏み込んで来るロシア専制政治の下において最も具象的な意味を帯びていたのでもあった。

　しかしながら、「一切の社会的領域」に現われる政治現象を「完全な」明瞭さで以て把握しなければ「民権」の「綜合的」な「擁護者」たりえないとはまことに至難の課題である。けれども、至難の目標を要求したからといってその態度を「論理的限定」を知らざるものとして批判することは軽率である。また「洗練された内気さ」（ソフィストケイテッド・シャイネス）の感覚から批評することも当を得ない。それらは暫く待つべきである。何故なら、此処に貫かれている精神態度は一つには「人間は世界を知る限りにおいてのみ自己自身を知ることができる」[*6]というゲーテによって述べられた真理を示しているからである。現代のわれわれが「洗練された内気」によって世界認識を諦めた時、果たして自己は見失われてはいないだろうか。限定の精神を以てわれわれがひたすら可能事だけを目標にするとき、われわれ自身の限界は屢々分からないで終わる。そうして自己の限界を知る由もない場合に「限定の精神」を説くのと、「課題」を「課題として設定して……その課題を実現すべく反覆試みる根気」[*7]を持つものと、いずれが「欠点の自覚」[*8]において勝るであろうか。

とはいえ、全体的認識に立つ「民権」の「綜合的擁護」が困難を極めた課題であることに些かも変りはない。それは所与の「階級的利害」に任せて成るものではない。逆に社会の遙か高みに立つことによって、社会展望力において「官憲に勝るとも劣らぬ練達」[*9]を獲得することを必要とする。それには専心「職業的に訓練」[*10]することが必要である。人民主権は主権者たる技量を自ら習得することによって始めて具体化する。そうしてその必要は「現代社会」において一層切実である。厖大な数に上る専門的職業活動の積み上げられた体系として機能している

「現代社会」では「練達堪能で職業的素養を有した指導者なしには闘争は行ないえない」[11]のである。「指導《リーダーシップ》」なしに「民権」の「綜合的擁護」はありえない。広汎な大衆の多岐にわたる運動を統合し、その結果についての「責任」を引き受ける主体なしに人民主権は結実しない。ましてや、無類の警察国家ツァーリズムの下では、「一網打尽」を防ぎ「運動の確固性と継続性」[12]とを保証しようとすれば、「指導」は統合過程における見えざる「役割」・「機能」に還元[13]することはできない。安定社会で自由の領域が広汎に存在している場合には、諸個人の様々な自主的活動が相互に統合の役割を担うことができる。そこでは「指導」とは特定人格や特定集団に専属するものではない。誰かが「指導者」なのではなく相互関係の中で「指導機能」が営まれる。もちろん一切の「統合」は本来的契機としてこの側面を持つ。「社会的にそれが正当と見做されること」なしには「指導」は「指導」として実効的に働きえない。物理的強制に成功の多くを依存する「支配」ですらそうであった。[14]けれどもそのような「指導」の機能的性格が典型的に現実化するのは自由で安定した社会においてである。いわば「誰でも太過なく指導しうる」という条件が、客観的にも、また主観的自信においても存在していなければ「相互指導」の制度化は不可能である。ひとたび、「一定の判断尺度」とコモン・センスとを持っている普通人が、「今のこの状況を統合する方針が何であるかは私には到底分からない」、と言うに至る危機が立ち現われた場合には、「指導」は特定の個人や特定の集団に帰属せざるをえないのである。この場合には、普通人は「指導者」や「指導集団」の指導に対して賛否と当不当の判断を下す批判者となるだけである。また、統合の方向が普通人に明瞭となっている場合にも、およそ自由な社会活動が許されていない状況にあっては「皆誰でもが自主的に参加して」相互にリーダーシップを執り合うということは不可能となる。ここでは、「皆」に代わって「許されざる」指導機能を断然一手に引き受ける特定人格或は特定集団が生まれなければ、すべての社会的生活は国家の支配・統合・指導に任せられてしまう。すなわち民主的統合はありえなくなる。

そうして、ロシア革命のこの時この状況のもとでは、多くの運動家が統合の方向を見失って、一方、ツァーリズムに対する腹立ちのままに自然心情に身を任せ、「憤激の自然喚起性に平伏して」[*15]テロリズムとなり、他方、労働運動の「自然成長性」に依存して「階級の経済的利益」のみを追求する怯懦な階級的エゴイストとなっていたのであって、その点では普通人が統合処理能力を喪失していた状況であった。また同時に、警察国家の狂暴な弾圧が自由な相互統合活動を全く蹂躙していた状況でもあった。かくして、人民主権の社会的実現は、特定の「高度に訓練された」・「秘密を保持できる」少数革命家による「指導」を是非とも必要としていたのである。そこには、如何なる社会関係も一般に必要とする「指導」と、特殊現代社会が要求する「職業的に訓練された指導」と、革命一般の危機状況が要求する「指導」と、ロシア的専制の特殊条件が要求する「指導」とが重なり合っていた。だからして、この一般的要求と特殊的要請の何れかを見落とすものは、既に指導者として機能できない筈であった。そこでレーニンは、そうした条件の重合性を見落として彼に向かって批判の矢を投げる者とは熾烈な論争を行なわなければならなかった。確固たる「組織」によって組織的《システマティック》な指導を行なうことは必要な活動の多様な展開を縛るものだという批判に対しては、一切の合目的的な諸方法を「原則上認める」ということと「所与の政治的瞬間に」体系的計画に従って一つの行動をとるべきだということとの「混同」を指摘する。[*16] まさにその混同は「医学が種々な治療法を原則上認めることと所与の病気の治療に当たって或る特定の方法を守るように要求することとを混同するに等しい」のである。多様の承認の原則と所与の瞬間における一つの決定との間の次元の差を混同するものは「次元を区別する思考」（レヴェル・シンキング）の原則から言って非原則的となる。そうして「次元思考」の原理を有たないものがどうして激動と流動の社会状況をインテグレイトすることができようか。諸次元を区別できないものはもちろん諸次元の重合性を把えることもできない。ロシア的運動史の枠内でその短い成否のサイクルにおいてだけ「教訓」を探しているものは屢々「少数指導組織」とさえ見えれば既に歴史的に失敗した「人民の意志派的陰謀団」と見做す。そうして次のように言う。「少数精鋭」は未だ時期熟さざるときに無謀な戦闘に突進して敗北する、と。しかしレーニンはそれに対して断固として答える。「如何なる戦闘と雖も敗北の抽象的可能性を含む。そうして戦闘の組織化された準備以外にそうした可能性を少なくする手段はない。」従って「強固な組織は運動を無謀な攻撃に出る可能性から予戒するためにこそ必要である」[*17]と。

しかしまた他方では「特別に外来性」のシンボルを鵜呑みにした批判が飛び出して来る。いわく、指導機能の少数への集中は「民主主義の原則」に反する、と。レーニンはこれに対してどう考えるか。先ず、然り、と答える。レーニンの理解では、「民主主義の原則」とは一つには完全な公開制であり、二つにはあらゆる機能の選挙制である。少なくともこの二つを必須条件として含むと考える。そうしてこの「公開性、選挙性及び一般人の監視に由る『自然淘汰』の結果各政治家は結局において『夫々その所を得る』こととなり、自己の力量と才能に最も適した仕事に鞅掌し、自己の犯した誤謬の一切の結果を身を以て経験し、万人の眼前で誤謬を自覚しまたそれを避ける能力を立証することができるということになる」[*18]と考えるのである。だがこうした一般的には望ましいことが「我が専制政治」の下で可能であろうか。ロシア・ツァーリズムの下では公開はかえって革命家の「自己秘匿義務」を放棄する結果となる。従って「民権の綜合的擁護」を課題とする「自分達の責任」を強く考えるものならば、「素朴デモクラシー」の「遊戯」は厳に慎まねばならない。「政治的自由」を有する国では当然可能であり「自明」のことに属する「民主主義原則」をひとたびロシア社会の運動にそのまま適用するや否やそれはたちまち「民主主義の玩具的形態」[*19]と堕し、逆に民主主義の根幹を危くするに至るというのである。何たる逆説であろうか。そうしてこのパラドックスをそれとして自覚しうる者のみが民権擁護の仕事をなしうるのである。だからしてレーニンは次のように公言する。「専制政治の暗黒の中では如何なる革命的組織と雖も未だ嘗て『広汎な民主主義』を事実上行なったことはなく、また仮りにどれ程行ないたく思っても行ないえない。」[*20]

しかしわれわれは、こうしたレーニンの指導態度そのものに一定の「民主主義原則」を感じないであろうか。何故に「公開制」と「選挙制」とを採りえないかという根拠そのものを彼は「公開」しているのである。この態度はこの場合に限ったことではない。一々例証を挙げる余裕はないが、『レーニン全集』中の政治的言説のどれを取って見ても其処に発見できる一貫した一つの特徴は、一つの行動決定に当たって何故にその行動を採用したかという理由ばかりでなく、何故に他の行動ではなくその行動だけを採らざるをえないかという根拠を挙げていることである。或は挙げようとしていることである。そうして具体的決定についての根拠が提示されることは根拠ある反論を可能にすることである。決定が無根拠に提示される時被指導者は丸ごと決定を呑むか丸ごと拒否するか以外にない。根拠の提示があって始めて反論もまた空虚な反対としてでなく具体的争点を持つに至る。無根拠な反論は根拠ある決定に対抗できないからである。かくして論争の過程で空疎な議論は消失して「討論による政治決定」が可能となって来るのである。政治的指導者が社会に対して負うべきこの挙証責任をレーニン程一々についてまで果たした指導者は嘗て存在しない。だからして彼は彼の「組織」の非民主制を隠蔽することなくそれの「あらざるをえない」根拠を挙げたのでもあった。逆にまた、その止むをえざる非民主的制度の欠点を補って余りあらしめるべくあらゆる行動決定についてつねに客観的・必然的根拠を提出しようとしたのでもあった。

方針の決定に当たってこうした態度をとるレーニンは、従って、非民主的少数組織によるリーダーシップを決定する際にも、その止むをえざる理由を挙げるだけでなく、それある場合にかえって民主化が進むという条件をも提示したのであった。すなわち、彼がここで「訓練された少数の職業的革命家」に機能を集中させようとしているのは、「運動の全機能」をではなく「組織の秘密を要する機能」だというのである。[*21] そうして「一〇人の職業革命家」に組織上の機能を集中させることによって逆に「広汎な大衆が非合法文献に参加する」チャンスは一〇倍も増大する、というのである。「組織」が全責任を負って規則的に「非合法文献」を出版するから、そのことによって、「大衆」がそれを読み寄稿し更にはそれを「普及」させること等がかえって普通のこととなり多様なものともなりうるのである。つまり、運動そのものは「殆ど秘密の仕事ではなくなり」うるのである。ここでは「組織」の高度な秘密性が運動の広汎な日常化への要件ですらある。このことは出版物だけのことではない。「デモ」であろうと「サークル」であろうとそうである。こうした「組織」が存在することによって逆に「形式的に厳格でない大衆サークル」はその「活動内容を豊富」にすることができる。もちろん、「組織」が出す「指導」なり「文献」なりが豊富な内容を持つ限りにおいてである。そうでない場合には機能は逆となる。「全責任を負う」という所以でもある。従ってこの「組織」はますます「練達」の「指導者」によって構成されねばならぬのである。かくして運動を広汎化し、それに伴って運動の「個々の業務」を「細分化」し、しかも「運動の機能を細分化しながら運動そのものを細分化せず逆に纏め上げ」、それらを通して「細かい機能の担当者にも彼の仕事が意義あるものだという信念を与えるために」、前述したような「練達堪能な指導組織」が必要となって来たのであった。[＊22] もはや、少数の指導「組織」は「民権」の「綜合的」な「擁護」のためばかりではなく、その課題を広汎な民衆の参加する運動によって果たすためにかえって不可欠となって来たのである。

＊1・2・3・4　レーニン『何をなすべきか』佐藤勇訳、一〇一ページ、一九四六年、穂高書房（『レーニン全集』第五巻、四四〇ページ、大月書店）。

＊5　同前書、八二ページ（同前書、四二六ページ）。

＊6　ゲーテ「ゲーテ格言集」（『ゲーテ全集』第一一巻、一九六一年、人文書院、所収）を参照。

引用は、趣旨の要約である。
＊7　レーニン、前掲書、四二ページ（前掲書、三九七ページ）。
＊8　同前書、四二ページ（同前書、三九八ページ）。
＊9・10　同前書、一九〇ページ（同前書、五〇〇ページ）。
＊11　同前書、一八三ページ（同前書、四九六ページ）。
＊12　同前書、一八七—一八八ページ（同前書、四九九ページ）。
＊13　A. Gouldner (ed.), *Studies in Leadership*, 1951, pp. 15-16. 尚「リーダーシップ」に関する日本の研究では、京極純一「リーダーシップと象徴過程」（『思想』一九五六年十一月号、岩波書店）、及び、升味準之輔「マス及びマスデモクラシー」（同『現代政治と政治学』一九六四年、岩波書店、所収）を参照。
＊14　ウェーバー『支配の社会学』世良晃志郎訳、第一・二巻、一九六一年—六二年、創文社、を参照（可能ならば、原典を参照されたし）。
＊15　レーニン、前掲書、一一〇ページ（前掲書、四四七ページ）。
＊16　同前書、六五ページ（同前書、四一五—四一六ページ）。
＊17　同前書、二〇八ページ（同前書、五一三ページ）。
＊18　同前書、二一二ページ（同前書、五一六ページ）。
＊19　同前書、二一五ページ（同前書、五一八ページ）。
＊20　同前書、二一二ページ（同前書、五一六ページ）。

＊21　同前書、一八九ページ（同前書、五〇〇ページ）。
＊22　同前書、一九五ページ（同前書、五〇四ページ）。

6　「革命独裁」と「民主主義」

多くの問題を端折りながら進行を急いだ結果漸くにしてわれわれは問題の核心に到達したようである。ロシア十月革命の成功の結果生ずるところの「革命独裁」と「民主主義」との関連は如何なるものであっただろうか。思考方法上の基本骨格は既に『「指導』と『民主主義』」で述べた「指導」と「運動」との関連と同様である。しかし、対外戦争と内戦と外国軍の干渉によって生じた「混沌」の状況は前と較べ物にならない。国際的孤立の深さは空前である。そこに一つの新しい国家秩序を何とかして形成しようとするのである。「難局」と言えばこれ程の難局はまたとありえない。しかも単に国家を建設するのが目的なのではない、全く新しい原理に基づいて生産労働者の国政参加を生み出さねばならないのである。指導者レーニンはこの状況に当たって如何にせんとするのか。レーニンに反感を感じソヴェト共産主義を憎悪するものもレーニンに倣って同じような事業をなさんと志すものも、この状況に自らの身を置いて考えて見るべきである。目も眩むような事態とはまさにこうした事態を言うのであった。様々な次元の問題が文字通り山積していた。しかもその解決は瞬時の裡に行なわねばならない。普通なら「制度」が自動的に解決してくれる多くの問題も、ここでは決断に依らねばならないのである。そうして政治的決定の特殊性は「待った無し」の一回性にある。昼夜を分かたぬ緊張が要求され、その度ごとに冷静沈着が要請され、果断な決断を強いられ、一瞬の間にあらゆる関連とすべての反応を読み取る遠望が期待されているのである。もし或る瞬間その一つをでも欠いたならばたちまちにして新しい国家は崩壊し、「ロシアのプロレタリアート」は塗炭の苦悩に彷徨することとなる。彼に課せられた「世界史的課題」は一瞬の裡に水泡と帰するのである。全人的能力の全瞬間における全的な集中が絶対不可欠である。薄氷を踏むその歩みを彼は如何なる原理を掲げて進んだであろうか。

誰も知る旗印は「革命独裁」と「プロレタリア民主主義」である。しかし、その単純な綱領の底深く貫いてこれを成り立たしめている思考原理と行動原理は遥かに複雑で多岐にわたっている。われわれが本稿でこれまで見て来た諸契機はすべてここに結晶されている。いや、省略した諸契機も、である。いやいや、われわれが到底取り出すことのできない諸契機も当然に包含されているのである。全人間的能力がふりしぼられた此の「統一体」を全面的に解き明かすことはもちろん不可能である。われわれは最も単純な契機から出発して最後に何とか「独裁」と「民主主義」の弁証法に到達するように展開する他ない。叙述のための取材場所は極端に絞る。先ず、レーニンにおける「プロレタリアート」の冷徹な認識は、国家の指導者となった時、如何なる方角に向かったか。それまで主として伝統的ロシア社会に向けられ、ツァーリの政府に向けられ、文明諸国の帝国主義性に向けられて来た即物的《ザッハリッヒ》な認識は、今や一転して主として自己の状況と自己の機関と自己の方針に対して向けられるのである。ここでは「帝国主義諸国」も、それはもはや完全な対象なのではなく、自己を取り巻く状況・自己存立の条件の一つたる性格を遥かに強く帯びるに至った。いわんやロシア社会の諸要素は尽く自己の存立の条件として把えねばならない。一切の認識は全て自己の行動に直接的に関わる。だからしてここでの認識は殆ど全部自己客観化である。そうして其処においてレーニンは彼の力を遺憾なく発揮した。例によって「希望的観測」は些かも交えない。「今われわれは革命の勝利の行進が終わって革命の苦難の時期に否敗北の時期とさえ言うべき時期に入った」[*1]と率直に認める。そうしてこれを切り抜けうるかどうかは、「ソヴェト」代表達の力にというよりむしろ「歴史的諸事件の経過全体に依存している」[*2]ことを認める。「ソヴェト」（労農評議体）のメンバーに向かってそういうのである。矢鱈に「国民」の「精神力」に依存しようというのではない。「人民」の万能を人民に説くのでもない。歴史的条件の制約性をはっきりと認めてその中で最善を尽すことを要望するのである。逆に言えば、歴史的状況を精細に知ることを通して其処から生きる道を発見せよと言う。そこには或る余裕すら感じとれるではないか。究極の所には、動かし難い「歴史の理性」があるという、ヘーゲルの、そうしてまたマルクスの原理を所有することによって、この「悲劇的時期」[*3]（レーニン）になお一定の冷静さを保ち、また保つことを要求しているのであった。もちろん、それは楽観によって現実を蔽うことになるのではない。逆にその沈着を以て「恐るべき真実を容赦なくはっきりと直視しなければならない」[*4]というのである。

その場合、其処に見える歴史的条件は先ず「孤独」という状況であった。

「もっとも反動的な戦争の結果、われわれは今世界の反動と積極的に武力闘争をするに十分な力を持っていない。われわれは軍隊を持たず、最新の技術と理想的な軍規の威力を備えた国際反革命の見事に組織された部隊に対抗しうるような力は、われわれにはない。われわれは今のところ一人ぼっちであり不倶戴天の敵に取りかこまれている。」[*5]

革命の孤独は並の孤独ではない。「自分」は完全な無力であり、自分を取り巻いているのは「強固」ぞろいの「敵」である。「四面楚歌」で敵は皆強く自分は全く無力である。この孤独に耐えて生の道を発見せしめる精神的エネルギーの一つは、「救いの時」に対する終末論的希望であった。

「われわれは全力を極度にふりしぼって新しい創造的活動に当たるという任務に当面している。というのは今のところ巨大な革命的活動のなかで、このように孤独なロシアの革命的プロレタリアートにとって、国際プロレタリアートがわれわれを助けにやって来る救いの時まで持ちこたえるのに役立つのは、ただ鉄のような堅忍と労働規律だけだからである。」[6]

そうした「救いの時」、世界革命は必ずやって来る。それまで持ちこたえれば良いというのである。その時には「技術と規律のすばらしい力に依拠している国際帝国主義」に最後の裁きが下ってわれわれは、「最後の勝利に到達するのである」。[7] 今はその直前の嵐と激動である。終末への確信が現在の困難を一時的なものとなし困難の一時化が全能力の動員を可能とする。内戦は、「国際ブルジョアジーがぐずぐずしている隙に乗じて反革命の胴体に機を失せず強打を加えた」[8]ものであった。いわば国際反革命と国内反革命のタイム・ラッグを把えることによって成功したものであった。危い刃渡りであったが、一分の隙をも把える全知性の動員によってそれを行ないえたのであった。一九一八年二月の内戦終了を過ぎた今は何に頼るのか。「われわれにとって紙上のでなく現実の、平和の保障となるものはただ帝国主義列強間の反目だけである。」[9] 危いかな「革命」。もちろん列強間の反目はヨーロッパで、また極東の米・日間で現実に存在してはいる。しかしそれはそれら他国の諸条件に依ってそうなのである。ソヴェト・ロシアから制御することはできない。力はないのである。その孤独は第二次大戦以後の革命国家の置かれた状況とは全く質的に違うのである。そうした「極めて不安定な全くきわどい国際的地位におかれ」、敵に依存した「不確かな防備によって守られているソヴェト・ロシア」が、この僅かな「事の行きがかりで……与えられた息継ぎ」を何に使うべきであろうか。[10] 平和はいつ切れるかも知れない。平和の時間は恐らく長くはない。大急ぎで社会秩序と経済力を「創造」しなければならない。能率と速力が要求されている。最も能率的な形態の一元的リーダーシップが必要ではないだろうか。かくて革命独裁は国際的緊張が存在する間は不可避であった。

しかし、革命独裁を迫るのは国際的状況だけではむろんない。「たとえ対外戦争がなかったにしても」、また対外緊張が起こりそうにない場合にも、「内戦」を伴った種類の社会革命にはほとんど必然的なのである。何故なら、「内戦は、対外戦争よりも一層大きな崩壊を意味し、数千数百万件にも上る動揺や一方の側から他方の側への寝返りを意味し、この上なく不確定な状態・落着かない状態・混沌の状態を意味する。そこで、言うまでもなく、旧社会のすべての腐敗分子――彼等はいきおいその数も非常に多く、専ら小ブルジョアと結びついている（何故ならあらゆる戦争あらゆる危機は誰よりも先に小ブルジョアジーを没落させ破滅させるから）――は、このような深刻な変革の際には『その本領を発揮し』ないわけにはいかないのである。だが腐敗分子が『その本領を発揮する』とは、犯罪や乱暴狼藉、買収や投機、あらゆる種類の醜行が増大すること以外の何物でもありえない。それを収拾するには時間が必要であり鉄腕が必要なのである」。[*11] まことにその通りの状況であろう。従って、レーニンによれば、これまでの「歴史上の大革命で人民がこのことを本能的に感じ取らなかったりまた泥棒を犯罪の現場で射殺することによって有益な毅然さを示さなかったようなものは一つもない」[*12]のであった。

「鉄腕」と「独裁」と躊躇なき即時の決断とがそこでは必要であるとしても、従ってそれが「有益な毅然さ」であるとしても、「有益な」結果ばかりを生み出すとは考えられない。むしろ其処には目を覆わしめる「革命の悲劇的犠牲」が生じたことは、フランス革命についても、そうしてショーロホフの物語るようにロシア革命についても確かなのである。いや、レーニン自身がゴーリキーとの有名な対話で見られるようにそのことを良く知っていた。

いや、それ以上のことを彼自ら一九一八年十二月に書いている。エス・エル（社会革命党）左派に属してレーニンと協力して来たプロシャンは、彼の「愛国主義」からしてブレスト講和において レーニンと決裂し、遂に一九一八年七月以後ソヴェト権力に対する武力闘争の道すなわち反革命の道に進んで死亡したのであった。その彼の思い出をレーニンが書いたとき何と書いたか。「一九一八年七月までにプロシャンは、一九一八年七月以後ソヴェト権力を掘り崩すために行なったよりも多くのことを、ソヴェト権力の強化確立のためにやって来た」と。そうしてドイツ革命の裡に生じた新しい状勢の下ではプロシャンと共産主義との関係はもっと安定した接近となったであろうに、彼の早死がそれを妨げて了ったと痛恨したのである。それればかりではない。ブレスト講和における決裂の時から反ソヴェト闘争に至ったプロシャンの道は、レーニンによれば、「彼の革命的首尾一貫性と信念」からいって「起きないわけには行かなかった」のだと考えられた。「敵」とならねばならなかったプロシャンの敵対行為そのものに対してすら、レーニンは内面的には深い尊敬と高い評価とを以って讃えていたのである。そうして転換期において歴史が強制する苛酷さを深い悲痛を以ってしかもはっきりと認めるのであった。いわく、「世界観の一般原則上の意見の相違は、歴史の困難な転換の際には不可避的に自らを表さずにはいないことを私に示した」と。プロシャンが死んだ時レーニンは彼を「同志プロシャン!!」と呼んだのである。[13] この両者の間に存在する高貴さに感動しないものがあるだろうか。もしいればそれは精神の何たるかを知ろうとしないものである。

そのレーニンが此処では――時は同じ頃である――断固たる「鉄の権力」を「有益な毅然」と断言しているのである。そういう彼の頭のなかに「パリ・コンミューン」における革命自体の悲劇が深く刻まれていたからであろう。徹底民主制（ラディカル・デモクラシー）の原理に立ったパリ・コンミューンは、マルクスが口を極めて賞揚したように、「古い型の政府が例外なしに行なったところの『政府の無謬権の要求』を行なおうとはしなかった。コンミューンは自らの言説と行動をすべて公表し自己の全ての欠陥を公衆に知らせたのであった」[14]。しかし、そのパリ・コンミューンは他ならぬその徹底民主制を実現したために遂に敗れたのであった。三月十八日、反動を「ヴァンドーム広場」で打ち破ったとき「直ちにヴェルサイユに押し寄せるべきであった」のに、コンミューンの徹底的に民主的な選挙を行なっている間にその貴重な瞬間《チャンス》を失って、遂に、やがて勢力を立て直した反動の前に敗れ去ったのであった。プロシャ軍隊がアルサス、ロレーヌの二州を軍事的に併合したその眼前で、全ヨーロッパの労働者とデモクラットを精神的に併合して見せたパリ・コンミューンは、彼等全ヨーロッパの労働者と民主主義者の精神的支援にもかかわらず、自らの精神を実現したためかえって若干の政治的リアリズムを失って敗北したのである。このコンミューンの運命を辿り見るとき、私の如き者は歴史の苛酷さを思って暫くはただ暗然とするのであるが、この場合のレーニンにはそうした感慨に耽る時間《ひま》などは許されなかったのであろう。逆に、コンミューンの悲劇を考えればその悲劇を繰り返すことのないよう、革命を敗北させうる一切の傾向に対して断固たる処置をとろうとしたのかも知れない。だからであろう。彼は次のように言う。「これまでの革命の不幸は、その革命の緊張状態を保ち、腐敗分子を仮借なく弾圧するだけの力をその革命に与える大衆の革命的熱情が十分に永続きしなかったことである。大衆の革命的熱情がこのように果敢無いものであった、社会的なつまり階級的な原因はプロレタリアートの弱さにあった」[*15]と。かくして、およそ社会革命を成功させようと思えば革命独裁は不可避とされるのであった。

　しかし、革命独裁は国際的状況や社会革命一般の必然的傾向から不可避とされただけではなかった。ロシア的特殊性がそれを要求したのでもあった。レーニンは、彼の生涯を通じて行なったロシア社会批判と現代世界認識とを以って、この特殊性を鋭く把えていた。ロシア革命はロシアが反動的な専制的後進国として国際社会の「プロレタリアート」を生み出したから起こったのであった。レーニンはそれを次のように言う。「われわれは労働者階級の革命的部隊のうちで先頭に立った部隊であるが、それは、われわれは他国の労働者よりすぐれているからでもなければ、ロシアのプロレタリアートが他国の労働者階級より一段上だからでもなく、ただ専らわれわれが世界中で一番遅れた国の一つだったからに他ならない」[16]と。しかし他方十分に資本主義が発展していない社会にはまだ「大量の小ブルジョアジーがいる」[17]。そうしてこの大量の小ブルジョアこそが「多くの公然たる反革命勢力以上に危険な、目に見えない敵」[18]を生み出すというのである。その社会に瀰漫する見えざる敵とは何か。レーニンによれば、「小所有者の自然成長性」[19]なのである。小所有者の自然的エゴイズムこそが、生産物の分配が重要性を帯びているこの飢餓の時期に当たって最大の敵である。「労働の規律化」によって機械生産を何としても作り上げなければならないこの時期に当たって「小ブルジョアの放恣と怠惰」が社会形成の最大の敵である。「小ブルジョア」は、革命の一定の段階で「収奪者を収奪する」場合には、革命的エネルギーを発揮する。大資本家・大地主から怨恨を込めてそれまで収奪され続けた物を奪い返すときには或は先頭に立つかも知れない。けれども「略奪物を略奪せよ」という言葉の直ぐ後で「プロレタリア革命との開きが始まる」[20]とレーニンは言う。くだいて言えば「金持からはふんだくった、他人のことなど俺はかまっていられない」[21]というのが「小ブルジョア的習性」なのである。そこには公的規範を自主的に形成する精神的力がない。自覚的規律は其処からは生まれない。そればかりか彼の「自然的放恣」はそうした自覚的規律の形成を内部から突き崩して行くのである。そうして「自覚した労働者の鉄の規律……を確立する以外には迫り来る飢餓や破局と闘うことはできない」[22]のである。

　現実に都市では飢えている。しかし穀物がないのではない。鉄道輸送が完全に行なえさえすれば飢餓は即座に解決する。そうして鉄道は近代的規律性なしには動かない。一つの意志に統合された専門的分業なしには建設できない。レーニンにはこうしたことが大切であった。「たとえ幾らかでも鉄道を整備する」ということができた時始めて「これこそが権力であると認める」ことができるというのである。[23]「権力」とはそれが人民の生活体系を保存すべく何を為したかによってだけ測られるべきものである、という権力観が此処には明らかである。そうした角度から見た場合、この難局に当たってロシア的「小ブルジョアの自然成長性」は許しがたい妨害物であったのである。それに対しては、革命を成就させようと考える以上「強制」が必要だと思われた。革命的独裁はかくてまたロシア的小ブルジョア社会にあっては不可避とされるのであった。

　しかし、革命独裁を要求するのはロシアの小ブルジョア的特質だけではなかった。レーニンの言葉で言えば「大工業の物質的基礎」[24]が未だ存在していないロシアにおいては、勤労者の規律、働く腕前、伎倆、労働強度、労働組織、等の点[25]で明らかに遅れていた。かつてイギリス産業革命のスタート・ラインに立ったA・スミスが『道徳感情の理論』なる書物を書いたのは、新しく起らんとする工業生産を支える人間的能力が自己を規律に従わせることのできる労働力であるからであった。[*26] 規則性を以って働くことができる労働力なしには、厖大な分業の体系的統合体である機械生産はそもそも運転不能なのである。或る次元では、これと同じ事情が当時のロシアには存在していた。「プロレタリアの自覚的規律性[*27]」こそが最も必要なのである。しかしそれは未だ存在していないのである。かくてレーニンが次のように述べるのももっともと考えられる。いわく、「ロシア人は先進国諸国民と較べると働き手としては劣っている。ツァーリズムの制度のもとでは、また農奴制の遺物が生き残っている間は、そうなるより他なかった。働くことを学ぶこと――ソヴェト権力はその任務を全面的に人民の前に提起しなければならない[*28]」と。

働くことからして先ず「教え」なければならないというのである。「プロレタリアート」の独裁はプロレタリアートを形成することから始めねばならぬというのである。自然な物質的・経済的条件の成長の中から自然に働く習慣が社会的に生まれ出ることを待つわけには行かない。あの、「自然放任」と言いならわされているイギリス産業革命においてすら、最初に生産の自動的循環を起動させる場合には働くことを教える必要があった。規則的に働く労働力は機械生産の必須の与件として先ず与えられなければならないのである。周知の「労働力の陶冶」がここに生まれた。いわんやレーニンは始めから「自然成長性」と「自然放任」を最も嫌悪するものである。生活態度からして「社会主義的計画性」を貫こうとする人である。しかも今や工業生産は急速に作られねばならない。「働くこと」を教育するのはソヴェト権力の必須の課題である。ここに権力による教育が起こらざるをえない。教育独裁である。しかし他方それを教育するためにはその方法論を自らも学ばなければならない。「社会主義を実現する可能性は、われわれがソヴェト権力とソヴェト管理組織等を資本主義の最新の進歩と結び付けることに成功するかどうかによってこそ決まるであろう。われわれはロシアでテーラー・システムの研究と教習、その系統的な実験と応用とをやり始めなければならない[29]」という所以である。ここでは、権力によって媒介された社会的人間の自己変革が要求される。

ドラスティックな「広汎な沸騰」から『散文的』な一歩一歩の規則的労働へと自己の活動を変革していかなければ社会革命は成就しないのである。「小ブルジョア的革命にとっては『退屈』な[30]」この日常的働きが当面の課題となった。ロシア社会に伝統的な「スラブ人の夢見るような怠惰[31]」（ラスキ）は断ち切られねばならぬ。そのためには新しい国家権力のすべてを挙げて自他を強制的に教育せねばならぬ。

ここでは革命独裁は自己に対する独裁となる。「プロレタリアート」は自らの権力を通して自らを教育しなければならない。そうしてソヴェト権力自体もまた自己を自らの権力によって教育しなければならない。共産主義者は、単なる反抗の組織者から統合の組織者へ、小規模の民衆のオルグから大社会のオルグへ、宣伝家から秩序の管理者へと自己を教育し直さなければならない。その教育過程が急がれなければ社会の新たなる統合は希みえない。中核の機構がないことになるからである。そうして精神的に「堅固な機構」があって始めて「最大限に柔軟な」政治統合が可能となる。[*32] その関連は既に『何をなすべきか』以来レーニンが説いて来た所であった。ソヴェト権力の自己変革が何よりも必要である。権力による権力自体の自己変革が「粛清」として起こった。「我が党から『取りいった分子』を厳重に粛清[*33]」しなければならない。後に第二次大戦前夜、粛清が権力の自己目的と化し同時にそれが直ちに死を意味するようになっていらいその悪名は世界に轟くに至ったが、当初の粛清は、それがソヴェトの権力の自己変革を強制的に自らの手で行なうものであった限り、厳重に権力の担当者たる者の自己統制に限定されていた。ラスキもまた早くから認めたように、「共産党が課する規律は、党員外のものに対してよりも、党員に対する方が厳格であった[*34]」のである。むろん体刑等は多くはなかった。そうして、レーニンはこの自己粛清は当然に彼自身にも向けられて然るべきであると考えていたのである。彼は、革命と人民への責任を忘れて自分の「役所」の部下の「誤り」を内密にしたり、党機関責任者が「官僚主義」に堕したりするのを常に公然と嘆き批判していたが、或るとき「同志ペ・ア・ボグダーノフへの批判」を書き送った際、半分冗談を交えながら次のように言ったことがある。「君は原則的に途方もなく間違っている。われわれがろくでもない事務渋滞を公開裁判に付することができないなら、そのかどで、われわれ全員と司法人民委員は悪臭を放つ縄で絞り首にされるべきだ。私は何時かはこのかどでわれわれが当然に絞首刑に処せられるだろうという期待を未だに失ってはいない」[*35]（傍点レーニン）と。この「公開裁判」は冗談である。その批判の文中でレーニンが仮の「判決」を洒落て仮構して見せたのは、罪はあるが日頃のソヴェトへの忠誠心に免じて一切の処罰を免除するというのであった。しかし自分の絞首刑を期待するというのは決してただの冗談ではないのである。自己粛清の精神が此処には貫徹している。余儀なく革命独裁の過程で弾圧と粛清を行なっている普遍価値への献身者は、他に対して行なわれることをそれ以上に自己にも課さないでいられるであろうか。そうして粛清が先ず何よりもソヴェト権力自体の自己変革に仕えるものである以上、他方では『取り入った分子』の厳重な粛清」と同時に、「労働者および農民大衆のあらゆる優秀な分子を強力に党に引きいれるように努めるべきだ」[*36]とするのであった。

　ソヴェト権力の緊急な自己変革とは何という苦難であろうか。一歩を誤れば、「民権」への奉仕者は逆に全的な人間の否定者となりかねない。革命独裁に不可避な人間的「原罪」は逆に「悪魔」の業へと転化するかも知れないのである。一体誰がこの「教育過程」を指導しうるのか。唯一人レーニンであった。才能あるトロツキーと雖も部分領域以外ではこの任を到底果たしえない。かくして此処では革命独裁は文字通り独裁とならざるをえないのである。何十年に亘って厳しい自らの自己変革を行なって来たレーニンだけがこの全社会的自己変革を嚮導できたのであった。第一次大戦の時、全ヨーロッパの社会主義者の中で独り「渦潮の中の巌の如く立っていた」彼は、今や再び、全世界から孤立した新生ロシアの運命を一身に担って独り聳然として立つこととなった。

　ここに至ってわれわれは、この革命独裁が如何にして民主主義と関連するかを問うべき地点に達した。既に革命独裁がプロレタリアートとソヴェト権力の自己変革の契機を所有している点は明らかにされた。そして自己変革は「他」をして自らを律せしめる傾向とは逆に自ら自己を律せんとするものであるから、其処を貫く原理は当然に民主主義すなわち「自治」の原理であることになる。しかし、政治の困難は、それが原理の社会的実現を行なう過程である点に存する。自治の原理は個人のレヴェルでは実現可能である。小集団の次元でも実現可能である。しかしひとたび大社会の問題となると、一体如何にして「すべての者」が「すべての者」を自ら一元的に統治するのか、というほとんど実現不能に近い問題が立ち現われて来る。一切の民主主義政治が苦悩するのは真《まさ》にその点であった。

　マルクスはどのようにその問題を解決しようとしただろうか。彼は、完全に「自由なる共同態」を遠き目標として、それに至る歴史的過程として先ず政治社会から排除されている人民層が自主的に復権することを望んだのであった。しかも、その近代社会における政治的無産者は社会的生産の担当者、換言すれば「すべての者」の生きる必要を満たしているという意味で基礎的社会の主権者なのである。彼の生産労働の如何によって社会全体の生死は決せられるのである。「すべての者」に対する生殺与奪の権限は実質的にはこの政治的無権利者に属している筈である。かくして生産労働者たる無産者の政治的復権は当然に主権の要求となる。「プロレタリアート」は独裁権を採るべきである。プロレタリア独裁がここに一定の歴史的目標とせられる。そうしてこの階級独裁を通して「すべての者」が労働者とさせられ万人が生産担当者となり、その結果始めて万人が万人に対する主権者となりうるのであった。ここに至って大社会の自治は始めて可能となる。この条件が成立しない以前には、「自治」の制度はすべて虚偽のイデオロギーに終わる。自己の社会的生存を他の生産者の労働に依拠している者がいる限り自治が全社会的に存在しうる訳はない。いや主権すら実は存在していないのである。社会的生存を決定しえない者がどうして主権者であるのか。こうしてブルジョアと地主が持っている「社会的主権」は、実は全く虚妄の「主権」である。それは幻想の「主権」であって「批判」によって打破されなければならない。「鎖をかざる想像の花が批判によってむしりとられた時始めて人類に生きた花を摘ませることができる」[37]のである。革命が必要である。そうして「生きた」真の主権を社会的に実現して始めて前述の「社会的自治の条件」が生まれ出るのである。

マルクスの政治哲学を抽出すれば斯くの如きものである。

　レーニンはこの「生きた真の主権」を打ち樹てようとしたのであった。「白痴のロマノフや愚物のケレンスキー」の持っていた主権は、あたかも伝統的天皇制と同様に、全く文字通り虚妄の「主権」ではなかったろうか。それは実際に幻想にのみ依って立っていた「主権」ではなかったか。それを打倒した時「生きた主権」が生まれたのである。そうしてマルクスの弟子レーニンにとっては、「ソヴェト権力とは、プロレタリアートの独裁の組織形態、幾千万の勤労被搾取者を新しい民主主義に引き上げ、国家の管理に自主的に参加させる先進的階級の独裁に他ならない」[*38]ものでなければならなかった。プロレタリア革命は「大多数の住民、まず第一に大多数の勤労者が自主的に歴史創造活動をおこなって始めて首尾よく実現できるのである。プロレタリアートと貧農が、自覚、理想性、献身、不屈さを、十分に具現することができて始めて社会主義革命の勝利は保証されるであろう」[*39]。ブルジョア革命であるフランス革命との相違は、まさに、そうした多数の労働者民衆が、単に打倒のエネルギーとなるのではなくて、積極的な秩序創造に参加するという点にある筈であった。ソヴェト国家はそれを可能にする新しい制度と考えられた。

　それではこの課題は十分に果たされつつあっただろうか。レーニンは口を酸っぱくして労働者の「自覚された規律」を訴え続けた。それに応えて多くの労働者がソヴェトの活動に参加したことはいくつかの報告を綜合するとき理解できる。しかし全社会的危機を十分に救う程に民衆の自己規律性は成熟していない。レーニンは言う。

「もしわがプロレタリアートが、権力を獲得した後、全人民的な規模での記帳と統制と組織の任務を、急速に解決していたならば――（このことは戦争とロシアの後進性とのために実現できなかったが）――、そのときわれわれは、サボタージュを粉砕し、全般的な記帳と統制とによってブルジョア専門家をも完全に服従させていたであろう。[*40]」

専制権力からの「解放」の結果生じた一つの傾向は規範性の「解体」を典型的に示す「ロシア小ブルジョアの自然的アナーキー」であったが、その「解体」を乗り超える「プロレタリアートの自己規律性」は未だ成立していない。「生きた主権」の国家形式は作りえたがその社会的形式はまだない。民主主義の「生きた担い手」――万人を生産者に為し、そのことによって「自由なる共同態」の条件を形成すべき「プロレタリアート」――を作るための独裁がどうしても必要である。マルクスにおける「プロレタリア独裁」は、ここでは歴史的条件からして若干の変更を余儀なくされる。レーニンの独裁は「プロレタリア独裁」の主体をなす「プロレタリアート」自体を形成する過程である。制度的には、それは「個人の独裁[*41]」の体系として出現した。もちろん、いつものようにレーニンはその修正を些かも隠蔽しはしなかった。「強制の形式」はその革命がおかれた歴史的諸条件に制約されざるをえないことを述べ、「数万の人々の共同作業を指導する意志の、無条件的な、もっとも厳格な統一を要求する」ところの「機械制大工業」を作り且つ運営して行くには、その「数千の意志を一人の意志に服従させること」が必要だ[*42]と述べる。一元的リーダーシップの最もプリミティヴな形態が採用されたのである。「単一の」普遍意志が単一の人格によって担当されるという、あのルソー的デモクラシーの歴史的帰結がここでも再び現われたのである。

フランス革命と異なる筈のロシア革命が同じ帰結を此処ではもたらしている。かつてバブーフが一七九六年に「ロベスピエール主義こそがデモクラシーであって、この二つの言葉は完全に同一なのだ[*43]」と語ったのと同じ民主主義観が出現したわけである。もちろんレーニンはそうした点を明瞭に自覚していた。彼は驚くべき直截さで述べる。

「革命運動の歴史では、個人の独裁はきわめて屢々革命的階級の独裁の表現者であり、担い手であり、先導者であったということ、これについては反駁のできない歴史の経験が物語っている。個人の独裁がブルジョア民主主義と両立していたことは疑いない。[*44]」と。

正にその通り、古来の社会変革は「カリスマ」的独裁者を殆ど必ず伴っていた。通俗マルクシストと異なって、さすがレーニンはM・ウェーバーの認識した所をぴたりと言い当てている。そうしてルソー的民主主義の機能的関連をも把えているのである。そう言って、彼はこの議論を「独裁が民主主義に反する」といって喚き立てている「小ブルジョア的放恣の意識的代表者」に投げたのであった。正にその通り、独裁は必ずしも民主主義と反するものではない。「護民官」の独裁は屢々民主主義推進の権力的テコであった。放恣なる独裁が民権の全面的な扼殺であったのと全く対照的に、「人民」の理念のもとにその理念に縛られながら逆にその理念を断固として誰に対しても強制し社会的に実現して行く独裁は、民主化の決定的飛躍の歴史的瞬間にはほとんど必ず出現したものであった。一つの独裁は人間のトータルな否定であるのに、他の独裁は未解放者の厖大な群を解放させるものである。このことを考える時、レーニンは「独裁とは何と偉大な言葉であろうか」と言ったけれども、私如き者には独裁とは人間世界の最善のものをも最悪のものにつなげて行くかも知れぬ魔物のようにさえ見えるのである。何故なら、普遍的理念の体現者となっている独裁者が権力に酔い痴れて逆に放恣の独裁者にならぬという保証は殆どその独裁者個人にかかっているからである。もちろんレーニンは徹頭徹尾普遍的価値への献身者であった。彼の権力はそれに酔うどころか最も苦しい責務であった。

とにかく独裁は必ずしも民主主義と反するものではない。それが屢々両立しないのは「個人の自由」に対してであった。レーニンの独裁を批判したものは、「反民主主義」といって批判すべきではなく、「反自由」といって批判すべきであったのだ。そうしてレーニンは一定の「個人の自由」を「放恣」と見做して許さないのである。そのとき批判者はどの範囲でどの程度の一定の「放恣」が自由に任せらるべきかを論ずればよかったのだ。そうすれば公的な社会的規律と私的な自由の境界が始めて輪廓付けられ、従って権力の規範と私人の規範との両方が明らかとなって行ったであろう。しかしそうした過程は起こらなかった。起こる暇がある状況でもなかった。「われわれはひとりであった。革命は他国には未だ見られず、戦争と飢え。滅びるか？」[45]と後にレーニンが回顧した状況なのである。「私的自由」など冗談ではなかったろう。まして個人の自律の習慣を持たない度し難いロシア的小ブルジョアの「自由」など以ってのほかと考えられたであろう。私的自由の原理の確立はもっと後の時期の課題なのかも知れない。そうした状況では、レーニンが何処かで言った「われわれには私事はない。すべてが公的なのである」という原則が掲げられねばならなかった。そしてその「公」は、マルクス主義の理念とイデオロギーに依って「あるべき」目標に向かって社会を推進するレーニン党が最終的に担うのであった。

けれども個人独裁が展開されたと言っても、ソヴェト機関の何処かで無責任な権力行使が原理上許されたのでは決してない。全く反対に責任の所在をそれぞれの箇所で明確にするためにこの原理が採られたのであった。レーニンの言う個人独裁とは「労働過程の指導者の単一の意志に大衆が異議なく服従すること」[46]を要求するものであったから、各個の「労働過程」にそれぞれ「無制限」の権限を持った一人の独裁官がソヴェトによって任命されているということになるものであった。それは従って「一定の人物が一定の仕事の実施に全責任を負うことである。

『私』が実施し（或る期間）、『私』が責任を負う」[47]ということなのである。嘗てローマの独裁が「例外的非常時」において「例外的」に権力と責任を一定期間特定人物に預けるとしたのに似て、「軋轢はあるが管理はない」[48]と見られた革命の例外的状況において採られた「単独責任制」なのであった。そこで、この個人独裁制は原理上のみならず制度上も民主主義と全く両立しえた。すなわち、「作業時間中は一人の意志、ソヴェト指導者の意志に異議なく服従する」けれども、作業時間が終わると「春の大水……のような勤労大衆の集会的民主主義」[49]を行なおうとする。そこで独裁官のリコールでも何でもやれば良い。レーニンにとっては「被抑圧大衆は、集会を持たなくては、搾取者によって強制された規律から、自覚した自発的な規律に移ることはできない」[50]と考えられた。「集会をもつこと、これが勤労者の真の民主主義である」[51]と言う所以である。この「集会」という新しい活動舞台によって「旦那の権力」ではなくて「自分の権力」を設立して来たのが他ならぬソヴェト革命の過程であった。

社会的素養の全くなかったロシアの労働者が一九〇五年以来革命の度ごとに「集会民主主義」を自発的に行なって遂にソヴェト権力を打ち樹てたからこそ、ロシア革命の成就はありえたのである。レーニンとボルシェヴィキの指導もそれなくしては空廻りに終わったであろう。レーニンは無論そのことを知っていた。この自発性を規範形成の力としたい、それが今当面のレーニンの課題である。もし「鉄の独裁」とリコール権を持つこの「ソヴェト民主主義の自発性」とをリンクさせることができたなら、統合と自主性は一致し、治者と被治者は一致し、規律と自由もまた一致するであろう。そこではロシア・小ブルジョアの「放恣の自由」とは全く異なった「高度の自由」が自主的規範を作り出しながら生々と社会に脈打つであろう、とレーニンは考えただろう。だから彼は言うのである。「集会民主主義」と「鉄の規律」とを結合すること、「これはもっとも困難ではあるがまた最もやりがいのある任務である。何故ならこの任務を解決して始めてわれわれには社会主義的秩序が与えられるからである」[*52]と。レーニンが考えた社会主義的秩序とは如何なるものであるかは此処に明白である。厳格な規範感覚と「春の大水の湧き出るような」大衆的解放感覚とを結合し、革命の時に見られた集団的解放感を保持し続けながらその基盤の上に公的規律を保障しようとするのである。しかし、むろん、そこでは集団的解放感と区別された「個人の自由」の問題はまだ問題意識に上らなかった。権力は小さい程良く私的自由は大きい程良いというリベラルの権力観は、この、困難な秩序形成期には未だ問題となりえない。最悪の指導者が出現した場合にも社会的被害を最小限に喰い止める権力制限的立憲主義はまだ当面の問題とはならなかった。

けれども、その、「解放感覚」と「規範意識」とを連結しようとするレーニン的秩序原理は、この革命独裁の時期には直ちに全国家を貫徹するわけには行かない。「絶望的な崩壊」の状況において「全くの孤独」で国家秩序と経済組織を緊急にととのえる仕事は、一方で様々の反革命に苛烈な弾圧を加え、また民衆に厳格な規律を要求するものではあるが、他方ではその仕事の緊急度が大きければ大きい程、およそ革命の原理に正面立って反しない限り、行政組織と経済組織の建設に直接役立つものはこれをフルに利用しようとする。かくてレーニンもまた「古い国家機構」の専門官僚と「ブルジョア専門家」を用いなければならなかった。前者を使わねば日常的行政を処理することはできず、後者を登庸しなければ大工業と分配の組織を興すことはできないのである。

前者即ち伝統的国家官僚を使わねばならないことから来る病理については、レーニンが屢々苦衷をもって指摘しただけでなく、スターリンもまた二五年頃にはその点をソヴェト国家の背負っている悲痛な弱点として公然と確認していたものである。それは当然ソヴェトの持つ若々しい解放感に満ちた民主主義の社会的貫徹を妨げたであろう。

他方、後者すなわち「ブルジョア専門家」の登庸或は「ブルジョア世界」の形成した諸進歩の受容については事情は前者と若干異なる。マルクス主義の理論内容から言ってブルジョアの一定の進歩性が認められて来たからである。レーニンが初期のロシア社会分析で展開した一つの点も、「地獄への道が善意で敷きつめられている」ようなアジア的小所有者の世界を「赤裸々で無差別な公然たる搾取[*53]」に変えたブルジョア世界をそれなりに評価した把握である。とはいえ、「公然たる搾取者」は「公然たる敵」にちがいない。隠微でない点が「美点」であるだけである。「公然たる敵」からは対決を通して学びうる。しかしその「敵」の原理に従って「敵」の一角に属するものを使わねばならないということは明らかに「妥協」にちがいない。こうして革命独裁は他方では状況に強いられた妥協を行なう過程でもあったのだ。「ブルジョア専門家」をコンミューンの原理に従って「労働者と同じ賃金」で働かせ、そうすることによって「出世主義」の社会的傾向と闘うことができる程の力はなかった。「ブルジョア的方法」で「大物」には依然労働者よりも遙かに高い給料を払わなければならなかった。こうしたことはレーニンにはほとんど堪え難い苦痛であった。そうして此処でも彼はその原則からの逸脱と妥協を公然と率直に説明したのである。「このようなやり方が、一つの妥協であり、パリ・コンミューンの原則やあらゆるプロレタリア権力の原則からの後退であることは明白である」[*54]と告白する。彼のこの告白を見て「ほくそ笑む者」もいるだろう。しかしそれは何事でもない、と彼は言う。逆にこの「原則からの後退」を「大衆に匿くして置くならば、それはブルジョア政治屋の水準に堕落」[*55]することを意味する、と彼は考える。だから「後退したということを公然と説明し、それから、手ぬかりを埋め合わせるためにどのような手段があるかを公然と論議することが、大衆を教育し、経験に学び、彼等とともに社会主義建設を学ぶことを意味する」のだと言って、「妥協」が何故不可避であるかという現実根拠を進んで提示するのであった。[*56]

この彼の議論には、いつもながら、他によって動かされない自主性と大衆への責任と同時に、鋭敏な原理感覚と冷徹なリアリズムとが内的緊張を以って貫いている。鋭い原理感覚あるが故にこそ歴史的現実が強いるリアルな要求をそれとして把えることができる。そうしてリアルな必要をそれとしてキャッチするからこそ、それと原理との距離もまた明らかとなる。原理は愈々くっきりと自覚されるであろう。原理感覚のないところには「妥協」も「妥協」として明確には自覚され難く、リアリズムのない所には原理的問題をそれとして把え出すこともまたあり難くなる。そうして不動の自主性を持って自らの普遍的プリンシプルを貫くとき、その確信が彼を保証しているが故に、かえって自由に現実の必要を見抜くことができる。こうして確固たる「信仰」と自由な「認識」、「原理感覚」と「リアリズム」、これらの間の弁証法は彼の生涯を貫き、未曾有の困難をよく切り抜けさせたのであった。

レーニン主義における革命独裁と民主主義との関連の原型はおおよそかくの如くであった。歴史的条件を大きく異にした現在にあってわれわれはこれらから一体何を抽きだし、何を捨て、如何に学ぶべきであろうか。何が状況に制約された「特殊命題」であり何が状況を超えた「普遍原理」であるかを判別して、不当一般化と不当特殊化に抗らいながら学び取るということは、かなり険しい道なのである。

＊1・2・3　レーニン「モスクワ労働者・農民・赤軍代表ソヴェトでの演説」、『レーニン全集』第二七巻、二三五ページ、大月書店。

＊4・5　同前書、二三六ページ。

＊6・7　同前書、二三七ページ。

＊8　同前書、二三六ページ。

＊9・10　レーニン「ソヴェト権力の当面の任務」、前掲全集、第二七巻、二四一―二四二ページ。

＊11・12　同前書、二六七ページ。

＊13　レーニン「同志プロシャンの思い出」前掲全集、第三六巻、五八七ページ。

＊14　K. Marx und F. Engels, *Ausgewählte Schriften in zwei Bänden*, Band I, Dietz Verlag, S. 500.

＊15　レーニン「ソヴェト権力の当面の任務」、前掲全集、第二七巻、二六七ページ。

＊16　レーニン「モスクワ労働者・農民・赤軍代表ソヴェトでの演説」、前掲全集、第二七巻、二三七ページ。

＊17　レーニン「全ロシア中央執行委員会の会議」、前掲全集、第二七巻、二九七ページ。

＊18・19　レーニン「モスクワ労働者・農民・赤軍代表ソヴェトでの演説」、前掲全集、第二七巻、二三八ページ。

＊20　レーニン「全ロシア中央執行委員会の会議」、前掲全集、第二七巻、三一一ページ。

＊21　同前書、二九七ページ。

＊22　レーニン「労働コミサール大会における演説」、前掲全集、第二七巻、四一四ページ。

＊23　レーニン「全ロシア中央執行委員会の会議」、前掲全集、第二七巻、三一二ページ。
＊24・25　レーニン「ソヴェト権力の当面の任務」、前掲全集、第二七巻、二六〇ページ。
＊26　この点の研究では、内田義彦『経済学の生誕』（一九五三年、未来社）が何といっても群を抜いている。原典の他、これを参照されたい。
＊27　たとえば、レーニン「ソヴェト権力の当面の任務」、前掲全集、第二七巻、二六一ページ。
＊28・29　同前書、二六一ページ。
＊30　同前書、二七七ページ。
＊31　H. J. Laski, *Communism*, 1927. 邦訳『共産主義論』、関嘉彦・吉田忠雄訳、四一ページ、社会思想社（教養文庫）。
＊32　レーニン「ロシア共産党（ボ）第十回大会での割当徴発を税に代えることについての演説のプラン」、前掲全集、第三六巻、六三七ページ。
＊33　レーニン「ゲ・ジノヴィエフの論文『わが党の数的構成について』の序文」、前掲全集、第三六巻、六〇八ページ。
＊34　ラスキ、前掲訳書、三九ページ。
＊35　レーニン「ペ・ア・ボグダノフへ」、前掲全集、第三六巻、六六二ページ。
＊36　レーニン「ゲ・ジノヴィエフの論文『わが党の数的構成について』の序文」、前掲全集、第三六巻、六〇八ページ。
＊37　マルクス「ヘーゲル法哲学批判」、『マルクス＝エンゲルス全集』第一巻、一九五九年、大月

書店、参照。
＊38 レーニン「ソヴェト権力の当面の任務」、前掲全集、第二七巻、二六七―二六八ページ。
＊39 同前書、二四三ページ。
＊40 同前書、二五〇―二五一ページ。
＊41 同前書、二七〇ページ。
＊42 同前書、二七一ページ。
＊43 A. Rosenberg, *Demokratie und Sozialismus*, S. 9.
＊44 レーニン「ソヴェト権力の当面の任務」、前掲全集、第二七巻、二七〇ページ。
＊45 レーニン「コミンテルン第四回大会での演説のプラン」、前掲全集、第三六巻、六九一ページ。
＊46 レーニン「ソヴェト権力の当面の任務」、前掲全集、第二七巻、二七二ページ。
＊47 レーニン「ア・イ・エリザロヴァへの短信」、前掲全集、第三七巻、六二七ページ。
＊48 レーニン「全ロシア労働組合中央評議会共産党グループ会議での演説」、前掲全集、第三六巻、六一七ページ。
＊49 レーニン「ソヴェト権力の当面の任務」、前掲全集、第二七巻、二七四ページ。
＊50・51 同前書、二七三ページ。
＊52 同前書、二七四ページ。
＊53 レーニン「ナロードニキ主義の経済学的内容とストルーヴェ氏の著書におけるその批判」、

前掲全集、第一巻、四三四ページ。

＊54・55・56　レーニン「ソヴェト権力の当面の任務」、前掲全集、第二七巻、二五一―二五二ページ。

〔後記〕紙数も時間も限度を越えた。さてこれから、スターリン時代と第二次大戦及び戦後の共産主義世界の問題に入ろうとした時だけに、読者に対してもまた編集部に対しても相済まない。お詫びする。そこで、これから述べようとして用意した問題の若干を連ねて責をふさぎたいと思う。

われわれはこれからレーニン主義の内在的分析から一応「外」に出て、先ず、ロシア革命の世界への精神的波動を――とくにヨーロッパと日本の知識人に与えた内面のドラマを扱う。次いで、それとの関連で、国際状勢の悪化に伴って起こるソヴェト・ロシアの変化を政治の思想状況について見る。スターリンの二五年頃の「健康さ」ももちろん見逃してはならない。

そうして、戦中戦後における共産主義のイデオロギーの中でどの要素が如何なる機能を生み出したかを若干取り出す。何故なら通常「スターリニズム」と呼び慣わしているものは一体如何なる具体的精神傾向・内容を指して言われるのかが、その言葉の多用にもかかわらず、政治的大粛清と人権軽視の事実を除けば、それ程明らかではないからである。それを明らかにしないでは、歴史的経験の歴史的超克も不可能であろうと思う。現代のマルクス主義が「発見の原理」として再びもう一度生々と機能しうるにはどのような契機を獲得しなければならないかについて若干述べる。

これが大体の順序である。しかし、レーニン主義の内在的分析に終わった本稿の中にできる限り後の展開への伏線を張った積りであるから、もしお読み取り頂ければ幸いである。

Ⅱ

維新の精神

一

早いものである。すでに「明治」去って五十余年、日本の歴史的道程もいよいよ維新後百年の道標を迎えようとしている。そうして恐らく日本の各方面では、この維新百年を「記念」して様々な「催し」を繰り広げようと「計画」していることであろう。それらの「催し」がどのように行われるとしても、それにつれて奏でられるであろう旋律の一つ二つは今もう既に耳に聞こえてくるように思われる。「海洋国日本の伝統」に忠実な人々の中の或る人達が歌い始めるのは百年前と同じ「海防策」の動機《モチーフ》かも知れない。「天皇に忠実な人々」が提出する動機は、「朝敵征伐せよとの」、例の牧歌的な呑気さをもってゆっくりと繰り広げられる自由への挑戦かも知れない。そうして他方で「開国の鹿鳴館的伝統」に狂酔する人々は、現代のハイ・カラーを身にまとってアメリカン・イングリッシュの泡を飛ばしながら、ひたすら「西洋人との交際」の動機を展開することとであろう。

こうして、これらの諸動機が相集って構成するテーマは維新を再現する「名曲」を導出するかのように見える場合もあるにちがいない。何故ならそこでは、「インターノショナリズム」と「ナショナリズム」が結合し、「民族の象徴」が明確となり、「国家独立」の装備が問題とされているではないか。まことに維新のテーマを現代に再現する「名曲」というべきではなかろうか。日本の「音楽評論家」はそのようにいうかも知れない。作曲の技術的規則は満たされて調子はこの上なくよろしいようである。「海防策」は「剛健な気分」で表われ「鹿鳴館的開国」は「ロココ風華麗?」をもって花やかに繰り出され「天皇」のモチーフは「常民風の土着性」をもって「民謡調」を付け加える——。

しかしはたしてそうであろうか。維新はそれらの動機が集って織りなすテーマを自己の主題としていたのであろうか。我々はここで右の「維新の歌」のモチーフを一つ一つ取り上げながら維新の原理がいかなるものであったかを探ってみようではないか。

二

維新は何によって維新たりえたのであろうか。そうして冒頭の「歌」の主題を構成する第一動機は維新において一体何を意味したのだろうか。もちろん様々な角度から維新の原理なり事態なりを問題にすることが出来る。しかし、「海防策」が維新を維新たらしめたのではないそのことは確かである。では何が維新をもたらすことになったのか、とひとは問うかも知れない。それへの返答は「海防策」をめぐる事態の変遷を概観することによって足りる。

「海防策」の大量発生はもちろん外国船渡来を契機とする。とりわけ、幕末、外国との交際を始めて以来というものは、日本国中の「学者先生」は殆ど挙げて「海防策」論議に熱中するに至った。「唐人」どもは油断ならぬ存在であるからこれを防がねばならぬ、というわけである。或る者は「浜辺に台場を築き大筒を並べ」て同時に木蔭から「小筒」を打つべきだと提案し、或る者は「唐人」は陸戦に弱いはずだから上陸させておいて槍や剣でみなごろしにしろと言い、また或る者は元寇の先例にならって小舟で「唐人」の軍艦に漕ぎ付け飛び乗り「敵」を全員みなごろしにしろと真面目くさって考案するなど、[*1]その様は先年のファナティックな軍部指導者の如くまた今日の「再軍備論者」の如く、言う所は荒唐無ケイでリアリズムの一かけらすらないものが多かった。もちろん、中では幕府が最もオーソドックスな対応を示していた。「幕府の兵事上の知識は遠く諸藩の上に出でたり」（蘇峯）という実状にあった。

しかし、このムチャクチャな「海防策」論議の沸騰は、その内容とは無関係に、幕藩体制を揺がす一つのファクターとなった。何故ならば、その議論の筋が百分千裂の模様を呈したからである。「百論沸騰」し「処士横議」の状態がここに生れた。幕府による「国論の統一」はハカナク消えた。「統一的海防策」が崩れて様々の勝手な「海防策」が噴出した。つまり「海防策」が盛に出ることによって実際の「海防」は最も弱く不安定になったのである。けだし、体系的統一性がミジンもない防備プラン程、役に立たないものはないからである。かくて幕藩体制は無防備の状態となった。そうして、外に対して無防備となることによって外のインパクトを一層深く一層直接的に受けることとなる。もはや幕府体制の鎖国は行うべくもなくなった。しかも「海防策」論議の影響はそれだけではなかった。口々に勝手な理屈をこね廻し始めた時、幕藩体制がよって立つ意見の流通体系は崩壊する。上役へ上役へと意見を吸い上げて、藩主と藩中枢役人の決定を通じてのみ、隣の者に伝わっていく、といういわば頂点を同じくする無数の三角形の形をもったコミュニケーション様式は、ものどもが勝手に口をきき始めた時解体した。当然、その勝手な論議は全国的となったから、右の三角形を更に大きな三角形へと統合していた幕藩体制の意見体系もまた、それにつれて解体した。「処士横議」の禁は忘れにも「高札」のみとなった。実際には横断的議論は普通のこととなっていった。だがそうした傾向はそこに止ったのではない。他のあらゆる場合と同じく、横への議論の展開は横への行動の展開を伴う。「横議」の発生は「横行」の発生をもたらした。藩の境界を踏み破って全国を「横行」するものが増大していった。すなわち「脱藩」の浪人が「浮浪」し始めたのである。もはや浪人とは可哀想な失業者だけではない。「勝手な」議論を提《ひっさ》げて、論争に連絡にと飛び廻るもののことでもあった。むしろ彼等は、そうするために「脱藩」したのであった。いわばそれは意識的な浪人であり、積極的な浪人であった。旧浪人のように社会体制からおし出されたものではなくて、旧社会を自ら飛び出したのであった。彼らにとっては浪人とはもはや憐まれるべき存在ではなくて誇らしき存在であった。幕府に代って「天下国家」を担うべきものであったからである。[*2]かくして「身分」によることなく「志」のみによって相互に判断し結集する「志士」が生れ、それは紆余曲折を経ながらも、ネイション・ワイドの連絡を曲りなりにも作ることとなった。旧社会の体内に新国家の核が生れたのである。維新の政治的一側面はこの時誕生したと言ってもよい。そうして注意すべきは、そうした横の結集は決して「尊皇倒幕」の「志士」のことだけではなかったという点である。「佐幕派」の「志士」もまた同様な社会的課題を実現しつつあったのである。いずれも、「封建の範囲を超越して」[*3]自らの選択によって行動していたのだ。幕末維新の「真の」戦いは、こうした「敢て封建君主の命によりて動くにあらずして自ら動きたる」[*4]両派のものの間に行われたのであった。彰義隊といい、函館の軍といい、それらはいずれも右の如き「志士」の集合であった。「東上」を藩主に制止せられて憤然として「事成らば君侯に帰せん、成らずんば自から坐せん、藩政府は我を逃亡と見做して可なり」[*5]と言い放って白昼公然と土佐を出発した板垣退助は全国的に出現したこうした「浪人」と「志士」の精神形態を典型的に示すものであった。そうして一たび「身分」・「格式」・「門閥」の原理を取っ払って「志」による結合の原理を打ち樹てた場合には、横の連結はもはや士族の間の連結に止ることは出来ないはずである。「奇兵隊」が生れた所以である。いや「奇兵隊」のみならず、戊辰における長州の本陣はその名も「衆議所」と名付けられていたのである。ひとはこの事実を見て「コンミューン」の名をまた「ソビエート」の名をまた「人民会議」の名を想起しないだろうか。むろん、維新における横の結合は、すでに従来言われて来たように、下層武士以下の民衆に広がる面において弱かった。しかし、それへの傾向は右の事実に象徴されているように、まぎれもなく各処において進行していたのである。それなしには「四民平等」のスローガンが出て来ることはありえなかったはずである。「志」すなわちイデーこそは一切の身分に対して平等に働く。

こうして見ると、「海防策」が維新を維新たらしめたのではなくて、むしろ維新をもたらしたのは、「百論沸騰」と「処士横議」と「浪士横行」と「志士」の横断的連結とであった。言い換えれば、「海防策」でなくて他のどのような問題についてであっても、横断的議論と横断的行動と現世的地位（ステイタス）によらずして「志」によって相集る横断的連帯とが出現した場合、その場合にのみ維新は維新となったのである。事実の上でも、「海防策」論議が沸騰する以前から既に右の諸契機は次第に成長して幕藩体制の内的危機を深めていた。いや、そもそも幕藩体制自体が、戦国の大名分国制が展開したあの物凄い「横行時代」から、「横行」の契機だけを残りなく抜き除って、「大名領国制」の契機だけを「定着」せしめたものであった[*6]からして、戦国時代の「横行」に一定の歴史的根拠があった以上、幕藩体制はその最初から一定の歴史的無理を内包していたのである。したがって、時にふれ折に臨んで幕府体制が直面する凡そ全ゆる問題について、その歴史的無理が多かれ少なかれ露頭してきていたのである。その内的危機の増大の極致において、「海防策」論議が起っただけなのであった。そうしてその論議の過程で、「横議」・「横行」・「横結」が発展した限りにおいてのみ、維新は発生したのであった。事の本末を見失ってはならない。そうして二十世紀後半の今日、「横」の討論と「横」の行動形態と「横」の連帯とを達成せんとするならば、我々は何をなすべきであろうか。世はもはや自国だけの世ではない。かつてが自藩だけの世でなかったのと同様である。維新の原理を「今日の仕事」に生かさんとするならば、「海防策」は無用であるのみならず、有害である。何故なら、それは、現に今の日本の状態が示しているように、中ソを始め多くの近隣諸国民との「横」の交流と連帯を妨げるからである。

かくて「古人の働をそのまま時務に施すなかれ」[*7]とは、まさにこのことのためにある言葉のようでさえある。維新における「海防策」を今日踏襲することは、逆に、維新の原理を放棄することを意味し、維新の原理を今日の世界に生かさんとする道は「海防策」の古事を放棄して「非武装」を貫徹することの裡に存するからである。

しかし、である。それではたして維新において今日の「非武装」につながる方策を提出したものはいなかったのであろうか。もしいたとすれば、右に説き来った維新の原理に加えて、より直接的に、その原理を今日に生かす道までをも我々に教えるであろう。そうした者はいたのである。しかも維新最大の指導者にいたのである。福沢諭吉その人であった。彼は、頭に来て騒ぎまわる「海防策」論者達に何といったか。まず「よくよく心を落ち付けて考ふべし」と。そうして「世界普通の道理」の大切なる所以を説いたのである。彼は言う。考えて見給え諸君、諸君の大騒ぎの有様を見れば、まるで決着のつかない戦争の休戦状態における睨み合いのような有様だ。人を見たら盗人と思えというから初対面の外国人のこと故なおさら警戒心が強まったのであろう。そのことは心理学的には理解出来ないこともない。しかし自分の心理的気持の動きのままに公事に処してよいものであろうか。いわんや国際的交際においてそうした処し方はよくないばかりか愚かなことではないだろうか。つまり倫理的にまちがっているだけではなく損得勘定から言っても不利益大損害を招くことになりはしないだろうか。相手のふむ「礼儀」をこちらもふまねばならない。とにもかくにも、外国は「使者」を遣わし一応の「礼儀」を践んで来ているのではないか。だとすればこちらも「世界普通の道理」に従って「信実」を尽し「隔意なく」率直に交渉すべきではないだろうか。その上で、こちらが「道理」に従って「信実」をつくしているにもかかわらずあちらが表向きだけ装いながら実際には日本を分捕ろうとして「不埒な振舞」をするなら、その国は「世界の道理に背きたる世界中の罪人」なのだから、その時こそ「道理を押立てて日本国の威勢を張れ」ばよいのではなかろうか。[*8]

福沢はこのように説いたのである。近頃「海洋国家」日本を盛に持ち上げているような方々がもしこの頃いたならば、早速口をはさんで、福沢はパワー・ポリティクスの実態を知らない単なる道徳主義者だ、といった風な発言を座談会かなにかで為たかも知れない。残念ながら福沢は政治学の教科書に出てくるそうした初歩的概念でやり込められるような代物ではもちろんない。逆に、福沢はパワーとして機能しうるものは物理的力だけではなくて倫理や諸観念や経済力などもまた大きなパワーとなりうるのだといった点に十分な方法的自覚をもって注目した先駆者なのである。もちろん右の文章でもそうした点が十分に考慮されている。文久年間の状況がその根柢にあることはいうまでもない。その上で万古不易の格律を提出する。「治にも乱にも守るべきは世界普通（遍）の道理なり」と。そうして「唯一つの道理を守て動かざれば敵は大国にても恐るるに足らず、妄りに他人の侮りを受くることなし」と勇気づけたのであった。たしかに我々は、「正義」が「暴力」に押し潰された多くの例を知っている。しかし逆の例もまた多く知っているではないか。ベトナム一つ取り上げても明らかである。いや我々は中日戦争の例をこそ考えるべきである。その痛切な経験をもちながら、しかもなお決断に当って敢て前者の例だけを楯にとって軍事的暴力を自国に許そうとするものは、精神的無能力者と呼ばれて当然である。その精神的インポテンツにどうして維新の伝統を独占させることが出来ようか。見られるがよい。「世界普通の道理に従て信実を尽すべし」といった福沢の言葉は、はしなくも日本国憲法前文の一節と完全に符合しているではないか。憲法のこの原理は既に百年前維新の精神的指導者によって「自主性」をもって提出されていたのである。日本のこの伝統に光栄あれ、と願うのは私だけではあるまい。

＊1　福沢諭吉『唐人往来』参照、全集第一巻。
＊2　このルンペン「浪人」と自発的「浪人」との範疇的区別を截然と行うことが出来なかったとはいえ、「浪人」によってネイション・ワイドの「連絡」（コミュニケーションと連帯）がもたらされた点に注目したのは、E・H・ノーマン『日本における近代国家の成立』である。歴史家としての丹念さをもって、対象のもつ問題の多角性を一ッ一ッ取り出そうとしているが故に、

逆に、やたらに「新問題《アイディア》の提起」を急ぐ一面的書物よりも、読み方如何によっては遙かに「問題索出的」（ホイリスティッシュ）なのである。この書物はもっともっと高く評価されるべきである。観点がインターナショナルである点において一層その特徴は顕著となっている。

ルンペン「浪人」と自発的「浪人」とを範疇的に区別して把えることの必要は、別の機会に詳論するが、当面は、本文中で触れた板垣退助の例を幕府の伝統的な「浪人観」と比較してみられるとよい。幕府は安政四年米国使節との第三回談判の時になってもまだ「浪人」を次のように外使に説明していた。

「日本士分の子は長子の外は皆厄介と呼ばれ、其受くる教育は武芸の外になし、彼等は父兄よりの財貨の供給なく又前途仕官の見込もなし、彼等が社会より尊敬を受くる標識といふべきものは腰間の双刀のみ、自暴自棄、進んで有用の事業を為さず又、之をなすの手段もなし、其極放蕩無頼浪人といへる一種の等級を造るに至りしなり」と。（『横浜開港五十年史』）

尚、「浪人」の研究については、「春秋文庫」の小冊子、石川恒太郎『日本浪人史』（昭和六年）が実証的且つ概念的であって、しばしば見られる好事家的な——それ自身がルンペン的興味をもって書かれているような——書物とは異った研究である。大冊主義的傾向に対する一ツの批評も兼ねて紹介する。

＊3　良かりし頃の徳富蘇峯、「維新前後兵制の社会に及ほせし感化」、『蘇峯文選』。

＊4　同右。

＊5　文章が良いので同右から引用した。

＊6　この戦国時代と幕藩体制との関連については、これとは異った問題関連において述べられた丸山眞男「開国」、講座『現代倫理』第十一巻、が参照さるべきである。
＊7　福沢が、『学問のすゝめ』に対して猛烈に殺到した「右翼」「保守反動」からの攻撃と脅迫に向って、泰然として自ら筆をとって書いた「学問のすゝめの評」（中々人を喰っている）の文句。
＊8　福沢、『唐人往来』。

三

さて、冒頭の「維新の歌」の第二モチーフ「天皇」についてはどうであろうか。いうまでもないだろうが、維新における「天皇」の意味なり維新の結果生れた「天皇制」なりを問題にするとなると、これは複雑である。つまり、多角的な関連の下に考察されなければならないのである。そうした立入った分析はこの短いエッセイのよくなしうるところではない。また、ここでの課題でもない。ここでわれわれが明らかにしようとしていることは、維新をして社会変革としての維新たらしめた原理が「天皇」であるかどうかである。維新における日本の新生がそれなしにはありえなかったものは何か、という問いとの関連においてだけ「天皇」シンボルの機能を把えるわけである。その点に関する限り事は極めて明瞭である。前の大雑把な概観からも既に明らかなように、天皇があったから維新の変革が出来たわけではないからである。第一、「天皇」は古代以来「連綿」として居続けた伝統的存在ではないか。

では何故、その伝統的存在の「象徴としての価値」が幕末と維新において高騰したのか。これもまたなかなかの難問なのだが、もし、一言にして言うなら、新しい価値体系の提示と「伝道」を行う「預言的リーダーシップ」が成立しなかったからである。つまり、前節で述べた「浪士」の「横議・横行」に一定の方向性を与えそれを組織化し新しい秩序へと統合して行くべき「指導」が、普遍的価値や超越的価値の「預言」を通して行われたのではなかった点にそれの根柢的理由があるというわけである。超越的にして普遍的な価値の「預言」は当然先ず人の内面に訴える。だから、そのような「預言の指導」の下に社会的運動が展開されるときには、その運動は人々の「回心」を伴い、その「回心」を基軸として運動は進展する。内面の新たな秩序が生れそれの外的具体化として社会の新たな秩序が作り出される。さらに言い換えれば、この場合には社会秩序の変革は社会の価値体系そのものの変革と相伴うのである。その時社会秩序は最も奥深い地点から根柢的に再生する。「幕末浪士」は一般的に見てそうした「回心」を経ることが出来たであろうか。ノーである。「横議・横行」は身分の解体をもたらし身分社会の解体は彼等「浪人」に忠誠の対象を喪失させた。主君へのパーソナルな献身は相手を失ってさまよった。この内面的空虚は何によって満されるのであろうか。「浪士」の中には、その精神的空虚の地点に居直って「平手造酒」となり「新撰組」となり、戦略的なパースペクティブを投げ棄ててただ戦闘だけを専門にする「能動的ニヒリスト」も生れた。又、その内面的空虚を運命として諦念して「とにかく食えさえすれば良い」と考える精神的に消極的な私生活主義も大量に生れ出た。しかしかなりの多数のものは当然そういう自暴自棄の道を拒否した。彼等は新たな忠誠対象を欲した。そうして問題はこの選択の機会においてこそ生ずる。例えば、新島襄の途は字義通りの宗教的「回心」を経て広大な世界に再生するものであった。福沢の途は宇宙と世界の法則を把えて世界に対処せんとするものであった。彼等もたしかに例えば私の如きとは異って強い愛国心の持主であったが、しかし彼等の強烈な愛国心は国にだけとらわれたものでは決してなかった。新島においては忠誠の究極の対象は普遍神に一元化され福沢においては知性の優位が犯しがたく打ち樹てられていた。しかしそうした精神は「預言」となって全日本の「浪士」たちの内面にこだましたであろうか。そうけいかなかった。彼等の心理的欲求に手っ取り早く応え得るものは、むしろ眼前に在る伝統的な価値としての「天皇」であった。

もし徳川幕藩体制がもう少し「京都」と密接に連った体制であったとしたら「天皇」シンボルが「浪人」の心理的欲求に応えるものにはならなかったかも知れない。何故ならその場合には藩と幕府に対する忠誠の消滅は連鎖的に朝廷にも及んだであろうからである。すなわち幕藩体制に対する「愛想づかし」は同時に朝廷に対する「愛想づかし」になっていたであろう。また逆に、幕藩体制が朝廷を権威の正当性の根拠にしたりしないで、自己自らの手で自己の権力の正当性の根拠を提出するような体制であったならば、「浪人」の忠誠一般への心理的飢餓はかくも軽薄に「天皇」に吸引されることはなかったであろう。なんとなれば、その場合には、「天皇」シンボルは社会的価値として全国に流通している存在では既になかったであろうからである。すなわち幕府制度の社会的確立が天皇制を全く廃棄して了っていたにちがいないからである。この場合には、「浪人」の忠誠への心理的欲求は簡単に且つ即座に満されることはなく、従って、この心理的欲求を充足せんとする生の衝動は、人をして、自己自らの手で忠誠対象を全く新しく発見する、いわば内面的労働の過程へと歩み出させたであろう。ここには革命の名に値する社会的「回心」が開けていたであろう。

以上のような点を考慮すると、幕藩体制と朝廷との関係は、「浪人」の心理的欲求がレディメイドのシンボルとしての「天皇」に手っ取り早く収斂するのにちょうど都合よく出来ていたのである。「天皇」シンボルは「幕藩」と共倒れとなるにはあまりに「幕藩」から離れていたが、同時に、当時の「浪人」の何人にとっても「幕藩」よりヨリ高く大きい忠誠対象としてすぐ思い付くほどに流通し滲透していたのである。武家体制における、㈠「公家」世界と「武家」世界との峻厳な隔離、㈡「武家」の伝統的な名目上の「尊皇」、という両契機の結合は、解体期において「浪人」の尊皇熱が高昇する前提条件となったのである。その場合、幕藩体制の伝統的「尊皇」が極度に「名目化」して、しばしば、『甲子夜話』が伝えているような「慇懃無礼」になっていた実状がかえって幕藩体制に愛想をつかした「浪人」をして真に尊皇たらしめて行ったのでもあった。幕府に憤慨してその名ばかりの尊皇を攻撃しそのことによって本当の尊皇となって行く。また、尊皇論になることによって幕府の名ばかりの尊皇を追求し倒幕主義となって行く。その過程は結局のところ幕藩体制のヴァリュー・システムが逆回転し始めることであって決して価値体系のブレイク・スルー（根本的変革）を意味するものではなかった。幕府制度が、自己の権力の正当性を白らの手で実証して行こうとする自主性と責任意識をそもそも鎌倉の始めから持ち合せていないで、要領よく古代の権威によりかかって、「征夷大将軍に任じ」てもらうことによって自己の権力を振りまわして来た結果、今度は逆に古代の亡霊が反逆者にのりうつって幕府制度を脅かすようになってしまったのである。

このように、幕府制度が名目的権威源として古代の亡霊を保存していたからこそ尊皇熱の高昇が可能になったのではあるが、しかし幕末における「天皇」シンボルの価格高騰という現象は、そうした条件の上に、よりポジティブな契機が作用して生じたものであった。「鎖国」のシンボルという契機がそれである。もちろんそれは黒船渡来の「危機」によって急激に要求されるようになった。その際、やはり、恰好の象徴が目の前に既にあった。「皇国」について説くことは、古代以来の時間的連続性を強調することによって、幕府体制を、歴史的に経過すべき一時期として相対化し、同時に空間的にも藩国割拠の大名領国制を超えて行くことを意味した。効果的という点だけから言えばこれほど即効作用を持つシンボルは、どんなに超近代的《モダーン》な「精神分析学」的技術や「社会心理学」的テクニックを駆使してみても、おいそれと作れるわけはない。もし、これに代ってしかも遥かに強靭な内面的定着性をもちうる社会的象徴があるとすればそれは何であるか。世界と国民とによって繰返し点検され検証される普遍主義的価値がそれであることだけは確実である。

「皇国」によって「闔国」を象徴するとは何とも語呂がよすぎるが、しかし調子がよすぎたのは語呂だけではなかった。主君に対するパーソナルな忠誠しか知らなかったサムライたちは、「皇国」シンボルによって初めて「国」そのものへの責任と忠誠を知ることになるのだけれども、その場合、このカッコ付きの「近代への大転換」は精神構造の自己変革をあまり必要としなかった。パーソナルな忠誠は依然としてパーソナルな忠誠のままでよかった。必要なのはそれを拡大することだけであった。幕末の勤王家は「諸大名は小君であって朝廷が大君である」と説いて従来の小忠を大忠へと拡大しようとした。明治になってからも政府は「小忠小義」の慣行を打破って「大忠大義」を作り出そうと宣伝これ努めた。[*1] この調子のよい語調は、しかしなかなか実現困難なものである筈だった。パーソナルな忠誠は特定の家の特定の人に向けられていたからこそパーソナルな忠誠なのであって、自由に伸縮出来るものではそもそもありえない筈であった。事実上もなかなか困難であったからこそ、明治政府は政府になるや否や「大教宣布」し日本中の神官・僧侶を動員して「教導職」となし、「期待される人間像」のアジ・プロに浮身をやつしてみたりしたのであった。しかしともかく、幕末において浪士に関する限りはすでに「皇国」への「人忠主義」が風靡していたのであって、実現出来にくい筈のものが割に簡単に出来たのは、ここにも或る歴史的前提が作用していたからなのである。既に述べた名目的尊皇の伝統の他に、実は、徳川時代には「主君へのパーソナルな献身」が「制度化」され過ぎてもはや純粋に特定人格に対するパーソナルな献身ではなくなっていた、という事情があった。主君とはもはや一人のペルゾーンではなくて「主家」の「相続人」であるに過ぎず、その上、所によっては藩主の首も「国替え」によって時々変るし、したがって浪人は無論就職先を新しく探して「転勤」するし、教説の方も儒教によって「律法化」されていたので、中世武士の「パーソナルな忠誠」がすっかり合理化され、或る意味で機械的な制度と化せられて移動可能なものになっていた。[*2] しかしそれでは制度化されたその忠誠は「法」への忠誠といったものになっていたかというと勿論さにあらずであった。それはアルス・オップの「パーソンへの忠」であり同時にアルス・オップの「法への忠」であった。だからそれは、逆説的にパーソナルな忠の、「制度化」だとか「律法化」だとか「普遍化」だとかと表現すべきものであったのである。そうした忠誠の感覚は貞婦の亭主に対するが如き特定者への徹底的な忠では決してない。むろん抽象的な「法」への献身ではありえない。ちょうどぴったり「皇国」にあてはまるものであった。自分の「国」に対する責任や義務でもなく、さりとて「天皇」個人に対する恋情（「恋闕」）でもなく、それ故にかえってどちらをも兼ね得るような「忠誠」!?であった。

むろん、こうした精神状況にあって維新を目指して時勢を嚮導した指導的「浪士」は、「皇国」をはっきりと「闔国」の単なるシンボルとして自覚していた。言い換えれば彼等においては「天下」と「惣体」とが本当の忠誠を捧げるべき対象となっていた。その意味で指導的「浪士」には明確に「国」の意識が独立に生れていた。こうした「浪士」が前節で述べた自発的「浪人」のカテゴリーに属する。これに対して先に説明したところの、忠の対象を探し廻っている心理的欲求不満の「浪人」は精神構造において伝統的なルンペン的浪人に属する。そこで、前者は後者に忠の対象を与えることによってこれを組織化しようとする。同時に、この「志士」たちは、忠の対象たる「玉」をも自由に操作しようとする。彼等にとっては「天皇」は「闔国」の単なるシンボルに過ぎないのであって「天下」そのものでもなければ「闔国」それ自身でもない。木戸孝允が「朝廷微力にして各藩各心或は攘夷と言ひ或は鎖国と言ひ或は開国と言ふ。当日是を統一する遠謀なくんば天下の瓦解日を刻して待つべし。……故に余一つの謀略を設け、今日の諸侯の封土は皆朝敵徳川より授与するの姿にして天子の璽章を此に見ざるは益々明かなり、大いに名分を正さずしては如何にして天下立つべきや、と。依て版籍奉還の説を主張し……」て大久保等の尊皇の諸藩士をして版籍返上に踏み切らせたのはまことに象徴的であった。[*3] ここでは、「天下」の「統一」が目的であって、他の「名分」は総てこの目的のために駆使せられるべき手段となっている。「朝敵」という言葉も「天子の璽章」も将棋の駒の如く操られている。その意味では、「皇国」を最も多く振りまわした彼等は実は最も天皇への忠誠を持たなかったものであった。維新の変革の政治的側面を担った者は、実は、天皇への忠誠に飛びついたものではなくて、逆に、最も不忠に、「謀の手段」として「玉」を操作したものであった。そこに、一方では確かに眼をそむけさせるマキャベリズムが生れると同時に、他方では、初めて「国家」(シュタート)が伝統的価値や世間的権威の包絡から独立したものとして考えられるようになったのである。そうして列強ひしめく国際情勢の中に進み出てよく対外独立を維持しうるためには、伝統的権威の心理的絡みつきから自由になって「国家」の利害状況をリアルに判断することが不可欠である。そういう意味では「国家」の対外独立は、「国家」観念の対内独立とりわけ伝統的信条体系からの独立と分ち難く結びついているものなのである。「ステイツマン」とは実は、こういう、思考における「国家」(ステイト)の独立を確保しうるもののことである。それは「現実主義」の名の下に社会の伝統的価値体系によりかかっているものでは決してない。逆にそれはほとんど思考の革命を必要とするものである。維新の政治的指導者において「ステイツマン」が誕生したというのは右のような内的過程が展開したからに他ならない。従って、今日の日本で「現実主義」というイズムを売り物にする多くの知名人は、この「政治的リアリズムの精神的基礎」をさっぱり御存知ないために、かえってしばしば政治的リアリズムを喪失している。リアリズムのない「現実主義」という滑稽な姿は勿論維新の精神とは無縁である。いわんや、熱狂的な「尊皇」に維新の維新たる所以を帰属させようとするのは、気の毒なくらい完全なピンクル (perfectly out of forcus) である。

「ステイツマン」の誕生が政治的側面において維新の原理を表現するものであったが[*4]、しかし、「政治家」における「政治的リアリズム」がいくら生れてもそれによって社会のヴァリュー・システムが「民主化」に向って飛躍したりするものではない。むしろ逆に、「ステイツマン」の政治的リアリズムは伝統的価値を統合手段として利用することによって結果としてそれを温存する場合も多い。そういう意味では、社会の精神構造という局面での維新は「ステイツマン」によってではなくむしろ国家機構の外において、その意味で「政治外の」領域において「閫国」に尽そうとした人々によって担われる。そうして、極度に目的意識的にそういう立場を選び採っていたのは福沢であった。幕末の動乱の最中にあっても些かも「政治的」に過熱せず、冷やかに、政治社会の落着く先を看て取って、いずれにしてもやがて到来するであろう維新において、今述べた、いわば新しき社会のステイツマンたるべき職分を果そうとして、エイエイとその準備にだけ専念していたのが福沢であった。まことに心憎い展望と選択であった。当然、維新の社会変革の人きな部分が彼と彼の同志によって担われたのである。

その福沢においては、神聖なる我が「闔国」のシンボルはどのように扱われたか。シンボルの話だから象徴的な例で示そう。「皇国」とか「朝廷」とか「木朝」とか「本邦」とかの文字に闕字することを廃したのは福沢であった。闕字、すなわち文章中に「尊いシンボル」が出て来た場合に、センテンスが終っていなくても、そこで字を空けて、その「尊いシンボル」の上に他の「賤しいシンボル」が位置しないようにする習慣は、戦後の日本でやっとあまり見かけなくなった。つまり、ついこの間までは闕字のある文章が氾濫していたのである。このことはノミナリズムの考え方が如何に欠けているかを示しているが、当然幕末・維新の当時にあっては闕字は一般的慣行であっただけではなく、もし誰かが闕字を行っていない場合にはバッサリやられる可能性さえあった。「習慣の奴隷」たることを拒否する福沢は、その闕字を廃めてしまったのである。福沢によれば、闕字が「国法」の命ずるところならいざ知らず、「国法」が定めてもいないのに、ただ「世間の先例」であるというだけでそれに「倣う」ことは恥ずべきことであった。そこで彼は蕃書調所に出向いて、闕字が「国法」上の規則であるかどうかを問いただし、例によって慎重な手続を踏んだ上で、廃めたのである。ここには、「些細なことから起る奇禍」を知恵によって防ごうとする福沢の、いやになる位用心深いいわば非武装防衛法がうかがえるが、同時に、「法」以外の何物によっても自由なる精神が拘束されてはならないとする、後年維新以後の彼の著作に表われた考えがすでに明瞭に貫かれていた。先例旧慣を破る大胆な知的冒険が極めて慎重な手続を経て断行されるところにも福沢の一つの精神を見ることが出来るけれども、今ここでとりわけ注目しておくべきは、「国」の強制力が「法」以外の如何なる伝統的権威によっても生じてはならないとする点であろう。福沢においてはもはや「闔国」は「法」への忠実を通してのみ統合されるものなのである。彼にあっては「皇国」が必ずしも「闔国」なのではない。むしろ、「皇」の字に闕字を伴うような精神によって国が統合されている場合には、それは福沢の意味する「闔国」ではないのである。

「国家人」（スティツマン）における「闔国」観念は「天皇」シンボルの制縛から解放されていたとは言え、その故にかえって統合手段としてこの伝統的シンボルを濫用し、そのことによって温存した。「世俗を文明に導く」ことを課題とした福沢においては、逆に、その課題を実現せんがために、一つには「親鸞が自から肉食《にくじき》して肉食の男女を教化したるのヒソミに倣って」文体の上でひたすら世俗の俗文を用いることに徹しながら、また一つには彼の課題に反するような伝統的心性を断然撤廃して行こうと努めたのであった。「高貴な」言葉を使えばそれで社会が高貴になるといった記号の精神病理はここにはミジンもない。それればかりか、「雅俗めちゃめちゃ」の世俗の文章法に徹することによって「世俗と共に文明の佳境に達せんとする本願」には、まことに彼自身が自覚していた如く、鎌倉宗教改革の革命的精神が貫徹していたのである。[*5] しばしば宗教性などとは無縁な現世的人物と見受けられる福沢の行動綱領の奥底深く貫いていたものは、実は、科学の時代における親鸞ともいうべき超越的価値の現世への投入であった。そうして、そこにかつての親鸞における「大衆宗教性」（マッセンレリギオジテート）に対応する「知性の大衆化」と「大衆の知性化」とが生れたのである。維新を維新たらしめたものは、「皇国」シンボルの価格昂騰よりも、むしろここに存在したというべきであろう。

＊1　幕末における「小忠」から「大忠」への忠誠対象拡大と転換を説明した研究は、古く且つ簡単なものではあるが、藤井甚太郎「明治維新と侍階級」（史学会『明治維新史研究』昭和四年）がある。
なお維新において、最も「小忠小義」を排除しようとしたのは恐らく木戸である。例えば『木戸孝允文書』第四、一六一頁、品川宛書簡。

＊2　この、「パーソナルな忠誠」の制度化は、もちろん、ウェーバーの言う「カリスマの日常化」の一つの形式である。

＊3　『木戸孝允日記』第二、七〇―七一頁、明治四年七月一四日ノ条。拙著『天皇制国家の支配原理』。

＊4　この際くれぐれも注意したいことは次のことである。すなわち、「スティツマン」の誕生は、

「志士」の誕生におけると同様に、決して「官軍派」だけのことではない。むしろ、

「幕臣」でありながら「闔国」における幕府のあるべき位置を徹底的に自覚して、維新に向けて働いた勝海舟にこそ「ステイツマン」の典型がある。そうして逆に、「尊皇攘夷」にイカレたファナティックな浪士の側にこそ、「ステイツマン」が生れ得なかった。同じ「志士」でもただの尊皇主義者の場合には、忠誠が「闔国」ではなくて「皇室」にだけ向けられることによって、忠誠対象の拡大どころか、極めて狭いものとなる。その点で典型的なコントラストを示しているのが、勝安房と真木和泉の例である。真木が、しばしば、「皇室の恢復」が成るか成らぬかだけに心を奪われてしまうのに対して勝は、幕府のこと、と、徳川家のこと、とを区別し、しかもその上皇国惣体のことを区別して考慮する。だから勝から見れば、真木は「局量識見」が狭く、「小信」と「小理」によって行動を決める傾向があり、その結果、変革期においては「結局、人を誤り国を誤る」に至る可能性があった。つまり、真木和泉型の「志士」は「倒幕」の力とはなりえても、「ステイツマン」とは成り難いのである。前節で発生した「志士」からさらに本節における「ステイツマン」へと「進歩」する道程には、右のような分化が存在している。

＊5 この闕字廃止と彼における親鸞的精神（それと文体選択との関連）とについては、「福沢全集緒言」を見られよ。

なお、福沢が「天皇」シンボルの心理的拘束から自由であったことは、後年（明治十五年）の「帝室論」や「尊皇論」（明治二十一年）において、彼が天皇制を認める議論を展開した際の論理にも良く表われている。それはちょうどW・バジョットの『イギリスの政治体制』の叙

述を想起させるような、機能的有効性のロジックに基いていた。それの立入った分析は他の機会に譲るべきである。

四

中断すること一年余に及んだが、前に述べたように、維新の精神は「海防策」や軍備増強にあったのではなくて、それらを単なる陣痛促進剤として生じた「横議」・「横行」・「横結」の関係にこそあった。それによって幕藩体制の社会的脈絡（コミュニケーション様式）はくつがえされ、新たな社会的連結の構造が萌え出たのであった。また、そうした横の交流を曲りなりにも統合して国民国家を建築しえたのは、「天皇」の象徴的価値が「横結」の士によって信仰せられていたからではなかった。まさに逆に、維新国家のスティツメンが、伝統的価値としての「天皇」シンボルの絡みつきから内面的に解放されていたが故にこそ、この伝統的価値すなわち「玉」を自由に操り、そこに国家建築が可能となったのである。日本的近代国家としての「天皇制国家」すらもが、実は、「天皇」への信仰から解放された者によって初めて構築されえたのであった。このパラドックスを把えないとき、維新の原理はわからない。そうしてさらに、維新が社会の一定の変革でありえたのは、このスティツメンの図太い建築技術によるものでさえなかった。それは、「人を治める君子」よりも「人に治められる小人」の文明を重んずることによって初めて可能となったのである。[*1] その精神は、「災害下より起れば、幸福も亦下より生ぜん」とするところにあった。「小民」によって構成される「社会」の如何こそが維新の死活を決定する問題なのだと考えられたとき、ここに、「政府」と「役人」にコミットすることを拒否して専心「社会」の変革に努力する「社会のステイツマン」が生れ、超越的普遍価値としての「文明」が現世に向って投入されることとなったのであった。前節まで述べ来った「あらすじ」は以上の如くであった。

そこで「初め」の第三モチーフについて述べるべき段となった。だが、もう、いろいろなことを長く語ろうとは思わない。社会変革としての維新の「精神」は、軍事的「攘夷」にあったのでもなく、また必ずしも「尊皇」の信念にあったのでもないことを見て来た今となっては、次の第三モチーフについて考えていることも言わずして既に明らかだろうからである。「権威ある外国」でただ「好遇」を得ることだけを意図する国際的「待遇追求主義」から社会改革が生じるわけがないことはもはや自明の真理である。

にもかかわらず、依然として、「好遇」を得るための「如才なさ」は日本社会を貫徹している。或るアメリカの学者の説くところによれば、「銀座裏のバー・ガールの友好的態度と日本政府の如才なさ」とが西洋人と日本人との関係における「善意」と「オプティミズム」の時期を作り出したようである。その結果、アメリカの雑誌『ショー・マガジン』（*Show Magazine*）の一九六三年五月号は「新しい極西の国日本」（Japan the New Far West）と題した特集を出すに至ったそうである。[*2]

かくて「銀座裏のバー・ガール」と並んで「日本政府の政策」が日本のイメージを「極東」から「極西」へと転換せしめたのであった。しかも、そのイメージの転換をいち早くなしとげたのがアメリカの『ショー・マガジン』であったという点は「鹿鳴館」の現代版をまことに象徴的に示しているようである。「極西」という大文字で書かれた言葉の中にも、日本の当事者たちの過剰サービスがにじみ出ているようにさえ思われるではないか。

しかし、明治の鹿鳴館は、実は、この現代版とは大きく異っていた。第一に、鹿鳴館の媚態政策は、現代版のように簡単に成功を収めることはできなかった。周知のように状況は遙かに厳しかったのである。むしろ、状況が困難であったが故にこそ窮余の策としてあの媚態政策が採られたのでもあった。したがってそれは、安易な「幸福」にふくれ上った現代版とは似ても似つかぬ顔をしていた。すなわち、そこには、「早く条約改正に漕ぎつけて維新の眼目である対外独立を何とかして獲得しなければならぬ。もう二十年近くも経ったのに未だに何の目途も立たないとは何たることであろうか。早く何とかしなくては……」という、或る悲壮な焦慮の色が漂っていたのである。そうして第二に、鹿鳴館は国家形成を担った明治政府の指導者の決断とリーダーシップの下に展開されたものであった。その意味で、そこに参加した日本の「ガール」もまたその「目標」に「身を以て」協力しようとしたのであった。だが、今の現代版における「銀座裏のバー・ガール」はもちろんそうした「パブリック」の意識をもって日本のイメージを変えているのではない。そうして政府もまた格別の決断をもって「指導性」を発揮しているわけではない。ここでのイニシアチブのありかをあえて問うならば、それは、「プライベイト」な利害によって構成された或る一つの「風俗」にある、といわねばなるまい。政府の「如才なき」政策はむしろその「風俗」の後を追っているに過ぎないのかもしれない。こうして我々は第三の相違点に到達する。すなわち、鹿鳴館においては、明治政府のリーダーたちは、彼らが媚態の限りを尽す当の相手に対して、独立と対決の精神を、矮小な形でではあるが、秘し持っていた。そこでは、媚態は自覚された政策であった。したがってその政策の基底には明らかに「戦術」の意識が存在していた。或る外国の歴史家は、鹿鳴館の中にも、維新以後の「明治精神の特徴」である、西洋への「崇拝《アドミレイション》」と西洋に対する「戦術《タクティックス》」との交錯を見てとっているようである。[*3] この観察は、或る一面においてだけではあるが正鵠を衝いているであろう。媚態の底に戦術の意識が貫いていたからこそ、当時の典型的な日本型ブルジョワであり鹿鳴館の当事者の一人であった大倉喜八郎も、鹿鳴館ポリシーを江戸歌舞伎の伝える「大石内蔵之助と四十七士」の遊蕩戦術になぞらえたのであった。[*4] むろん、そのたとえ自体が、鹿鳴館の戦術意識の芝居がかった安っぽさを示しているけれども、しかし一方、現代版鹿鳴館を当事者の誰がこうした戦術伝説でもって語ることができるだろうか。ここにはもはや大きな「崇拝」もなければ、また「戦術」の意識もない。

現代版アメリカニズムと鹿鳴館との隔り既にかくの如きものがあった。いわんや、維新との隔絶はいうまでもあるまい。「いわんや」というのは、もちろん、鹿鳴館と維新との間の或る原理的な差異を前提にしているからである。その両者はいかに異っているのだろうか。鹿鳴館の中に西洋への「讃嘆」の意識と西洋に対する「独立」の意識が交錯していたからなのだろうか。そうではない。逆に、鹿鳴館がとにもかくにも建設期明治の一面たりえたのはその交錯にこそある。その交錯はむしろ鹿鳴館をして維新と連続せしめる一面でさえある。維新との差異は、この二つの意識の交錯自体にあるのではなくて、その二つの意識の関係の仕方にある。その意味で、両者の差異は層内面的なものであるということができる。維新の指導的精神においては、西洋への「崇拝」・「讃嘆」・「尊敬」は、はっきりと、かの地に生れそこで成育して来た文明の精神（無形の文明）に向けられていた。そうして、「独立」・「同等」・「対決」の意識は、万国の「権義」に基礎づけられて、西洋列強の権力性に対して自覚されていた。だからそこには、「勁敵を恐れて兼ねて又其国の文明を慕ふ」とする態度が生れた。[*5] それは、文明そのものに対しては無限の「敬慕」を捧げながら、他方では「西洋諸国の富強に及ばざる所あれども、一国の権義においては厘毛の軽重あることなし。道理に戻りて曲を蒙るの日に至つては、世界中を敵にするも恐るるに足らず」とするものであった。[*6] 後者の契機はかの国の文明に対する尊敬を蔽うものではなく、前者の契機は「同等の権利」の自覚を盲目にするものではない。したがって、「権利」と「状態」の区別が的確に存在する。自己の「状態」に対する醒めた自己批判はここにおいて初めて成立する。ここでは、「尊敬」は尊敬すべきものに向けられ、「対抗」は対抗すべきものに向けられ、認むべきものを認め、それらの諸契機は相互に「道理」にもとづいて自己のレベルに位置し、そうすることによって精神の諸次元が内的緊張をもって共存している。これが健康にして正気の精神でなくて何であろう。ここには、部分の不当な肥大と全体の諸部分への分解という異常精神の特徴はない。そうして維新を導いたのはこうした正気の精神であった。まことに、巨大な変革期には巨大な正気が出現する。それなかりせば、破壊はできても社会の建設はできるわけがない。

かくて維新の精神の一側面は、「尊敬」と「敵意」とをそれぞれに両立させることを可能にした次元的思考にあったということができる。幕末において「横議」・「横行」・「横結」を生み出した精神もまたそうしたものであった。二十一歳にして横議・横行を開始し、諸国の自発的結社とその中心人物を横に結んでいった、典型的な維新の運動家吉田松陰が、「自然漂流」を装って、その横行過程を世界にまで拡大しようとした際、彼の中にあった観念は、尊敬すべき敵の「実体を知ろう」とすることであった。[*7] もちろん、彼の場合には、その精神は戦闘者の「兵学」的思考に根差していた。真摯な戦闘者が卓越した「敵」を見出したとき、しばしば示すところの、「敵」と自己に対するリアルな認識への努力と対決しつつ尊敬するという、あの態度が松陰の態度であった。したがってそれは、見境もなく暴れまわることをもって得意としていた「攘夷浪人」とは異質であり、同時に「黒船」を見るとただちに「花束」などを贈りながら精神のほうではひたすら「鎖国」をもって最上とするものとも全くちがっていた。そうして、いうまでもなく、この松陰の側から維新の運動は展開しえたのであった。

維新の社会変革を指導した正気の精神は、一面で、明らかに、この系列に属していた。しかし同時に、それはもはや兵学的レベルに止まるものではなかった。またしたがって、戦闘者の非体系的な知恵に止まるものでもなかった。社会の意識的形成はやはり諸種の日常的諸領域にわたって貫徹する一定の方法的自覚によってのみ可能である。「尊敬」と「敵意」が次元的に両立する思考は、福沢において、一段と昇華して、一方で体系化しながら、文明論の段階へと引上げられたのである。先に述べた典型的な維新の精神はここに結実する。

さて、右に述べたような構造と過程とを持つ維新の精神と較べるとき、鹿鳴館はどのように「堕落」しているのであろうか。もはや明らかなように、そこでは、「崇拝」・「尊敬」の系列と「独立」・「対決」・「戦術」の系列とは、次元の区別を喪って、同一次元でアマルガムとなり果てている。その混合物こそが媚態政策であった。ここでは「崇拝」と「尊敬」の対象は、もう、抽象された文明の精神ではない。それは特殊具体的な「有形の文明」に限られている。「富強」それ自体といってもよい。そうして、それは同時に、「対決」と「戦術」の対象でもあった。ここでは、「普遍的な文明の精神」と「特殊具体的な有形文明としての富強」とはもはや区別されない。したがって又「尊敬」も「敵意」も同じレベルで作用する。「富強」に「尊敬」と「対決」が集中したのである。その結果は、「戦術」の意識を混えた媚態であった。それは徹頭徹尾戦術的な悩殺者の媚態ではなく、同時にもちろん徹底した恋情でもない。鹿鳴館における、この、精神的アマルガメイションに気付いていない点において、先に挙げた「外国の歴史家」——鹿鳴館の中にある「崇拝」と「戦術」の交錯を指摘した歴史家——は鹿鳴館の内面的構造における維新精神の奥深く且つ微細な変質を見落しているのである。その変質は微細ではあるが決定的な意味を持つ。「普遍的な文明の精神」と「特殊的な有形文明としての富強」との分離が全く喪われてしまったときに、どうして「普遍的な文明の精神」の立場から「特殊的な有形文明としての富強」の状況を変革しようとする態度が生れ得るであろうか。したがって、こうした点に敏感たりえない歴史家は、どれほど素晴らしい「人を見る眼」を持っていても、或る一つの重要な歴史的変化とそのダイナミズムを見失うことになるのである。今ここで挙げている「歴史家」とは、あの傑作『坂本龍馬と明治維新』その他で示された鋭敏な歴史感覚によって注目されるM・ジャンセンである。彼の「人間のこと」に関する感覚の鋭さとその説明における洗練された巧みな比喩は実際卓抜である。しかし、飽くことなき「経験的人間」への傍観的興味はしばしば意図せずして超越的価値への無関心を生む。そうして超越的目的への無関心は、歴史の精神史的基底における或る重要なダイナミズムをともすれば見失わせる。たしかに「クソ真面目」でモノリシックな、超越的価値への傾倒者は、それだけでは、現実否定の実践力を持つことは出来るけれども「人間の世界」をそれとして理解する力に欠けやすい。しかし「経験的人間のこと」のみに好奇の眼を光らすものは、実践力を持たないだけでなく「世界の認識」それ自身においても又重要な一面を見逃しやすい。M・ジャンセンの例はそのことの一つの典型のように私には思われる。[*8]

こうして、ジャンセンの見落した鹿鳴館における「普遍的な文明の精神」と「特殊的な有形文明としての富強」の区別の喪失に気付くならば、直ちに、鹿鳴館におけるもう一つの精神的アマルガメイションに眼が留まるであろう。それは、鹿鳴館の指導者における「公的政策の選択」がいつの間にか彼等の「私的享楽」と癒着して、本人にとっても恐らく何れとも区別出来ぬ躁宴となっていった過程のことである。「戦術」の自覚をもって始められた媚態が進行していくうちに、それ自体が「決して余り面白くないことではないから、多少その当面の目的の範囲を脱したような傾きもないではなかった」[*9]（大倉喜八郎）。条約改正のための手段として考案した狂態が、逆に、その当事者にとって「面白く」なったために何時の間にか目的となり、条約改正の方はその享楽のための好都合な大義名分となるという一面が生れたのである。そして、そのことが当事者にとって無念極まることとして自己批判の対象とされるのではなくて、「人間なのだから」当然だと考えられた点にこそここでの問題が存するのである。問題は、「放蕩」が「面白く」なってそれにウツツを抜かしたこと自体にあるのではなく、むしろそのことに対する精神的処理態度にある。一国形成の全責任を負うことを自ら買って出たものが、その目的のために選んだ手段が何であれ、その手段の自己目的化を許したとあっては、セルフ・コントロールの不完全について無念の歯がみを行うはずではないか。その倒錯がどれだけ人間として起り得ることであろうとも、その上にあぐらをかくことは人間的ではない。原罪はそれ自身人間のものではあるが、同時にそれを罪と意識する点において人間的態度が生れる。いわんや神に代ってこの世の秩序を形成せんとするものが、どうして、「大衆的」オルギアスティーク(躁宴)にうつつをぬかしておいて、そのことを当然として済ましておれるのか。明治の政治的指導者の精神的成り上がり性がこれほどはっきりとオープンに現れたことはあるまい。彼らは「盆踊り」の陶酔を忘れることは出来ず、さりとてヒゲをはやした偉人が素朴な村人の「盆踊り」に参加するわけにもいかず、そのために年来ウッセキしていた、「馬鹿騒ぎ」への郷愁が、ここに大義名分を得、しかもハイカラな形態でもって満足させられることとなったのである。かくて、鹿鳴館における「公」と「私」の癒着は同時に『リーダー』の「マス化」でもあった。何と彼等は欲深いのであろうか。「華族制度」を新設してまで「ノーブル」たらんとし、自ら選択して政治的責任を背負う「リーダー」たらんとしながら、同時に「大衆的放蕩」にも加わってその面白さを享受しようとする。ここには、何かの目的を達成するに当って自己に要求される犠牲（コスト）の意識はもはやない。一定の目的を選びとることが同時に一定のコストを自己に課すのだという、選択のキビシサについての自覚は存在しない。維新当初においてはそうではなかった筈である。何かを行うことは他の何かを犠牲にせざるをえないということをイヤという程知っていたはずである。行動の選択は同時にコストの選択であることを知っていた。しかし今では、よしそれを知ってはいても、自己の「方法」が自己に課するコストを受け持って耐え抜こうとする姿勢を欠いている。

かくて、鹿鳴館に、いかほど、「平等条約実現」の課題を背負った悲壮な選択がはたらいており、また世論の悪罵と嘲笑と憤慨を耐える対外的雄々しさがかりにあったとしても、それはもはや、維新の精神ではない。第一、そこで求められていた国際的平等なるものは列強との平等に過ぎず、弱小国に対してはいささかも「権利の平等」を自覚していなかったではないか。維新の精神は必ずしもそうではなかった。それは、もちろん列強との平等を要求してはいたが他方で「天理人道に従て互の交を結び、理のためには『アフリカ』の黒奴にも恐れ入り、道のためには英吉利、亜米利加の軍艦をも恐れず」とする普遍的平等意識を持っていたではないか。[*10]そうして普遍的価値意識を持つものは、必ず、それと特殊具体的な私的欲求との間の緊張を自らのうちに包蔵している。したがって、そこには、「普遍的な文明の精神」と「特殊的な有形文明としての富強」の癒着も公と私の精神的アマルガムも指導者の「マス化」も起らない。事実の世界でそれらが起ったとしても、そのことは直ちに深い自己批判に曝される。すなわち、精神的アマルガメイションは生じない。とはいえ、今更いうまでもなく、維新当初においても「普遍的な文明の精神」と「特殊的な有形文明としての富強」の混淆は存在していたばかりか、むしろ或る意味では支配的でさえあった。だが、それにもかかわらず維新には右に述べた普遍的価値観念が一点において存在し、そうしてここで大事なことは、それらの両者の何れがあったが故に維新は曲りなりにも社会変革たりえたのか、という点である。その答はもはや今迄述べて来た所からして明白であると思う。

かくて「鹿鳴館」の媚態へと微妙に変質した「維新」が、「反鹿鳴館」のスローガンのもとに、精神的鎖国ムードを伴った「維新」観を喚び起し、それらの交錯の中から「維新」は次第にイデオロギー（虚偽意識）と化していった。[*11]今日、「維新」「維新」と呼ばわる声の中には、この時生じて以来繰り返されそして増幅されて来た「イデオロギーとしての維新」がはたして伏在していないであろうか。

ではもし、維新の精神的継承者が今日ありうるとすれば、それは何処に生ずるであろうか。普遍的価値への「尊敬」と権力への「対決」、「権利」の平等と「状態」への醒めた認識と、それらがいつも同時に緊張をもって存在する精神は、いうべくして身につけることとまことに難いものがある。しかしこうした精神的諸契機のそれぞれは戦後の日本国憲法によって制度的に保証されている。だからして、その保証を様々な圧迫に対して守ろうと努力するものの中からだけ、維新の精神的継承者は立ち現れるのである。

＊1 福沢諭吉書簡、明治二年十一月六日九鬼隆義宛。
＊2 J. W. Hall, "Changing Conceptions of the Modernization of Japan", in *Changing Japanese Attitude toward Modernization*, ed. by M. Jansen.
＊3 M. Jansen, "Changing Japanese Attitudes toward Modernization", *ibid*.
＊4 木村毅『文明開化』、M. Jansen, *ibid*.
＊5 福沢諭吉『学問のすゝめ』。
＊6 同上。
＊7 例えば、徳富蘇峯『吉田松陰』（この際はどの版でもよい）。
＊8 もちろん、ジャンセンは今問題にしている論文で鹿鳴館だけを特に取り上げているのでもなく、又、それに多くを割いているのでもない。明治日本の対外的態度の一例としてそれを扱っ

ているに過ぎない。しかし、彼が利用した大倉喜八郎の短い談話の、その中に、「尊敬」と「戦術」の交錯ばかりではなく、「政策」と「享楽」の意識上のアマルガム化が如実に示されているのである。

また彼の歴史主義(歴史主義にもいろいろある)については、恐らくもっと説明が必要であろうが、立入ったことはここでは行わない。私は、ブルクハルト→ホイジンガ→……の系譜において彼を把える。しかし、ブルクハルトにおいては「傍観」は彼のきびしい「断念の哲学」によって基礎付けられていたが以後の人々は次第にその思想的基礎の強靭さを失い、ジャンセンに至っては、傍観の歴史的興味がひとり歩きする面が目立って来るように思われる。

＊9　木村毅『文明開化』より引用。

＊10　福沢、前掲書。

＊11　この状況に対して『国民之友』、『日本』などが維新の再解釈をもって出現するが、これについてはここでは触れない。

(補註)

それでは、こうした、国際社会に関する「天理」の意識は、鹿鳴館の時代には、もはや日本の思想界には全く消え失せてしまっていたのであろうか。そうではない。当時の代表的な思想家であり、鹿鳴館に対する批判者でもあった陸羯南にも、明らかに、国際的「道理」の観念が存在していた。それは彼の「国際論」によく表われている。そこにおいて彼は、維新の原理でもって、列強の権力主義によって構成されている国際「社会」を批判したのであった。彼によれば、維新は、「斬捨御免」の「閥族制」を一掃して、日本国民各個の「天賦の命」を承認した社会革命であった。しかるに国際世界に眼を転ずるとき、その世界は依然として強国の「閥族」がかつての日本の武士のように「斬捨御免」を行なっている社会なのである。維新が日本国内で達成した原理はここでは全く無視されている。「国と国との交際における革命は未だ少しも仕遂げられざるなり。今の国際法は実に革命前の制度のみ。」

そうした状態に対して、維新の精神を持つものはまず何をなすべきなのか。羯南は「国際関係の道理」を「講究」せよと答える。それをなすことなく、「此の道理を棄てて而して雑居の是非に紛紛とするが如きは、「本」を立てることなしにいたずらに末に走ることを意味する。だから彼は、鹿鳴館に反対する「国粋論者」や「壮士」たちの集合体である「大日本協会」には加わらなかった。大日本協会の面々が「立国及び国家対外の大義に疎き人々多く候故」という友人の言葉はおそらく彼の考えでもあったであろう。[*1]「道理」を明らかにせよと述べているものが、ただ同じく政府に反対だというだけの理由でもって、相共に事をはかることはできなかったのである。では国際世界に処する原則は何であろうか。陸にとっては、それは「道理」に基づいて国の「我」を堅持することであった。「国に天賦の命あることは猶ほ人に天錫の能あるが如きのみ」と考える彼は、人の「交際」における と同じ原理を国家間にも要求する。いずれの場合にも『我』を失ひて人に接するは是れ交際にあらずして直に服従なり」である。したがって、『我』を保ちて相乱れざる」ことが「交際の礼」であり、その「礼」あるとき初めて交際の果実が当事者たちを豊かにする。

かくて、「道理」は同時に「我」の堅持それ自身でもあった。自主外交こそが「道理」なのである。そうして彼の説が膨張主義と一致しないのは、「我」の堅持を「天」の「道理」と見做すことによって、原理的には万国の「国命」を承認しうるように構成されていたからである。まことに、人における「天錫の能」とパラレルなものとして国における「天賦の命」を説明する方法は、ほとんど個人の基本的人権と諸民族の自決権をワン・セットに把える立場に近い。しかしもちろん早呑みこみは慎むべきである。羯南は「権義」を基礎的カテゴリーとする思想家ではない。「命」と「能」の天賦性を根幹とする思索者である。そうして、個人の自然権とのパラレリズムによって国の権利を規定する考え方から、逆に国際社会の「自然状態」が合法化されてきたのであった。人権と民族自決権のセットは、この「自然状態」の合法化を克服すべく権利的思考の側から提出された比較的新しい思想なのである。羯南の時代は、国際的「自然状態」の合法性がゆるぎながらもなお思想の上でも蛮勇をふるっていた時代であった。彼の「天賦の命」説はこれに対する批判として意味をもったのである。それは、自決権がまだ普遍化していない権利の空隙をついて立ち現れ、後年自決権が担うべき課題を肩代りしていたといってもよい。

だが同時に、彼の有機体説は普遍主義的な啓蒙自然権の明治における終焉を示唆しており、それに対応して彼の国際的「道理」も、実際には、西洋の列強性のみを強く意識することとなる。したがって彼における儒教的カテゴリーは福沢における儒学的用語の使用法とは異っている。両者の間には「道理」の観念の意味転換が存在している。羯南の政治思想の健康さと彼の思索力の大きさは疑えず、また彼の提出した諸命題がしばしば示す素晴らしい真理性は蔽い得ないにもかかわらず、やはり、あの維新の精神において見られた、諸々の精神的次元が内的緊張をもって組合わされているという特徴は、ここでは極めて微妙に変質して、内面的不均衡を許す哲学的契機が芽生えている。維新の精神的継承者をもって自任した羯南においても、事情はもはやかくの如きものであった。では維新の精神は、いつ蘇生するのであろうか。

われわれはこの問いを、物理的時間の隔りを乗り越えて、われわれ自らに対して突きつけようではないか。普遍的価値への「尊敬」と権力への「対決」と「権利」の平等と「状態」の醒めた認識と、それらが常に同時に存在する典型的な正気の精神は、いうべくして身につけることとまことに難いものがある。しかし、こうした諸精神のそれぞれは戦後の日本国憲法によって制度的に保証されている。だからして、その保証を守ろうとするもののみから、維新の精神的継承者は立ち現れるのである。

＊1　高橋健三の羯南宛書簡。川辺真蔵「羯南と蘇峯」。

日本社会における異端の「原型」

第一節　呪的祭儀としての天皇制と「異教の異端化」

日本社会が三つの基本的理念型のどれに近いかは既に今迄の叙述からも明かであろう。それは、「キリストの体としての社会」（Corpus Christi, Societas Christiana）のように第一型に属するものとは全く異っている。「神」への信仰を「正しく」保つための教義的規範に則って社会が構成されてはいない。又、「秩序の合理主義体制」のように社会秩序を保持するために教義的な規範を必要としたのは、日本社会全体の規模においては、徳川時代だけである。むしろ、血統「原理？」を体現している天皇制の連綿たる存続に象徴されているように日本社会全体を覆っている意識形態においては圧倒的に第二型の自然的社会が優位を占めている。たしかに此の社会にも「神」と呼ばれるものがあったし又今も「神社」は存在する。しかしそれはその神に万人・万物が帰依するものとしてあったのではない。「上代人はその信仰する神々の偉大さを現はすために神々を物語つたのではなく、たゞ天皇の神聖性を現はすためにのみその根源としての神々を、従つて『神代史』を物語つたのであつた」。だからそこでは論理的には「天皇の神聖な権威が先であつて神代史はあとなのである」。（和辻哲郎『尊皇思想とその伝統』五九—六〇頁）つまり何処までも「此の世」の社会秩序の現世的統合者を「神聖化」することが意図されているのであって、「神々」はそのための手段として現われ出たものに過ぎない。では現世の統治者としての天皇の「神聖性」はどんな性質のものであったか。彼は自然の脅威や戦争の危機に対して社会を救い保護することとの出来る、日常的人間能力を超えた威力を持つカリスマであったのか。そうではない。天皇の「神聖性」は、そういう源泉から生れたものではなく、彼の血統的「背後に」神々がいるということから導き出されていたものに過ぎない。従って天皇の「神聖性」は典型的なカリスマの如き個人的実在としての絶対性を持つものではない。かくて奇妙な相関関係がここに現われる。すなわち、天皇は神々の「後裔」たることによってのみ「神聖化」されるが、他方神々は天皇の「神聖化」のための背景＝手段としてだけ意味を持つということである。誰から見ても神聖な者として仰がれるべき普遍的神聖者は何処にも居ないではないか。天皇も神々も相対的な、条件附きの神聖者に過ぎない。そうして「条件附きの相対的神聖者」とは実に奇妙な形容矛盾である。だからこそ、後世の国学者や日本主義者が日本の「神聖さ」を何とかして根拠附けようとした時、しばしば天皇と神々の相互関連を包含した「上つ代の状態」や「事実」それ自身や「相互関係を止揚したものとしての集団性それ自体」などを「尊いもの」とせざるを得なかったのである。

そうして、こういう日本的「神々」の相対性とそれの手段性という特徴は、さらに立入って追跡して見ると、遂に神々の「不定性」とさらには「茫漠たる彼方への神の蒸発《ディスアピア》」という特質にまで到達する。そしてその「神」の存在の蒸発過程が明かになるにつれて逆に呪術的祭儀の具体的存在性がますます顕在化してくるのである。祭る相手が消え失せて祭る営みとその営みを行う具体的人格とだけが明かな輪廓をもって立ち現れてくる。「霊」の方は不定化して霊媒行為と霊媒者だけが強い存在性を帯びてくる。神々と「神代史」とが天皇と天皇の祭儀の単なる背景的手段となるという関係はここに至ってまことに明瞭となる。

では、その、天皇の霊媒者性と呪術的祭儀（霊媒行為）の存在性と神の蒸発過程とはどのようであったか。極く大まかに追ってみよう。

天皇は事ある毎に天神地祇を祭りその祭儀での卜占によってとるべき態度を問うた。彼は常に神々を「祀るもの」であった。しかし天皇によって「祀られている皇祖神」も又その神々の背後にある何かの神々を「祀るもの」に過ぎなかった。天照大神の「斎服殿」の物語は彼女におけるこの性格を示している。では、さらにその先のイザナギ・イザナミはどうであるか。彼等も又最初の「国生み」に失敗した時「天つ神」の何者かに指令を請うたのだ。そうしてしかもその「天つ神」は「布斗麻邇《フトマニ》爾《ニ》卜相《ウラナヒ》而」イザナギ・イザナミに指令を与えたのである。最後の神たる名前のない「天つ神」さえもが何ものかに向って占いの呪術的祀りを以て事を尋ねている。そうして最後の「天つ神」が誰に向って尋ねたのかはもはや分らない。ただ「太古」の呪儀を行ったということだけが明確なのである。かくて「天つ神」さえも又霊媒者であって神ではなかった。そして相手の霊の方は遂に蒸発して了った。溯った末に「天つ神」の名前がなくなって「天つ神」一般となった時、その「神」が「拝む」相手は存在性そのものを喪失する。一般名詞ですら表現されない。ここには「凡ての霊を信ずるな、その霊の神より出ずるか否かを試みよ」(ヨハネ第一書)とする精神はない。いや全く逆である。霊が特定化出来ないのだから諸霊の間を区別し検査することはむろん出来ない。それが出来るのは霊の上に或は外に絶対的な神が君臨する場合にだけ可能なのである。しかし此処では神の方が霊を「拝んで」いるのである。関係は逆である。だから諸霊を区別して精神世界を組織的に秩序づける過程は生ずる余地がない。此処で秩序付けが可能なのは霊の体系ではなくて呪術的祭儀の体系だけである。そうして祭司＝霊媒者は当然のことながら「此の世」の者である。呪儀の体系は現世的秩序に他ならず、その意味で政治秩序に過ぎない。天皇制の「祭政一致」とはそのようなものなのである。だから「政治」の観念と意識が自覚的に独立することはなくその意味で非政治的な秩序原理なのである。こうして、呪的祭儀の・政治的な・非政治的な現世的統合体としてだけ体系的秩序付けが生れる。

かくて和辻哲郎が肯定的意味をこめて定式化したことは、まさに逆の意味合いをこめる場合にも妥当する。彼は、この日本の天皇制的意識構造の中には遂に「究極者」はありえず、「神々」を追求すればする程その背後に又もや「不定の神」が立ち現れ、その過程の最後には茫漠たる何ものかに対する「占卜」の営みすなわち呪的祭祀があるだけであって、そこでは何が祭られているのか全く分らないような、いわばただの「祭祀」だけが極めて具体的な特定の形態を以て存在している、という関係を見事に把えている。和辻は云う。「神命の通路が極めて具体的に限定せられているに拘らず、その命令を発する神々が漠然として不定である」と。究極的規準をなすような定在はなく唯々媒介者と媒介の営みだけがはっきりしているのである。そうして神々を上へ上へと追跡した結果到達する最後の地点がもはや神のいないただの具体的な祭りの行為であることから、「祀られる神よりも祀る神の方が強い存在を持つ」という特質を発見し、そこから、「此の世」における祭祀共同体の長たる天皇の「神聖性」を説明したのであった。その相対的「神聖性」の形容矛盾を指摘することなく。*1

さてしかし具体的な祭祀の営みと、その継承それ自体だけが「確かなもの」として存在する社会では、祭祀の儀式或は占卜の方法・手続は存在するけれども、その儀礼や手続が「正しい」ものであるかどうかを問い直すことは原理的な形式においては行われえない。そこで問題になるのは、一定の呪卜の結果に従ってとられた行為が失敗に帰した場合その呪卜行為の間違いが指摘されてヨリ適当な呪卜手続が採られることになるということだけである。もちろん、呪卜に従わなかったために起る行為の失敗という例は多いが、それは呪術的祭儀の内部からその方法の正否を問うこととは全く無関係であって逆に既存の祭儀の権威をそのまま肯定するだけのことであるからここでは問題にならない。こうして、祭儀の方法・手続に関して起りうる内部からの疑問は、その時その時の具体的行為との関連でだけその都度生ずるだけであって、祭儀体系全体との関連でその体系を内側から揺がし、目的意識的にそれを変革するに至るであろうような問いかけ・解釈は生じない。そうした祭儀の体系自体に関わる疑問が内部から起るためには、当然、祭儀そのものを時・空を超えた究極的定点に対する手段として見る意識が存在していなければならない。「絶対者」に向う手段に過ぎないからこそ修正されうると考えられるのであり、同時に「絶対者」に向う手段だからこそ「間違っていてはならぬ」ものとしてつねに再検討され「正しく」保たなければならぬと考えられるのである。したがって「疑問」も「解釈」も「革新への意志」も真摯にして熾烈な関心によって徹底化される。（正統・異端の烈しい論争と異端の確信性とが発生する所以である。）ここでは具体的な経験的人格としての自己の現世的行為の成功・失敗が目的ではない。「絶対者」への「正しい」態度が問題なのである。かくて「呪術からの解放」（Entzauberung）という範疇によって象徴されている過程、すなわち「呪術」と「信仰」との架橋すべからざる断絶がこの点に至って明確となる。呪術と信仰とにおける目的の逆転。呪術の根本的な現世利益性と信仰の根本的な帰依性・超越性と、呪術に表れる人間のエゴイズムの近視性・外面性と信仰に表れる人間のエゴイズムの長期性（あの世での救い）・内面性と。それらの対照が明かであろう。（例えばR・R・マレット『宗教と呪術』The Threshold of Religion でもそれらのことが心理学的観点から見た相違としてよく書かれている。）

こうして天皇制の呪的祭儀のもとでは、相手が不定で漠然たるものであるからその相手に対する関係の仕方を原理的に規定することは出来ず、したがって祭儀の在り方の「正否」が体系的に問題になることはない。この場合に、「とるべき態度」として一般性をもって言明しうる教えは唯一つである。それは、「邪心を持つことなく素直な心をもって祭儀・占卜に接せよ」という主観的心情の態度についての教えである。これなら相手が何であろうと妥当する教えである。かくて天皇制的意識構造においては神の側に普遍性があるのではなくて逆に礼拝する者の自然心情の側に普遍的状態が要求される。伝統的な「清明心」の説はその結果である。かくて、国家官僚制が形成された段階で「国分寺」の体系を作って「鎮護国家仏教」への帰依を行った聖武天皇においてすら「冤を除き祥を祈るは、必ず幽冥に憑《よ》り、神を敬し仏を尊ぶは、清浄を先となす」とされたのである。「先ず」清浄が大切なのである（聖武天皇「敬神崇仏に就て七道諸国に下し給へる詔」、神亀二年七月、『続日本紀』[*2]）。そうして心情の素直さだけを教える教説は客観的な儀式の正否についての思索とは正反対のものである。前者は態度の自然だけを要求し後者は何よりも「真理に」合致しているかどうかを問題にする。したがって前者のケースでは罪ありとして「追放」されたスサノオノミコトでさえ「素直」であるが故に「愛すべき」存在となる。「追放」しながら何処かで「許して」いる。それは原理的な寛容ではなく、同時に原理的に追放したのでもない。存在を「許す」のではなく「追逐」するのであり、「対決」することなく「許容」する。其処にはドグマは決して生れない。だから又、「客観的」に妥当すべきであると「絶対的」に確信された規範体系にしたがって社会秩序を建設することも起りえない。ここで生じた呪的祭儀の体系は僅かに大嘗祭の如き「公的呪儀」（マリノッスキー）とカマド礼拝その他の私的呪儀の区別を生むに過ぎない。従って甚だ逆説的であるが、政治社会の統合にとって祭儀以上の規則の体系が必要となるや否や、そのために役立つ限りにおいて世界思想の諸体系がいとも簡単に受容される。「治国平天下」の教えである儒教はもとより仏教のような現世否定的な世界宗教ですらその観点からは受容を許される。かくて「国体の無限抱擁性」（丸山眞男『日本の思想』）と諸々の世界的思想体系の「雑居性」（丸山、同上）とか此の社会の特徴となる。しかし同時に受容された思想体系が一度び祭祀共同体としての国民的統一を打ちこわす可能性を持つものと判断されるやそれは直ちに「外教」・「他神」として異端視される。仏教受容をめぐる蘇我・物部の争いについての周知の物語はその傾向を象徴的に示している。その物語は、用明天皇が新嘗祭（恐らく践祚大嘗祭）を行ったその日に得病したということから、天皇は「朕、三宝に帰《よ》らむと思ふ。卿等議《はか》れ」と提議するに至り、それに対して物部・中臣が「何ぞ国神《くにつかみ》を背《そむ》きて、他神《あだしかみ》を敬《いや》びむ。由来、斯くの如き事を識《し》らず」といって反対し、蘇我は「詔に随ひて助け奉るべし。詎《たれ》か異なる計を生さむ」といって天皇に賛成した、という筋になっている（『日本書紀』用明紀）。ここでは、明かに、天皇制の伝統的な中心的祭儀である大嘗祭の権威が天皇自身の仏教帰依の意図によって危うくされている。そこにおける「究極的存在」が神ではなくて祭祀に他ならなかった天皇制において、その統合にとって中心的位置を占める祭儀（公的呪儀）の権威が貶しめられるとなっては、事は重大である。「国神に背きて」という言葉にはその危機感が籠められている。そうして、そういう風に、「国神」＝祭儀の統合体に「背く」ものとして機能する限りにおいて「他神」＝「外教」は排斥されるのである。「他神」だから悪いというのではない。それが祭儀統合体を危うくせずむしろ国家的統合を補助したり、或は純粋に氏族内部で礼拝されたり、更に個人の信仰であるに止まっている場合にはそれが天皇の信仰である場合にすら決して排斥されることはない。その例証は記紀の物語の中に多く存在する。のみならず後に「仏教」は国分寺の統合体系として現世的政治秩序の支柱とさえされたではないか。

かくして古典的な天皇制の意識形態のもとで起りうる異端は、呪的祭儀の統合体系の中でその中心を占める「公的呪儀」の権威性を脅かすものであることが明らかとなった。しかも原理的に脅かすものがすべて異端なのではない。超越者を規定しようとしない、いわば「思想的無関心」の社会では、思想それ自体の異端性が問題とはされない。具体的状況において具体的に「公的呪儀」の権威を貶す場合に始めて異端とされる。したがって第一に、「公的呪儀」に対しては、「氏族の呪儀」や「部落の呪術」や「個人の呪術」が「背く」場合には異端とされる。それは、例えば、蘇我氏の氏族祭儀としての仏教・部落共同体の祭・そこから出て来た土着的呪儀・個人間のブラックマジック等の処遇の移り変わりの中に見ることが出来る。だから又、氏族祭儀に対しても部落共同体に対しても又流浪する呪術者集団内部においても、それぞれの集団レベルでの「公的呪儀」を脅かすものはそれぞれの集団から異端とされる。

そうして第二に、「外教」(paganism)が天皇制の「公的呪儀」の権威を脅かすようになった場合には当然異端とされる。仏教の一つの場合はすでに述べた。

親鸞や道元の場合は述べなくても明らかであろう。現世的統治の学として重んぜられた儒教でさえ、徂徠学のように「祭儀」の権威よりも遥かに高い絶対的権威を「聖人の道」に公然と求めた場合には「異学の禁」に遭わねばならなかった。「切支丹」についても「キリスト教」についても「社会主義」についても「無政府主義」についても「共産主義」についても事情は同様である。そこでも、単にそれらの「異教」が受入れられたということだけでは、異端視されてもその程度は弱いが、一度びそれらが「天皇制」の権威・地方社会の祭儀の権威を脅かすようになるや否やそれら「異教」の徒は異端者とされる。河上肇が、その「学説」と思想を変えることとなくそれの「実践」のみを放棄すると宣言することによって釈放されるに至ったことは、他の理由（勅任教授であったこと等）も作用しているとはいえ、右のダイナミズムを象徴している。又、天皇制の特異性と日本におけるそれの中心的意味を説いた「講座派」マルクス主義の方が、天皇制を世界の君主制一般の中に解消して敢て問題とはしなかった「労農派」マルクス主義よりも、遥かに厳しく迫害されたということは、これ又「外国」ソ連との組織的結び付きといった理由が強く作用していたとはいえ、矢張り天皇制の下での異端が単に思想原理それ自体によるのではなくてその「公的呪儀」の権威を脅かす場合に生ずるという「法則性」を示す事実であろう。[*3]

そうしてこの異教の異端化は天皇制的意識構造の危機感の増大と相関的であるから、伝統的

「政治秩序」が安定している場合には、受容された世界諸宗教〈ならびに思想〉は、「ハイカラ」な異国の教えとして、或は珍重され、さらには尊敬されさえする。外国文化を先ず受入れることの出来る者が尊敬される教養人たる身分に属するという事情が、一層その現象を促進する。こうして異教の段階においては尊敬され奉られているものが、伝統的「政治秩序」の安定が崩れて流動的状況（いわゆる状況化）となり、伝統的意識構造からする危機感が亢進すると、異端となり、「非日本的なることを教える日本人」として批難・迫害される。したがって、一般社会人の意識の裡では「平時」における尊敬と羨望とが「非常時」における批難と迫害の中に混入せざるを得ず、そこで批難は、尊敬者に対する弱者の批難の場合に屢々生ずるところの、あの陰微にして「厭味」な「皮肉」の様相を帯び、迫害は羨望の対象に対する嫉妬を混えた意地悪い復讐の性格を持つに至る。そうしてこの特徴はますますフェアーな論理的対決の軌道を喪失させ、異端迫害の過程は規範の問題でも教義の問題でも呪的祭儀の問題でさえもなくなって、遂に極めて「人間臭い」社会心理学的過程となる。こうして天皇制社会はますます無思想社会となっていく。

第二節　「公的呪儀」を脅かすものとしての「呪術異端」——その原型と分極化過程

古典的な天皇制意識の統合体に対する異端の主要類型には、前節で見た「異教の異端化」と並んで、もう一つの類型として「公的呪儀」の権威性を脅かす「私的」呪術行為があった。というよりも、「公的呪儀」に挑戦する呪術がそのことによって始めて「私的呪術」とされ、「私的」な恣意であることによって異端とされるのである。異端の原始的形態は、本来東洋でも西洋でも、「個人の自発的な選択」を意味していたという事情から見れば、この呪術的異端は異端と呼ばれて少しも不思議ではない。しかし、ここでの特異性は、前述したように、呪儀によって統合されている社会はそこにおける全ての行為が「共同的」であると同時に「エゴイスティック」であり「公」は決して「私」から分離されることのない社会である、という点から生ずる。「公」はオオヤケであって私的な氏・家の「大なるもの」に過ぎず反対に氏・家も又「小なる公」であって決して私的個人の集合体ではない。そうして個人も又その背に「小なる公」と「大なる公」を背負っている。ここには「私」と向い合った「公」はない。だからここで「私」が発生するのは、公＝私の連続的系列体に背むく者が出現した場合においてであって、その背反者が個人であろうと集団であろうと構わない。その背反行為と背反者がオオヤケ（公

＝私系列）を「私する」者となるのである。当然したがって、公＝私系列の中心的頂点に立つ天皇の行動様式・呪儀の権威を冒すものが「私的行為」の極まれる者となる。

「勝手に神の意志を忖度する者」が「私的選択」をなす異端なのではなく「勝手に天皇の風儀を自ら行う者」が異端（ハイレシス）なのである。同様にして、「勝手に村の祭儀をとり行う者」は私的選択をなす異端となる。共同体が決めた祭の日でない時に祭の「行事」を行うもの、「行事」の内容を勝手に変更するもの。これらはすべて異端者たらざるを得ない。だから、伝統的芸術の中に出現する最大の「悪者」は、時として、「天子の風にふるまい」、「祭のミコシのように」荒ぶる姿を示すことによって、その「悪者」としてのイメージを観衆に与える。それは古典的天皇制における異端の存在形態を反映しているであろう。次の例を見よ。「菅原伝授手習鑑」において、「勅命」によって筆道の「奥義」を伝受すべく七日の「潔斎」を行い、「学問所」の「注連」（しめ）の下で、「神道」の呪儀に忠実な所行を行う、忠臣菅丞相（菅原道真）を陥入れて流罪にさせた「悪役」藤原時平はどのように行動する者であったか。彼は私的呪儀の実行者として公的呪儀の秩序に対する攪乱的行動者であった。

「ヤア面倒な畜生めと、軛《くびき》を放せば一散に牛は離れて、馳け行く。車の内ゆるぐと見えしが、御簾（みす）も飾りも踏み折り〳〵踏み破り、顕はれ出でたる時平の大臣（おとど）、金巾子（きんこじ）の冠を着し天子にかはらぬその粧ひ、赫々たる面色にて、ヤア牛扶持くらふ青蠅めら、轅（ながえ）にとまつて邪魔ひろがば、轍（わだち）にかけて敷殺せ。ヤアさ言ふ大臣を敷殺さんと、二人（梅王桜丸）が力に車を宙だめ、……ここを先途と揉合ひしは、祭の神輿に異ならず」（広末保『もう一つの日本美』より引用。岩波、日本古典文学大系『文楽浄瑠璃集』ではこのところの文章は少々異っている）。

ここに見られる牛車の「御簾」も「飾り」も天皇制的祭儀の道具であることは断るまでもない。それらを時平は二度までも「踏み破り」その上さらに「踏み折」って飛び出して来るのである。しかもその時平の姿たるや「天子にかはらぬ粧ひ」をしている。そして彼の家来が相手と「車」をもみ合うその様は「祭のミコシ」を操るのと「異ならない」のである。「神道の密儀」に何処までも忠実にふるまって「勅命」を奉じようとする菅原は、「公」＝「私」連続の呪儀系列の統合体に忠誠なるものであるが、それを陥入れる時平は、「御簾」を蹂躙し「牛」をとき放って祭儀・行事の「座」と秩序を破壊しながら、自分勝手に「天皇の粧い」をもって現われ、時ならぬ共同体の「祭のミコシ」をいとも恣意的に指揮しているのである。広末保氏はその時平の姿を「呪術的な陰性の悪」と呼んで、日本の伝統芸術の中にあるそうした「悪」のイメージを「勧善懲悪的な共同体道徳」への否定運動として把えた。時平のこの姿に「陰性」を感ずることは出来ないけれども、とにかくそれは日本の伝統芸術を把え直す秀れた観点の提出である。そうしてその説明は一面において明らかに正しい。

とくに江戸時代の儒教的道徳規範が浸透していた社会の場合にはまさしく大切な一面において当っている。しかし広末氏によって見過ごされているのは、時平の「呪術的悪」が究極のところで対抗しているものは単なる「勧善懲悪道徳」一般ではなくてまさにそれ自身が「呪術の祭儀体系」に他ならないという点である。ただ菅丞相に典型化されているその神道的呪儀の体系は、時平的な呪儀の私的使用に対して「公的呪儀」として統合化され、したがって社会道徳と化し、いわば「呪術の合理化」されたものとして儒教的「秩序の合理主義」と癒着していたものなのである。そうしてこの点が我々の問題関心からは重要なのである。すなわち時平は天皇制的「呪儀の体系」の中に発生する異端なのであった。彼は呪儀の全体系を外側から根柢的に否定するものではない。むしろ逆に呪儀に依存している。ただ「私的」目的で「恣意的に」呪儀を行っていることによって異端なのである。彼は裸の「物理的な力」だけに依る反逆者ではない。また、「呪術からの解放」を内面的に敢行して現世を超えた原理に仕えようとする者でもない。すなわち天皇制に対する「異教」の徒ではない。したがって「異教」の社会的定着とそれの「異端」への転化という思想のレベルでのダイナミズムはここでは自働的には生じない。しかし、「異教」の立場からこの伝統的な「異端」を歴史的に再解釈して、「異教」を単なる「外教」（輸入思想）たらしめないで日本社会に定着させるための契機（手掛り）としてこの「異端」を活用することは可能である。（広末氏の業績はまさにその点を狙っている。）その場合には、一層、右に述べた呪術的異端の異端性すなわち正統的呪儀の全体系に対する根柢的な否定ではないという点への配慮が必要となるであろう。ミイラ取りは自らは決してミイラにならないことによってのみミイラ取りたりうるのである。[*4]

時平のイメージに見られた呪儀体系内の異端は、「呪術の合理化」が一段と飛躍して儒教の受容のもとに日本的国家官僚制の「儀礼＝規則＝分限階層」として確立すると、両極に分解する。一つは、呪儀体系の世襲的「酋長」たる天皇の血統系譜の「恣意的な僭称」となり、今一つは官僚制的儀礼体系（そこでは儀礼は同時に政治的規則でもある）に対して民間で「勝手に怪力乱神を信ずる行為」となる。いわば呪儀体系内の異端の存在形態そのものが頂点と底辺とに両極分解して時平における如き包括性（「天子」の風を粧い、同時に「祭のミコシ」をも「使用」する）を失うのである。前者の場合に「正閏論争」が現れ、さらにその戯画的形態として「熊沢天皇」が生れる。ここでは異端はもはや家の系図における「閏」であるに過ぎない。それはもう思想の問題ではなく「家族国家」の「家族」の部分に関する瑣末な争いである。後に恐らく述べるであろうが、全ゆる異端の正統に対する反抗過程において、抗争が一定段階に達するや否や、反抗の自己目的化が生じる。そこに至った時、正統・異端の争いは瑣末な末梢的問題にかかずらわるようになる。「原理への純粋性」をもって出発した異端はここに至って末期症状を呈し、思想的にも組織的にも生産性を喪い、単なる「反抗者」以外の何ものでもなくなる。同時に正統はこの時単なる政治的統制者に過ぎなくなる。この傾向性を私は正統・異端の瑣末主義化傾向（trivialization）と呼ぶ。そうして右に見た天皇家の「系図争い」は天皇制的異端の瑣末主義化に他ならない。それは「家」内部の問題に過ぎないが故に、異端一般の瑣末主義化の中にあっても極端に末梢的である。

天皇制それ自体の無思想性が異端のレベルにおいて顕現しているものといわねばならないであろう。そして我々は他家の「プライバシー」には立入る興味を持たないから、それの社会的・「公的」機能の特質を見た以上取り急ぎ次に移るべきである。

呪儀異端における両極分解の他の一極は、一言にして言えば社会における「百鬼夜行」であった。無関連な諸種雑多の諸霊すなわち『天神地祇』を祭儀によって統合している天皇制が呪儀的統合に加えるに「律令的」官僚制統合をもって「秩序の合理化」を確立した時、政治的・経済的・社会的諸契機の一寸した不安定はつねに呪術的諸霊信仰の統合をも揺がすに至る。先ず儒教の「鬼神」を嫌う「合理主義」が伝来の呪術的諸霊信仰を「遠ざけ」、そのことが逆に国家官僚制への何らかの不満を容易に呪術信仰へとおもむかせる。「怪異の事は、聖人語らず。妖言の罪は、法制軽きにあらず。而も諸国、民の狂言を信じ、言上すること寔に繁し。或は言、国家に及び、或は妄に禍福を陳《の》ぶ。法を敗り紀《のり》を乱すこと、斯《これ》より甚しきはなし。自今以後、百姓輙《もっぱ》ら託宣を称する者あらば、男女を論ぜず、事に随ひて科決せん」（嵯峨天皇「妄に託宣を称するを禁ずるの勅」、弘仁三年九月、『日本後紀』）といった禁令は珍らしい事例ではない。[5] ここでは、様々の「地祇」が分解して独り歩きを始めている。

「怪力乱神」がそれぞれにそれぞれの場所で勝手に祈禱され始める。国家儀礼と共同体祭事の外でそれは行われ次第に統合体内部に浸透しそれを蚕食する。

それは、「天神地祇」に万遍なく尊敬を払う天皇制統合のオーソドキシーに対して、紛れもなく、「天神地祇」の一端をのみ勝手に取り出すところの異端であった。しかし同時にそれは、時平のイメージに見られたような、天皇制体系全体にとって替りかねまじき包括性を持つものではない。どこまでも諸霊の中の一つにしがみつくものであった。そのことによって国家統合を解体させる機能を持つものであった。したがって、この異端の諸型態は「天神地祇」の数が何百とあるのに対応して殆んど無数の型をもって存在する。「霊の合理化」を行わなかった天皇制においては異端の数も又規定不可能にまで無限大となる。

いわば異端も又「合理化」されないのである。これらの諸霊信仰それ自体の経験的研究が個別例の発掘・記述の無限過程となって中々体系的な構築性を持ち得ないことの一つの理由はここにあるだろう。「呪術研究」と「神学」との重要な差異がここにある。そうして「民間信仰研究」のこうした特徴そのものが逆に天皇制「精神構造」の特質を示す一つの資料でもある。

（未完）

＊1　和辻哲郎は、霊媒者＝霊媒行為の霊そのものに対する優位という天皇制『精神』の特質を見事に把えたにもかかわらず、それを価値的に肯定しようとしたために、論理的矛盾に逆に陥っている。すなわち、彼は日本の「神」が「不定」なるものであって従って決して「究極者」ではないという点を強調しながら、最後にはそういう「不定性」すなわち「対象的」に「限定」しないことを以て「絶対者に対する態度としてはまことに正しいのである」（『尊皇思想とその伝統』四四頁）と述べたのである。「神」を「絶対者」として規定しないという特徴を指摘しながらその特徴が「絶対者に対する態度」として「正しい」とは何たる矛盾であろうか。「絶対者」がないところにどうして「絶対者に対する態度」がありえようか。この和辻の論理の運びの中には、何時の間にか、「絶対者」とは対象規定的な人知の及ばないものであるという正に絶対者の規定＝定義に他ならぬものが忍び込まされている。「無規定」ということと「凡ゆる規定を超越している」と規定することとは全く質的に異るのである。

この両者をそれこそ無規定的に連続させたことによって、究極的絶対者を設定しない精神構造を「絶対者に対する正しい態度」と結論付けたのである。したがって、この論理的矛盾は無自覚の欺瞞なのである。そうしてこの欺瞞によってのみ和辻は天皇制のイデオローグとなり軍国体制の知的支柱となった。この微細な論理的誤謬のもつ巨大な意味を把えていない点において、著名なベラーの和辻論は迫力《ダイナミズム》を欠いている。微妙なところに大きな転向の鍵の一つが秘められている、という点への注意を欠くとき思想史研究はともすれば図式的類型主義に堕する。

＊2 『続日本紀』の本文は次の通りである。

「冤を除き祥を祈るは、必ず幽冥に憑り、神を敬し仏を尊ぶは、清浄を先となす。今聞く、諸国神祇社の内に、多く穢晃あり、及た雑畜を放てりと。敬神の礼豈是の如くならむや。宜しく国司長官自ら幣帛を執り、慎みて清掃を致し、常に歳事となすべし。又、諸の寺院の限は、勤めて掃浄を加へよ、仍ち僧尼をして金光明経を読ましむ。若し此の経なき者は、便ち最勝王経を転じ、国家をして平安ならしめよ。」

＊3 しかし、例えばヨーロッパ中世のローマ教会においても、屢々、単に異端的思想を抱いているだけでは異端とはされず、それが教会の「公的教義」の権威を脅かし、そのことによって教会組織を危くする場合特に組織的分離（Schism）に迄発展した場合に始めて異端とされるという「法則性」は存在する。（cf. J. Joll, Anarchism, introduction, and Dunham, Heroes and Heretics, Chap. 5.）

では日本の場合と何処が決定的に異るのか。第一に、異端者の正統意識である。これについては既に述べた。第二に、異端思想が教会組織の「政治的考慮」から迫害されない場合でもそれが異端であるかないかは思想のレベルで既に自他共に対して明らかである。異端思想の判定のためには「実践」を待つまでもない。何故なら正統は堅固な教義体系を明示しているからである。ここが「非キリスト的なることを教えるキリスト者」たる「教義」異端と「非日本的」や「非米的」なるが故に異端とされる「国粋」的異端との差異である。そうして第三に、異教が異端と同一視されることは原理的にはありえない。

右に見た共通の「法則性」はここでは異端の単なる顕在化過程であるのに、天皇制社会においてはその「法則性」は既に見たように異教の異端への転化過程として現われる。

＊4　広末氏の業績『もう一つの日本美』は、ここに引用した藤原時平のイメージの分析だけではなくて「遊行芸能民」に担われた祟りの霊が共同体秩序と共同体道徳を脅かし支配しながら流動する過程を伝統芸術の中から抽出し、それが最後に「祭り捨てられる」過程をも見事にとり出している。望むらくは、比較軸（引照規準）を抽象的な『村落共同体的勧善懲悪道徳』だけに一元化しないで、もっと多角的に引照されるよう期待したい。例えば、荻生徂徠の『政談』において、如何に「遊行民」が幕藩構造そのものにとって重要な脅威として扱われていたか、といった点。又、一概に社会の「善悪観」といっても、それは儒教内部でも様々な体系的差異がありその体系間の転換がまさに社会の精神構造変革を意味する場合さえあったのである。儒教においてすら然り、いわんや世界宗教の場合には尚更のことである。仏教が親鸞を生み、切支丹が大衆的思想運動を生んだことは周知である。呪的異端のそれらとの関係は一体何であったのか。

＊5　その早い例は、聖武天皇（第四十五代）の「異端妖術を禁ずるの勅」（天平元年四月、『続日本紀』）であろう。

「内外の文武百官、及び天下の百姓、異端を学習し、幻術を蓄積し、厭魅《えふみ》呪咀《じゅそ》、百物を害傷する者あらば、首は斬し、従は流せん。如《も》し山林に停住し、伴《いつ》はりて仏法を道《い》ひ、自ら教化を作し、伝習して業を授け、書符に封印して、薬を合せて毒を造り、万方《まんほう》に恠《かい》を作し、勅禁に違犯せん者有らば、罪も亦此の如し。其の詭書《くわしょ》に妖《まど》はされし者は、勅出で丶以後五十日内に首《しゅ》し訖《おは》れ。若し限内に首せず、後に糺告を被る者あらば、首従を問はず、皆咸《みなみな》配流せん。其の糺告人には、絹三十疋を賞し、便ち罪家を徴せん。」

(註?) しかし後者のケースでは「追放」は「絶対者」に関する「真理」に反したものに向けられるから一度びそれと決定されるなら心情の如何によって許されたりはしない。むしろその場合には屢々心情の素直さすらもが悪魔に魅せられた結果であるとされる。だがこのケースにあっては他面において「神」は全ゆる個人に対する普遍的な救い主であるから、異端の被疑者に対しても出来る限り、救い道を発見して「異端なり」とする最後的な決定を避けようとする。宗教裁判における煩わしいまでの細い手続きの判定はそれを物語っている。そうして、その配慮と手続にもかかわらず遂に異端の説を曲げることなくむしろ教会制度の側の教説を「誤れる」ものだと断乎として批判する者に対しては (以下欠)

或る生の姿、或は範疇の混同

アイン・レーベンスビルト

新井白石のお父さんは七十五歳の時チフスか何かの熱病にかかって死にかけたが、その激しい病気の間中看病する奥さんにも背中を向けたきりで顔も見せず一言も物言わなかった。幸運にもこの重病が治った後に、奥さんがその理由を尋ねたところ「自分は今まで生涯苦しそうな顔を人に見せたことは一度もなかった。しかし今度の熱病で頭が割れるように痛くて本当に苦しかったので、従来どおり苦しげな姿を見せないためにはうしろ向きになるにしくはないと思ったんだよ。それに、よく聞くことだが熱が高いとウワ言など言って口外すべきでないことを口走ってしまったりすることがあるので、そういうことのないためには、要するに一言も口をきかないのがよろしい、と思ってああしたまでだ」と答えたそうである。読むだに忍耐力不足の我身が恥かしくなる話である。そうしてさらに、最近浮かれている「評論家」が、大量販売の「公け」の場で主情的に音《ネ》を上げることを以て「主体的」な態度であると思い込んでいるかのように見えるほどにまでストリップ・スタイルに浸っている文化傾向を眼にする時、『折たく柴の記』の冒頭の一文の意味についてその一面だけでも考えておきたいと思うのもまた当然ではないか。

「むかし人は、いふべきことあればうちいひて、その余《よ》はみだりにものいはず、いふべき事をも、いかにもことば多からで、其義を尽したりけり」と白石は書きはじめた。彼は、それだからこそ親父やお祖父さんの頃のことが細かくはわからなくて困るので、自分は今のうちに書き残して置くのだというのだが、筆者の考えるところでは、そこには親父の属する「むかし人」に対する尊敬と批判と両方がある。その両面の歴史的意義についてはもちろんここでは省略するが、当面、大事であってかつ確かなことは、「言うべきことを、言葉多からで、其義を尽して」言う時、そこに、概念の形式があり、具体的多様を鮮かに輪郭づけて表現する要約があり、そこにこそ生きた抽象が存在する、ということである。それと較べて、こんにち流行の「評論家」諸氏の多くにおける抽象的言葉はなんと背後の具体性を欠いていることか。「異質なる空間」とか「位相の交錯」とか「可逆的関係」とかといった「言葉」がやたらにたくさん並びながらその間にびらびらした飾り言葉がぎっしり詰められている。その文章の中には事柄の姿や関連や局面が鮮明に構成されているのではない。書き手の実感が簡明に表現されているのでもない。ただ不安感や恐怖感や心の昂《たかぶ》りやらだけが表白されている。実感ではなくて逆に何の実感もないことからくるイライラや焦燥や昂進やらが極端に理屈っぽく吐き出されている。

かくて抽象語は事柄に立向った記号でもなく自己の心を客観化する道具でもなくてただ心理的充実を何とかしてそれによって獲ようとする呪術的象徴となる。それは、あたかも原始社会がそのままで高度の技術を採り入れた時そこの原始性が超モダンな技術や品物や消費風俗を通して現れ出るように、呪術的心理のはたらきが超モダンな翻訳抽象語を通して吐き出されているものなのである。そして、それが一つの呪物である以上当然に独り歩きをしはじめ、意味のわからぬ終りなき演説が生れる。「言葉多くして其義を尽さざること」甚しくなる。すなわち、抽象が多様な具体的諸規定の総括でないからかえって「定義なき抽象語」の無限の分列行進が始まる。永久革命ではなくて永久演説が起る所以はここにある。その結果、ご当人自身にとってさえ、言葉の空疎感は避けがたくなり、いきおい思考の軽視が瀰漫し、したがって思考をくぐらない行動への欲望が抑えがたい勢いをもって蓄積してくる。心理的血圧の上昇である。心理的充実を獲えようとして言葉の呪術的使用に頼った結果は逆に心理的不安定の一層の倍増であった。この血圧上昇の結果起る脳溢血は、「打毀し」から「セックス」にまでいたるさまざまな方向に、つまり、無方向に噴出する。その際どんなに大声で政治的イデオロギーを叫ぼうとそれはむしろその噴出の口実としてはたらいているだけである。これは直接的行動にはちがいないが直接民主主義や非暴力抵抗の直接行動とはちがう。一定の目標に立向う、深く内面化された方向性によって自己の行動を形式づける自己制御力の存否が、ただの直接行動とあとの二つのような一定の直接行動とを決定的に分っている。水は分水嶺の細い尾根筋を境としてついには反対の方に流れ出す。これは忘れてならぬ自然の理ではなかろうか。

こうして、主情的態度と主体的態度、個人の実感と呪術的心理、事柄に立向う批判精神と昂奮を追い求めるヒ弱い精神、等々の一連の対抗範疇が混同されてしまっている今日の文化状況が見えてくるであろう。すでにすぐれた魯迅研究者の紹介によって「絶望の虚妄なること」が教えられていることを想起することもなく、「絶望」という言葉の呪物に頼ることによって無差別な「狂気乱舞」を自他に許している傾向は、一つには、右に見た範疇構造の取違えから生じている。そのことこそ文化的には絶望的状況以外の何ものでもない。

とすれば、建直すのに必要な最初のことは、毎日繰りかえされる散文的な日常の営みにどれほど緊張解除の危険が宿っていようとも、だからといっていとも容易にそれを取毀せるなどと思い上らぬことである。逆に、そうした危険を宿しているのは、日常の営みが我々の感覚よりも遙かにしぶとい存在であるが故にこそ、こちらの感覚的緊張の方が先に敗けて手を上げることになるからなんだという簡単な心理を銘記すべきである。だから、感覚的緊張に頼る安易な「日常性」への攻撃からは一時的遁走や瞬間的脱出、あるいはそれの連続は起り得ても「日常性」の構造に対する分析と批判は生れえない。すなわち思考におけるそれとの緊張は生れない。非日常的な瞬間を味わうだけならことは簡単である。断食すればよろしい。ただの感覚派は直ぐさま兜を脱いで何と日常的な食事は有難いことかと思い、一転して緊張解除の日常派になるかもしれない。それは私的領域において十分に誰にでもできるではないか。しかし社会的次元において現存の「日常性」を克服しようとするのならば、まず、日常性に耐えることができなければならぬ。日常への「埋没」と日常からの「瞬間的脱出」の両極的態度しかないのではとうてい「克服」は不可能であり、まして「変革」は望むべくもない。「改良」ももちろんできない。それに耐える時はじめて対決があり精神的対決のみがはじめてそれの構造的批判を生み出す。M・ウェーバーがその遺言にもひとしい晩年の講演の結語において力説したのはまさにそのことではなかったのか。日常的散文にさえ耐えることのできない「インテリ」が自己顕示のために「個性主義」となり、他人とは異る自己の存在感を「確認」したいがために異常「体験」を求めようとした哲学的態度を、「不毛なるもの」として厳しく批判したことを、今からでも良いから深く想い起したいものだ。そして、こうしたロマン的心理が当時の「サンジカリズム」の担い手の多くの中の内面的動機となっていたことをもって彼らの精神的脆弱さの現れとし、そこには決して人間の尊厳を保ちうる将来はないということを一生懸命に説いた所以を、私たちは考えるべきではなかろうか。そうして、こうした点を説きかつその態度をもって生きた人は日本にもいたし、また今もいる。その生き方から我々は如何に学ぼうとするのか。

1969. 12

情熱的懐疑家

死はすべての個人にとって確実に来るものであり同時にいつ いかにして来るかはまったく不確かなものである。もしすべての人に対して同時に死がやって来たら人類は滅ぶ。人類が生存しつづけられるのはこの確実な死がばらばらにやって来ることによる。個々の死の間の時間的ずれが生存を支えている。「死者の時」の不確実性が人類生存の基礎的条件である。その点で、不確かさへの確信をもっていつもファナティシズムと戦ったラッセルはやはり人類にとって大切な人だったように思う。彼にとっては、水爆は「死者の時」の不確実性を取払って万人に平等な「死者の時」を与えるからこそ人類の敵なのではなかったろうか？

彼にとって、死は「人格」という「事件」集合体の「解散」だった。彼が何回も経験した「いまはの際《きわ》」においていつも示した死の観方はそれであったという。「人格というものは、クリケットのクラブのような集合体あるいは組織なんです。私はMCCといった特定のクリケットクラブの解散を受入れることができます。」こうして死が「事柄チーム」の解散だとすると、生は逆に「事柄チーム」の編成であるはずである。そして事柄を組織化していくことこそはあらゆる「仕事」に共通な特徴だろうと思われる。だから人生は一つの仕事だ。ラッセルが「私は仕事をしながら死にたい」と言ったのもむべなるかなだと思う。けれども宇宙に内在してはたらいているアプリオリな正義の原理などというものはなく、むしろ「宇宙はほんとうに不当なんです」から、当然、人生という仕事のなかではいろいろな突拍子《とっぴょうし》もない「事」が起ってくる。そこでこれらを含めてもろもろの「事柄」を「意味の世界」へと編成していくためにはある基本信条が必要になる。「多少ともまともな生活信条はまず苛酷で不愉快な真実を認識するということから始まらねばならぬ」という彼の信念が生れる所以であろう。「秘訣はこの世の中がつらい、つらい、つらい、という事実を直視することだ。この事実を深く感得しなければならぬので、それを払い除けてはだめだ。ここのところで感じとらねばだめだ」と彼は語ったという。その「感得」が深ければそこから快活さが逆に生れてくる、と彼は考え、そういうふうに事実生き抜いたようだ。波瀾万丈の生涯にあって彼が勇気と快活さを失わなかったのはひとえに「自分自身を憐まなかった」からだといわれる。そして「宇宙に内在するアプリオリな正義」のないことの自覚が深かったがゆえに、そこから人間にとっての正義が追求されそのための闘いが生れた。

不確かさに対する注目がかえって人類の生存や自由の確保のための果敢な戦いを支えている

という点、そしてまた「この世のつらさへの直面」から積極的な生を帰結するという点、などはいずれも、アラン・ウッドの名付けた「消極的な方法によって積極的な成果に達するラッセル的手法」を示しているように思う。残念ながら、この手法こそわが日本の一般的状態が最も不得意とするものである。「積極的な姿勢と方法によって消極的な成果に到達する」ことなら私たちはそんなに下手ではない。しかしその逆はあまり上手でない。

九七歳の、しかも世界中の尊敬を集めた「老偉人」が亡くなったからといって、「記念」の一文を書いたりすることは、必ずしもよい趣味ではない。ラッセルも「偉人というのはみんな悪漢だと自分は思っていたから、この頃は鏡を見るたびに自分に悪相が現れてきてやしないかと思ってしげしげのぞき込むんだぜ」ともちろん冗談に言っていたらしい。けれども彼の死はやはり何かを象徴している。一言ではとうてい言えないが、世界中の政治権力を相手どって世界人民のために渡り合うことのできる世界的知的権威がなくなったということだろうか。ラッセル・アインシュタイン声明、さらにキューバの危機やベトナム戦争やチェコ侵略の折の彼を思い起せば誰しもそう思うだろう。まことに彼は科学技術時代の「望ましい法皇」のような感じだ。儀式も宗教ももったいぶりもすべて拒否したが、それなるがゆえにかえって現代の護民教皇のようになった。そうして、技術のレベルで「世界が一つ」となってこようとするときにあたって世界規模で統一的にはたらく知的・精神的権威がなくなったということは今日の世界の一つの逆説である。技術上の「輸出入」が多くなるにしたがってさまざまの「世界」——とりわけ技術的大国——の諸権力や諸ドグマは衝突・混乱を巻き起すであろうが、それらに同時に対抗する精神的権威は、ひとりの人格に象徴される形においては、ここに終りを告げたのかもしれない。しかしラッセルの死が「貴族的義務の精神」の終焉を意味するからといって、それがただちに自動的に人民の権利の上昇をもたらすなどともし思うとしたら、それはとんでもないドグマである。では問題はなんだろうか？

ラッセルがかつて書いた警句の一つは示唆的である。「人々に考えることを止めさせようと企てては決してなりません——なぜなら、この企ては成功するにきまっているから。」現に私たちの内部と周辺で成功している。

1970.3

一九三五年のコミンテルン大会に参加した各国共産党の数は、当時の国際連盟に加盟していた国の数を約三〇も上まわっていた。一九六九年の世界党会議に参加した各国共産党の数は、国際連合に加盟している国の数を約四〇も下まわっていた。すなわち、一九三五年においてはコミュニスト・インターナショナルのほうが国際連盟よりも世界的国際組織としての実質を持っていたし、一九六九年においてはソ連指導下の「コミュニスト・インターナショナル」は国連よりも世界組織としての組織力の点でずっと落ちている。想えば、一九三五年には「人民戦線」とか「統一戦線」とかの名で知られている実り豊かな政策が、国際的なファシズムの脅威を前にして、コミュニスト・インターナショナルによって提出された。一九六九年にはチェコ侵略の合理化と「勢力圏」の確保とがその会議の場で画策された。一九三五年には帝国主義の支配下に呻吟する「南」の諸地域を含めて世界中の知性の多くがコミンテルンに期待を寄せた。一九六九年には多くの「開発途上国」の知性はそれに参加することを拒んだ。このコントラストがいかなる経過といかなる諸要因によってもたらされたかはここでは探究できない。しかし、類似のコントラストが「アメリカ民主主義」についても存在していることは疑えない事実である。一九三五年にはナチスに迫われた多くの知識人が「アメリカ民主主義」の自由の中に受入れられた。そうして彼らが戦中戦後の米国における学問の発明者となり推進者となった。一九三五年には米国は大恐慌から生じた「貧しき人々の群」を救うべくニューディールの実行にとりかかっていた。だが一九六九年にはベトナムにおける罪悪戦争の「余殃」が蓄積して世界中から「アメリカ民主主義」はまやかしと見られるに至った。

そこで日本はといえば、ここでは「イズム」の超越性の自覚が伝統的に弱く、また「イズム」はいつも「外」からという伝統があるので、「外」で主要な大「イズム」がその価値を落すとなると、たちまちそれらの「イズム」の投売りと整理が起る。「イズム」の老舗における知的生産力の甚しい低下、それに伴って生ずるさまざまの即製「イズム」の多発ぶり、さらに、それらに対する反感のあまり、抽象的ないっさいの規制原理を、一斉に大整理しようとするストリップ・ショーの流行ぶりなどは、このことを物語っている。その結果の一つはもちろん精神的な裸体化である。そうしてもう一つの結果は、「外」からの借り着であった衣裳に倦きて「外」へのあこがれが消えるとともに裸体になった「自己」へのあこがれが発生することである。正確にいえばおそらく、俺はなんたる裸体美であろうかと自分で思いたいなあ、という自我の美的拡大へのあこがれなのであるから、それは自己へのあこがれというよりもむしろひよわい自己が求める自己陶酔へのあこがれにすぎない。不満足な自己を直視することができないから自己陶酔へのあこがれが生ずる。そこでそのロマン主義的あこがれは、ときとしてヒステリーを伴う。そうして日本の文化的「ナショナリズム」は今まで大体いつもこの形で興って来た。

　しかし、きわめてあたりまえのことだが、価値の暴落を来しているのは規制原理一般ではない。特定の一、二の「イズム」にすぎぬ。しかも共産主義それ自体でも民主主義それ自体でもない。一つの特定社会においてそれらが具体化されたにすぎない。「価値」と「使用価値」とは混同しなくても済むはずである。別の具体的形態を考え出せばよい。その点で危機はいつも或る意味では好機である。そうして一つの形式を形成するには何事によらず練習と段取りと作業と比較参照とが不可欠である。疑う者は大工さんに聞いてみればよい。練習をしたことがなくて段取りもせず作業もせず比較参照もしない大工に家を建てることができるかと。家を建てることは多くの機能を一定の空間に統合して形成することだから、大工さんの経験はおそらく参考になるはずである。無からの創造は神の独占物であるかぎり、人間の行う創造は「糟粕を嘗める」ところから出発せねばならぬ。故にかつて成島柳北は、「儒学ハ陳腐ニシテ用フルニ足ラズ仏教ハ妄誕ニシテ取ルニ足ラズ理学ハ学者ノ事業ノミ詩章ハ閑人ノ玩具ノミ洋教ハ外国ノ教法ノミト彼ヲ棄テ此ヲ斥ケ徒ラニ大言空論シテ更ニ一事一業ニ勉励スル無ク其好ム所ノ者ハ妾ニ非レハ妓酒ニアラザレバ財ノミ」といったふうの「豪傑輩」に対し、「糟粕ヲ嘗メル」ことを薦めて次のように言ったのである。「試ニ天地開闢以来ヲ見ヨ又試ニ全地球上ヲ見ヨ物トシテ糟粕ナラザル無ク人トシテ糟粕ヲ嘗メザル者無シ」と。人間の創造はそこから起る。

精神的裸体に開き直ったところでそこからは何かを作る仕事は決して生れない。内面化された規制原理によって自己を形成しないときには秩序は必ず外的強制によってまさに外から押しつぶされる。

1970.4

五人の都市

一、序

岩波講座「現代都市政策」が評判になっている。

しかし都市というものは一体ギリギリのところ最少限何人で成り立つものであろうか。日本では戦前以来人口何万以上を市というような「市町村制」があって、それに対して大して疑問も起こらないで今日に至っているようである。英語でアーバナイゼイションなどと呼ばれる社会全般の「都市化現象」が進行して「生活様式」はすっかり変わり同時にいろいろな周知の大問題を多岐にわたって生み落し、文明のあるべき形態についても更めて考えなければならないような事態になっても、それでもなお「都市はギリギリのところ最少限何人で成り立つか」というような最も基礎的な設問が交わされるのを私は寡聞にして聞いていないのである。

本当に都市は最少限何人で成り立つのであろうか。表題通り五人なのである。そういったのは勿論私ではない。こういう素朴極りない設問とこういう仰天すべき答えとのコントラストをもって人を啓発することが出来るのは並々ならぬ精神の持主でなければ不可能な筈である。私はそういう精神を好みはするけれども到底及ぶ所でないことも又明瞭なのである。都市は最少限五人で成り立つといったのは昔も昔も大昔のソクラテスであった。昔の事だから今の役には立たないなどという単純進化論は止めた方がよいだろうと思う。何故か、ということは現物を見れば一目瞭然である。

二、思考の基本

ソクラテス
「では我々は一つの都市を、初めのところから脳裏に（言葉の上で――とも訳されるがそこに重要な意味があることに留意しておきたい）建ててみよう。だがそれに根拠を与えるものは実に我々の必要なのです。」

アダイマントス
「疑いもございません。」

ソクラテス
「しかし、あらゆる必要の中で最初のそして最も大なるものは生存と生命のための食料の供給です。」

アダイマントス

「確かに。」

ソクラテス

「それから第二のものは住居の用意、第三のものは衣服及び之れに属するもののそれである。」

ソクラテス

「然らば一体、如何にすれば都市はかくの如き仕事に堪えうるであろうか。或る者は農夫に、他の者は建築師に、第三の者は織匠になること以外のことであろうか。或は、我々は同時に靴屋又はその他に、なお我々のフィジカルな必要を構ってくれる人を附け加えたいと思うだろうか。」

アダイマントス

「確かに。」

ソクラテス

「だからして、ぎりぎりの最も必要なものだけに局限された都市は、四、五人から成立する訳であろう。」

アダイマントス
「見受けるところどうもそうです。」
ソクラテス
「で、一歩を進めて……」

「対話」だなどと一般に言われているくせに、少くともここの部分では、話が一方通行すぎるのが少々気に喰わないところであって、職業としての教師かどうかを問わず凡そ訓え諭す役割を演ずる教育者というものが本来的に持っている特有の癖が既にこの本が編集された段階で現われていることは何とも無念至極という他なくて、こういう点を見ると「原罪」という考え方も確かに一定の動かし難い事実を基礎に持っているなあと思わざるをえないのだけれども、その大問題を今一応別にするならば、ここでソクラテス先生が展開している議論の道筋は、徹頭徹尾人間の社会生活における「基本的な必要」は何であるかというモチーフによって貫かれている点に先ず感心すべきではなかろうか。そういう風に考えることの結果として、都市は理念上第一次的には五人で成り立つというテーゼが生まれたのであった。
理念上などというと、直ぐさま、それは現実的必要を無視した「空想的シナリオ」のように思って軽蔑する習慣もあるのだけれども、そしてまた実際そういう種類の空想家もいるにはちがいないのだが、しかしそれはどうも話の順序が逆らしいという事がこの例からもうかがえる。基本的必要が何であるかに注目の規準を決めてそれに従って考えて行った時に始めて具体的姿を持った理念すなわち生きた理念に到着するのだ、ということをこの位分り易く示している例も珍しい。こういう例を見ると、唯物論者マルクスがどうして例の人間と蜂のちがいについて述べたくだりで人間は予め理念上の構想を持つことが出来るなどと言ったのかもちゃんと理解出来るではないか。そこの所でわざわざ上部構造の「反作用」などを持ち出して下手な小理屈をこねまわす必要はさらさらないのだ。つまりマルクスに即してみれば唯物論的に考えるからこそ理念的形象に到達できるというのであって、彼は唯物論であるけれども理念の意味を知っていたのではないのだ。ソクラテスにおいて「エレメンタリーな必要」と素朴に呼ばれていたものが、神学の形而上学やドイツ観念論の講壇哲学と対抗して壮大な体系を構成したマルクスにおいては「マテリアリスムス」という風な衝撃力のある標札に集約しなければならなかったのだ、といった事情を念頭に置かない位なら、古典を読んで見ても大して身にはつかないのではなかろうか。思考の基本法則に忠実であるという点では両者ともまことに共通しているのだ。

三、「ない」の発見

何が初歩的（エレメンタリー）で基本的（ベイシック）な必要であるかにいつも注目して考

えるということは、何が初歩的でなく又基本的でない「必要」であるかをきちんと見分けて区別していくことである。

考えてみると、思考の基本で大事なのは恐らくこの「ない」の発見とその区別だろうと思う。社会でも作品でも人間でもそれを判断する際に、「あれをした」「これを言った」ということだけが取沙汰されているうちにいつの間にかその「あれ・これ」が唯一の「規準」のように思い込まれて了い易いのだけれども、「何をしないか」「何を言わないか」を発見しないことにはその社会やその作品やその人間の意味を判断することなど出来はしないのだ。現に、私たちは大事な約束を人とする場合には「どんなことがあってもこの約束を破るようなことはしない」とか「口が割けてもこれは言わない」とか言うではないか。そしてその「ない」を実行すればこれは全くポジの表面的世界には永久に姿を現わさない行為となるのだ。その行為が殆ど一番難しい行為に属するものであることは数々の経験が立証して余りあるところだろう。この一番実行困難な行為、したがって行為の中の行為、意志の強力な支えをもって展開される行為、つまり最も厳格な意味における行為は、表面的世界の底に深く隠されて「目にはさやかに見えぬ」ものとなっているのである。社会にしても人間にしても意志に基づいて営まれたその行為を見ないで判断出来るものではあるまい。とすると、判断に必要な作業はこの「ない」という行為の発見をもって眼目とするといっても大した言い過ぎにはならないだろう。

批判というのは実は山と積むことの出来る言動の中から「行為の中の行為」を探し出すために必要な手続きなのであって、それ以外の目的を持つものではない。史料批判などと銘打ってどれだけ沢山の史料を見たかを示す目的に従事するのなどは、批判という名前だけ残って批判の目的が途中で変質した一例であろう。もちろん史料批判がどう使われようと別に大した実害はないから、これはほんの比喩的な一例であって、問題は「目的の変質」という現象にある。多少衒学的になって恐縮の至りだけれどもドイツか何処かの学者がこの現象をHeterogonie der Zweckeとか名付けて範疇化したようであるが、まことにこの範疇は現代日本社会を蔽って浸透しつつある現象をぴたりと言い当てているのではあるまいか。銀行が銀行の名前のままで株屋になり不動産屋になり「運動」という名前の殺し屋が現れ「政党」という名前は直ちに金をかける「広告屋」を連想させる。

そこで私は、S・デ・グレージアやそれに追随する日本の学者などのように、「不確かさだけが確か」である現代社会の「流動性」がもたらす「不快感」などといった風の、言っても言わなくても同じような説明をする連中に対抗して、「銀行」とか「政党」とか「運動」とかについて、「名実分離」とそれへの反射として起こると考えられる「名分論」という、歴史的現象を槍玉に挙げることによって、この「目的の変質」過程の構造をからりと剔り出すような一篇の批判的エッセイを閑があれば書いてみたいものだと思ってさえいるのである。念のために敢て大言壮語させて頂くけれども、今迄「名分論」などを色々と議論しているものも、どれ一つとしてこういう「名前」というものの持つ社会的意味関連についてもさっぱり意識的な考察をしてはいないのだ。しかしこれを今直ぐ立入って述べるつもりはもちろんなく、失礼な言い草だが、そういう問題の所在を提出して気前よく研究者達にサービスしておけば私の意は足りるのである。天性卑屈なる私がこんなにまで云うのは、「高度成長」と呼ばれている史上始って以来の「膨脹と崩壊」の過程についてくっきりとその精神構造を明らかにしなければ何事も始まらないだろうという頑な偏見を私が持っているからに相違ない。

四、プライオリティーの感覚

えんえんと初歩的・基本的必要について述べ立てているからといって私は別に禁欲主義のすすめなどをしているのではない。「物断ち」のすすめなどは余程有り余ってやる事のない者のすることである。私が言おうとしているのは、第二次的「必要」が第一次的必要を押し潰し第三次的無駄がそれ以前の必要を絞め殺している顚倒した現状から脱却するには、思考方法の上では、いつも我々の第一次的必要を区別しておいて、それを冒さない条件と場において、第二次第三次の需要を満たすということを考えなければなるまい、ということだけなのである。一言にして言えば共同生活についての必要のプライオリティーをその場その場その時その時に考える習慣をつけなくてはなるまいということに過ぎないのだ。そういう思考習慣を持ったものが三人集まればそこに三人の自治都市が生れる。但しその三人はなるべく異った学歴や職業と異った生活水準のものであることが望ましい。自分より貧乏な人間には貧乏人としての教養や芸術があることを知らなければ自由な自治は成立たないのだ。学歴社会の住人が忘れている教養が共同の必要について大胆率直に議論を闘わす精神的能力であり、芸術が一定の日のコンパに当って即座に展開される抱腹絶倒の批判的喜劇であることは又別に論じる機会があるかも知れない。

同様にして五人の都市は完全に存在しうる。実をいえば、ソクラテスの議論には少し厳密さを欠いている点があるのであって、正確には最少限都市は三人で成立つと彼は言わなければならなかったのだ。何故なら、彼より後のプラトンとアリストテレスが並んで歩いている絵をみれば、二人とも歴然と裸足《はだし》だったのだから、ソクラテスが「靴屋その他」といって二人の員数を無理に増やす必要はなかったのだ。彼もそれに気付いていてそれで「四、五人」という風に一寸ぼやかして言ったのではあるまいか。ひょっとしたら彼は、『饗宴』によってうかがえるように、凍てついた戦場でも平気で裸足で駈けまわって毛皮を足にまかずには居られなかった兵士から随分恨まれた程の厚い足の裏の持ち主であったから、そのことを深く恥ずる余り一般市民のために靴を基本的な必需品に入れたのかも知れない。かくして三人の都市以上に容易に五人の都市は理念上存在できるのである。そこでの基本徳目はもちろん同じであって「必要」なるものの相互的供給ということである。

そうだとすれば、別にとりたてて、今流行のハンナ・アレントのように公的世界が啓示力を失った「無世界状態」の下では「友情」が人間の生活を支えるなどと派手なことを言わなくてもよいのだ。ナチの追及を逃れて才気だけを頼りにしながら「女一人大地を行った」彼女の場合にはそれはリアリティーを持っているけれども、今日の日本の「いい男」がそんなセリフを吐かなくてもよいだろう。生活を支える必要があるのなら五人の自治都市を作ればよい。その都市は理念上の都市だとはいえそれは基本的必要に根差した生きた理念都市である限りにおいて、顚倒した都市すなわち市場の集合（重商主義の都）の内にあってそれに抵抗する力をいくらかは持っているかも知れないのだ。或はひょっとしたら再形成の力を持つに至るかも知れない。ただ私はそこまで約束する気にはとてもなれないけれども。

さあ、今や枚数超過も甚だしい。そこへ突然ソフィストの反論が飛び込んで来た。さっきの引用箇所でソクラテスが一人で誠しやかに訓諭していたのに腹を立てて死んでいた筈の智慧の道化師が息を吹き返して来たのかも知れない。笑だけでなく立腹も又蘇生の力となるということを忘れていたのは全く不覚の至りというべきであろう。

五、ソフィストの反論

以上は、五人の都市に関するたった一つの片言隻句から如何にして「一本の矢」の如く長々と進み続けることが出来るかについての実験に過ぎない。しかしこの実験は私の「生存上の基本的必要」に忠実に従って考えた結果として生れたものであって、したがって、言葉の最も厳密なる意味において、実際とは遠い「理念上の試み」に過ぎないということになろうか？　少くとも「書評」には成れない。

1973. 1

雄弁と勘定

1

私は文章を書くことが余り好きではない。特に出版物に書くのは大嫌いだ。一見して明らかに印刷物過剰のこの時代に、どうしてわざわざ過剰に「加上」を加える必要があるのか。何処かで誰かが、世界各国の紙の消費量を比較して日本が第何位とかにあるということを指摘し、それによって日本の出版文化の盛大さを示そうとしているのを耳にして、「おやおや」と思ったものである。私には紙の消費量の厖大さは、直ぐさまヘドロ公害その他を連想させるのであって、したがって、印刷物の多さもまた、狭い道路に氾濫している凶器としての自動車と同様に、必要度を超えた無駄が如何に我々の生存にとって有害であるかを想い出させるのだ。出版文化の問題どころかそれ以前に生活問題が「その底のここには」存在しているのだ。

それ程までに嫌いな文章を何故今さら書こうとするのか。答えは簡単明瞭すぎて貧弱だ。つまりはそれをもって暮らしの足しにしようという魂胆なのである。まことに馬鹿々々しい限りである。しかしもう少しましな理由もあるにはある。私の偏見によれば、今日の日本は学芸の精神的水準が底抜けに低下して了って、そのつまらなさは明治以後でも最高を記録しているのではないかとさえ思われる程だ。批評の衰弱は特にはなはだしい。新聞は情報提供という面では進んでいるけれども、れっきとした「批評家」の書く「論壇時評」なども、ほとんど読む必要を感じさせない。しかしその俎上にのる総合雑誌も新聞の「詳しい解説」のような感じでさっぱり食欲をそそらない。つまり、新聞から雑誌までの「平準化」が貫徹したのである。「平準化」でもそれぞれが特徴をもって精神の位の高さを保つような「平準化」ならよいが、今の場合はどうもそれと反対のようだ。昔、トーマス・ホッブスが「混乱を起こすのに必要な唯一つの能力は、智慧を含まぬ雄弁である」と言ったことがあって、この近年は全くその通りだなあと思わせるようなことが相継いだものだが、しかし雑誌の場合も「混乱」の方は知らないけれども「智慧を含まぬ雄弁」という点では大した水準に行っているのではあるまいか。どうしてこんなになってしまったのかと考えると、選挙の結果が全体として多少予想以上に良かったからといって、痛快な事だから「ざまあ見ろ」と呟きながら晩酌ついでに一人で乾杯位は挙げるけれども、そう手放しで喜ぶわけにはいかないように思われてしようがないのだ。活発な批評精神が満ち溢れてないところには議会主義もいかなる種類の民主主義も育つ筈がないし育った験しもないからである。批評精神の喪失はただの暴力と結びつくかそうでなければ追随的態度にいくかどちらかである。ほんとうにどうしてこういうことになったのか。日本の「高度成長」というのは全く恐いものである。その関連の立入った説明が待たれているといわねばなるまい。

しかし、こういう状態の中ではどうすればよいかということについては私にもくだらないながら一つの案がある。だから下手な文章を好きでない場所に書くことにもなったのだ。その案というのは、すべての基礎的な事柄を一つ一つ人間にとっての必要という観点から検討するという平凡な思考の作業をやるべきではなかろうか、ということに過ぎない。基礎的な事柄の中にはもちろん人間感覚その他の諸能力も入っている。何事でも基礎的なものが根本なのであって、それをすっとばして「根源を問う」だとか何だとか言ったとて、それは『智慧を含まぬ雄弁』すなわち「騒ぎ」にしかならない。騒音はあり余って困っている筈だ。もっとも、智慧のなさについては私も人後に落ちないのだから、「基礎的」と言ったのは「初歩的」に訂正させて頂いて、一つの試みを述べてみようと思う。

2

例えば「知る」ということは一体どういうことであろうか。というようなことを言うとひどく「哲学青年」めいて聞こえるけれども、実は私は「哲学青年」などというものは到底信頼すべからざるものだと思っているのであって、その言葉を聞くと直ぐさま『ガリバー旅行記』における「ラピュータ島」の例の「夢想家」を想い出して、あの「フラッパー」のような「従者」が附いていて時々耳を引張ったりなんかして目を覚まさせて貰わないことには物が見えるようにはならないのではないかとさえ思う程なのである。つまり「哲学青年」という奴は物を見ないで勝手に「物想い」にふけっている者、すなわち物抜きでいるくせに、物について想っていると自分で錯覚している者のことを言う名前ではないか、というのが私の考えなのだ。だから「哲学青年」が何かをやらかそうとするととんでもない事をとんでもない方向に向かってとんでもないやり方でやって了ったり、虚ろな眼付きでウロウロしたりするわけなのである。物が見えないのだから、そうなるのは至極当然であって、その一例をもってしても、「物を見る」ということと「物想い」とが必ずしも同じものではないということは歴然としているのだけれども、「知る」ということも「印し」だとか「記す」だとかいった類語群があること――と私は素人の浅智慧で思っているのだが――を考えて見れば分かるように「物を見る」ことから発していることは極めて明らかであるのではなかろうか。この類語群の意味関連についてはもしはっきり分かったらそのうち「下手の手習い」の結果を報告するつもりだが、さしあたって今ここでは「知る」ということが「物を見る」ということとつながるものであって、それはしばしば「物想い」とはむしろ反対にさえなるのだという点に注目しておけばよいのだ。

しかし、「知る」ことにも少なくとも二通りはあって、両方とも必要なのだけれども、一定の条件の下ではその二つの知り方の間に大変なちがいが生まれるように思う。だれであったかよその国の或る文芸批評家で次のようなことを言った人がいた。「宿屋のオカミが或る泊まり客をどのようにもてなすべきかと考える場合に、その客のふところ具合を知る事も大事ではあるが、もっと大事なことは彼の哲学を知ることであり」、同様にして「敵と戦おうとする将軍にとって、敵の数を知ることも大切にはちがいないが、しかしもっと大切なことは敵の将軍の哲学を知ることだ」というのである。つまり、彼によれば、知っておく必要がある事柄には二通りのものがあって、極く普通の商売の場合であろうと非常の戦いの場合であろうと、およそ他人と接する場合には、相手がどういう「正しさ」についての感覚を持っているか、どういう物の感じ方や考え方の持主であるか、といった種類の事柄を知ることが一番必要なことであって、ふところ具合を推し測ったり、敵の数を計算したりするだけで対処の仕方を決めるのと較べると、それははなはだ迂遠であるように見えるかも知れないが、本当は一番重要なだけでなく「実際的」でもあるというのだ。私もこの点に関する限り彼の言う通りではなかろうかと思う。この場合ちょっと注意しておかなくてはならないことは、この引用文の中でその文芸批評家が挙げている例が一つは「宿屋」か「貸家」かであり、もう一つは「敵」と戦おうとする

「将軍」であって、両方に共通している点が明らかに意識された上でそれとなく並べられていることであろう。と、まあ私は読むのだけれども、その私の読みに間違いがなければ両方の例に共通している特徴はどちらも自分と利害の反する全く「見知らぬ相手」と相対しているということだ。少しばかり逆説めいて恐縮至極だが「見知らぬ相手」と対し合っているからこそ相手の「哲学」を「知る」ことが大事になって来るのだと私は考えているのである。そうしなければ相手が見えないからである。私も「他者の理解」というようなことを一般原理風によく言ったりしたものだけれども「対して」いないところにはそんなものが出て来るわけはないのだ。それに、一般原理という形で指摘するのは、比較的易しいのだが表面に出ない形で表わされている文書の中にその具体的な姿を見て取ることは、これもそれ程むつかしい事ではないとはいえ、いくらかの訓練された眼と物に即した読みの想像力とを必要とするのではあるまいか。いわんや本当に「敵」と対決して、「妨害情報」やそれに対して反射的に生じる「陰謀説的考え方」その他の内外両面にわたる精神的障害を自力で払い落とし、相手の「哲学」を手に取るように見て取るためにはどれだけの鍛練と苦い経験と「高い精神」を必要とするか、簡単には想像出来ない筈である。ファン・バン・ドンが「我々は爆弾の下にいるのではなく爆弾に立向かっているのだ、これは哲学である」という時、爆弾の下で逃げ回った経験しか持たない私達には「分かった」などと偉そうなことはとても言えない「何か」がそこには在るのだ。それは

「正しさ」の感覚を中心に持った相当大きな世界であることには間違いない。しかし私達の中に、何でも分かったような顔をする学歴社会特有の「知ったかぶり」がある限り、人間の運命を左右するかも知れない存在について、具体的な姿において知ることはとても出来っこないだろう。「知らない」ことの自覚がないところにはそもそも『知ろう』とする意欲が起こらないからである。このことは「隣国」についての私達の無知についても同様である。

いろいろと考えた結果をふり返って見ると「知る」ということには確かに二通りあって、一方は「計算」ばかりする方でそれによって分かるのは「ふところ具合」と「頭数」なのだが、人間が見えるというわけにはいかない。計算の結果見えるのは数字だけだ。利害必ずしも相反しない同じような連中が揃っている場合ならそれだけで大体のことは足りるのだけれども、「見知らぬ相手」と対し合うことになると計算だけでは何も出来ない。相手の感受性や考え方をちゃんと見なくては駄目なのだ。そうでなければ肝心の点をお留守にすることになり易いからである。日本の社会がどうしてこんな勘定ばかりする「計算社会」になったかといえば、一つの理由は日本が「見知らぬ者」の相対し合う社会ではなくて同じような者が相集まってお互いに初めから「分かり合おう」とするような社会であって、言ってみれば「白明性の領域」を出来るだけ大きくしようとする傾向がいつも内部にはたらいている社会であり、従って「数える」だけで大体のことは片付くものだから、現代資本主義の機械導入とともに「計算」の方だけが異常に能率を上げる結果となったという点にあるのではなかろうか。計算主義だけになってしまえば「何が知るべき大事なことであるか」を見極める比重感覚が失われて来るのはかなり簡単だ。利益数量の「成長」が価値とされるのだから、「正しさ」とか「真なるもの」とかいった中心価値が隅の方へ押しやられてしまうからである。それは精神的世界の腐朽である。

3

初めに私は、自由活発な批評精神の衰弱した社会にはどんな種類の民主主義も育たないと言ったけれども、また比重の感覚が物を見る場合に必要不可欠だと言ったけれども、さらに「見知らぬ」ものを知ろうとする精神的視覚が必要だとも言ったけれども、実は日ごろから私は、ある社会がどれだけ自発的な精神的働きを持っているかを示す一つの大事な目安（つまり精神的レベルにおいてある社会の自由な民主性の度合いを示す一つの目盛り）は、その社会とは異なった所で人間全体の運命を決めるような出来事が起こった場合に、その出来事の構造を内側から生きた姿においてしっかりととらえて記述する人がどれだけその社会から生み出されるか、ということだろうと思っている。

いま二十世紀だけについて見れば、ロシア革命をその生きた姿において世界中の人間に「見える」ように「知らせ」たのはジョン・リードその他であった。中国革命を世界のだれもが知らなかった時にその本当の姿をありありと描いて「見せた」のはエドガー・スノーその他であった。残念ながら日本からはそういう人は現われなかった。戦前の日本の支配体系の下では現われる余地がなかったのだ。日本の最良の人はそういう支配体系と闘うことに全精神を投入した。そして世界における日本資本主義の特性を明らかにした。

では、その支配体系が粉砕された戦後においてはどうか。朝鮮戦争について、キューバ革命について、リードやスノーのような人は出たか。残念ながら出なかった。ベトナム革命・ベトナム戦争についてはどうか。、二の人が出た。しかし存在の内的構造を「知らせ」られるという点では、口惜しいけれど、フランスやその他の社会の何人かの人にまだ遠く及ばないように思う。私は、戦前に日本の支配体系と闘った人をほとんど無条件に尊敬するし戦後にベトナムの状態を報告してくれた人々にももちろん敬意を払っているけれども、日本社会としてはその精神的局面での自由な民主性という点でまだ相当未熟なのだ、と考えないわけにはいかない。その精神的未熟の上に「新重商主義」の「高度成長」がもたらした精神的腐朽が重なって来たのだ。

未熟のままで腐朽すればそれは奇妙な立枯れである。現代日本社会の精神構造が、この「未熟」と「腐朽」との奇妙な結合だということは肝に銘じておくべきことのように思われる。何故かというと何人も此処に生きている以上その構造からアプリオリに自由であることは出来ないからである。精神の「腐朽」を抑えて「未熟」を「成熟」へと進めなければならぬ、という課題を自分の中に負っているのだ。それは単純な二重性ではない。「抑える」という力と「進める」という力は逆方向の力なのだ。腐朽に対しては前者を、未熟に対しては後者を同時に、しかも「来る日も毎日朝から晩まで」不断に自分の内で働かせていなければならないのだ。そうでなければ「新重商主義」が生み出して来る「計算主義」に対抗して視覚的感受性を備えた「理性」と「判断力」を成熟させることはできないのだ。

1973.1

「飢譜」讃——主義とは何かについての徹底的考察

なくなった花田清輝が一九四〇年つまり昭和十五年に「飢譜」というエッセイを書いている。彼は、そこで、「真のエピキュリアンとして」飢餓の人間にもたらす様々の反応を自ら身を以て実証的に考察し、読者にも又そうするように薦めている。例によって、時代に対する辛辣な諷刺と卓抜な想像力と豊富な学識とを鮮やかに駆使しながら、日本の総力戦国家が飢餓人種つまり無産者を続々と作りつつある状態を示唆し、それに対してどういう姿勢と精神をこちら側が備えるべきであるか、という事をクッキリと描き出して余す所がない。戦後の運動の展開への予見と指針を昭和十五年にかくも見事に形象化した作品を不幸にして私は他に知らない。何しろ、当時の記録類を見れば明らかなように日本中に量産された国家主義の文献が紙屑の渦を巻いていただけでなく、左翼の側の書くものと言えば「転向上中書」という敗北宣言か、硬直した「不動」ばかりであったのだ。——その事が余儀ない事情によるものであったことは重々考慮しなければならないけれども。そういう状態の時にこの「飢譜」が書かれたのであった。

別に「恋愛小説の汎濫」に比して「飢餓小説というやつ」が余りに「寥々」としている不公平な「小説界」の実情に立腹して書いたわけでは必ずしもない、という事はその時代状勢を考えれば明らかであろう。むしろ、あえてその例を以て言い現わすなら、この時代のメソメソベタベタした「恋愛小説的空気の汎濫」に対して、エピクロス的に、「空っぽの胃袋」のような明るい大きな目を以て対決した所にこの作品の根本的モチーフがあろう。全く、その明るさは、当時の社会的暗さの全部と対峙しうる程に、ケタ外れに大きな明るさであった。昔の人が「心眼空闊」といった奴だ。と思って、その作品の中で言及されている人名と書名を見ると、作者の精神と「社会状勢」とのコントラストは明瞭過ぎるほど明瞭であって、さすがの無感動な私も少々万感胸に迫る思いがする。「引用」されている名前は、ファルグ、に始まって『ドイツ・イデオロギー』(これが書名だけになっていて著者名を省略している所に注意すべきであろう)、ジイド(これについては言う必要はなかろう、本格的なエピキュリアンの姿を示すために出て来たに決まっている)、ハムスン(こいつの「飢え」だけを、しかも批判的にだけ使って「土の祝福」などには目もくれなかった所に注意すべきではなかろうか)、セミョーノフ(これを当時こんなに深く紹介したとは驚異だ)、パブロフ(こいつから条件反射の方ではなくて無条件反射の方を取り出しているところが心憎い)、チャップリン「ゴールド・ラッシュ」(あの雞をここに登場させるとは、さすがに鮮やかな飢餓に関する国際的感覚である)、といった具合なのである。

しかし、私が今「飢譜」を取り上げたのは、別に、当時の社会状勢との関連を深く問題にしようとしたためでは必ずしもない。現に、「故事新編」ということもあるのだから、三十数年前の作品に今日に対する精神的指針がないということはなかろう。とくに花田清輝の如き「ルネッサンス人」は――長谷川四郎の解釈によれば「普遍的人間」を絶えず問題にして来た人は――どういう時に書いたどの作品においても、どこかにキラリと光る普遍的価値を忍び込ませているものだ。「飢譜」において、彼は、「僕等は飢餓を――飢餓そのものを享楽主義者として研究しなければならん」と言って、腹が減ってくると途端に「意気地なく哀れっぽく」なる奴や「武士は食わねど」などと豪語して「肩肱はる」ような連中を軽く一蹴しながら、ハムスンによれば「ノールウェイ人は空腹になるとカンナ屑を食べ」、セミョーノフによると「ロシア人は煉瓦を食べる」ようだ、と冗談を飛ばす事によって悲劇小説を一気鮮明に喜劇的設定の中に置き換え、そうしておいて、さて「食うものがなくなると、日本人はいったいなにを食うか。これは興味のある題目である。僕自身は――僕自身に関する限りは、むろん、何んにも食わん。僕は飢餓を愛する！」と誇り高く宣言した。「私は享楽主義者として飢えを愛している」と言う時、其処には、『復興期の精神』において自分の肉体の中心を惜し気もなく「犬にくれてやった」花田清輝が歴然として存在していた。それも泰然自若たるユーモアをもって。「真のエピキュリアンとして飢餓を研究する」と彼が言う時、其処には『自明の理』において「演繹合理的であるよりも実証的であること」を大切だとした彼の思考法が物の見事に貫徹していた。

が、それにしても、私はどうして彼がその作品の中で一回だけ使った「真のエピキュリアン」という文句にこだわるのであろうか。思うに、その場合の「真の」という奴が大事なのであろう。「真の」は当然「インチキの」の存在を前提とする。そこで考えて見ると「真のエピキュリアン」というものは、放って置いても享楽の対象となるような物ばかり探して来てはそれを享受する者のことではない筈だ。もしそうなら、金持ちは大方――特別の「守銭奴」を除いて――そして金持ちだけがエピキュリアンであることになるではないか。苦痛をも――苦痛そのものをもそれとして楽しむのでなければ「真のエピキュリアン」ではない。いや、主義者としての方法意識を持っているエピキュリアンは、天下万物の中で一番享受しにくい物を――つまり苦痛中の苦痛を――享受するのでなければ、自分の主義を完全に実行しているとは言えないのだ。したがって、エピキュリアンに優劣の順序をつけるのならば、享楽物を享楽する度合いに眼をつけていてはいけない。反対に、享楽物以外の物、出来れば苦痛を莞爾として享楽する、その度合いでもって測らなければならないわけだ。

とすれば、「主義」だとか「方法的意識」だとか、口では山ほど言えるけれども、そういうものの性質はどんなものなのか、「主義」や「方法」を精神の動きの中に実現していくということは一体どういう事であるのかを、花田清輝ほどにまで徹底して、その上具体的な形象をもって示した職業的学芸人は他には余りいないだろう。だから、だからこそ私は花田清輝を敬愛するのだ。彼が「飢譜」の中で「断食坊主」を目して「あいつらは敵だ。泰然自若みたいではあるが、彼等は飢餓に愛情を持っているのではなく、ひたすらこれを無視しようと努めているに過ぎない」という意味のことを言って批判したのも又――戦争中の「断食坊主」のイデオロギー的位置に対する戦いという面を今かりに除外すれば――享楽物以外のものを避けて、それを無視する事によって、此の世で「大物顔」をしているような傾向に対する痛烈な批評ではなかろうか。そうして、セミョーノフが戦時共産主義下の飢餓をハムスンのように一人ぼっちの飢えの「研究」としてではなく、小なりと雖も社会的な「家族」の飢餓現象として取り扱った点に注目しながら、その社会的方向を飛躍的に拡大して行こうではないか、と彼が呼びかけた時、その眼にはハッキリと戦後の日本の具体的な姿が見えていたにちがいないのだ。小林秀雄の好きな「見え過ぎる眼」のような骨董屋風のチマチマした細い目とは全然反対の、焦点深度の深い「遠望のきく大きな目」がそこには在った。それは一九四〇年の事であった。彼の年齢は三十一歳位であったろうか。一方でファナティシズムが他方で小心翼々が社会を覆っていた時の事であった。

ひるがえって、今はどうか。「迫り来る大破綻」の予感は全体に行き渡り、ファナティックな妖気も又各所に散見する。それに反対する者も、大概は、多かれ少なかれ、私の言う「放って置いても楽しいものに決まっている物だけを追求する金持ち的享楽派――すなわち享楽主義では絶対にありえないもの――である」に過ぎない、のではなかろうか。とすれば、苦痛面を通じて享楽するのと同じ型の運動の精神は――対立面を通じて結合し合う運動の精神は、依然として一層必要ではないか。左伝にいわく「妖怪は人に由りて起こる」と。

1974. 10

著者寸評

発表直後にハムスンについて触れたカッコの中の所の書き方について龍沢武の批判を得た。私が、ハムスン（こいつについては何も知らない、何たる無学文盲無知蒙昧）、と書いていたのに対して龍沢武は、そういう言い方では言外の意味を表わしたことにならぬではないか、と批判した。全くその通りだ。言外の意味の表わし方は中々むつかしい。そこで其処の所を右のように改めた。（全体については彼は少々過分に褒めてくれた）。

私は文芸批評などをやろうというつもりはさらさらないから、このエッセイも精神史に焦点を当てた思想史学上の一文として書いている。（一九七五年二月）

Ⅲ

或る喪失の経験——隠れん坊の精神史

はじめに

路地で子供の隠れん坊遊びを見掛けなくなってから既に時久しい。おおよそもう十五年以上にもなるであろうか。時代が変って遊戯の種類の体系が変化してしまったことにもよるのであろうが、そればかりではなく、路という路に自動車が走り込んで傍若無人の疾駆をほしいままにしていることが大きな原因の一つであろうと思われる。というよりむしろ、現代日本の時代の変貌の方向や在り方を典型的に示しているのが、この自動車の無差別侵入という事態なのであって、そういう変化の仕方の結果、遊戯の体系も根本的に変り果て、路上の隠れん坊も眼界から消えてなくなったのであろう。むろんここで言う路とは「畿内七道」などという道とは全く違う。そういう国家制度上の「公道」や今日で言う「ハイ‐ウェイ」なら馬車が通ろうと牛車が通ろうと大名行列が通ろうとトラックが走ろうと自動車が跳びはねようと、空気の汚染と騒音の拡散さえ無かったとしたら、直接は私たちの知ったことではない。しかし路地はそれとは違う。路地は家の内部と出口入口を境にしてすぐ連続している親しい外の世界であり、人々が多目的に使う共同の空間である。それは役所的な意味においてではなくて私たちが其処で関係するという意味で公共空間である。その路地を「公道」なみに自動車が疾駆しているのが今日只今の我が社会的現状である。そしてそのお蔭をもって路地から隠れん坊が消えた。

たしかに、世界中に自動車を売りまくって稼いでいる国なのだから、その国内が自動車で満杯になっていてもそれは仕方のないことであるのかもしれない。販売合戦なるものが、どんなに荒んだものを内に含まざるをえないかということを、日常生活の傍らで多少とも垣間見ている者としては、世界中で繰り拡げている日本の販売作戦が品位のある公正な競争行動だなどとは到底信じ難いから、すさまじい販売作戦で稼ぎまくっている国ならそれ相当の天罰を蒙っても仕方がないとも思いはする。何かを獲ることとは別の何かを失うことだという費用の法則から言っても、「新重商主義」の荒稼ぎが払うべき犠牲はかなり大きいものになるのが当然であって、「成長経済」によって喪われたものは広く社会の各分野にわたって相当に深刻なものがあるはずである。入って来た金の額の増減にだけ気を取られないで、失われたものについての自覚をしっかりと持っていないと、金もうけだけは必要以上にしたけれどもその代り生き方についての価値や規準は無くなってしまって、何のための経済活動なのかその訳が分らなくなりかねない。それが新重商主義のニヒリズムなのである。そして生き方についての精神的骨格が無くなった社会状態は十分な意味ではもはや社会とは言い難い。一定の様式を持った生活の組織体ではないからである。それはむしろ社会の解体状態と言った方がいい姿なのである。そうして、そういう時にこそ得てして社会の外側から「生活に目標を」与えてやろうという素振りをもって「国家のため」という紛いの「価値」が横行し始める。そうなると社会の再生はひどく難しくなる。国家とは機械的な装置なのだから、「国家のために生活する」ということは即ち生活が機械的装置の末端機関と化すことを意味するだけである。生活組織と生活様式の独立性はここでは崩れ去る他ない。

そのような道への分岐点が、喪失の経験をおろそかにしてひたすら新重商主義の軌道を走り続けようとする態度の中に潜んでいるのだとすれば、私たちは如何にしても何が今日失われたものであるのかを根本的に確認しておかなければならないであろう。そうして、かつて路上で何時でも任意に繰り拡げられていた隠れん坊が、あれよあれよと言う間に消え失せてしまったこともまた、今日の喪失経験の小さな一例なのである。しかし小さな一例だからといってそれの含意する社会的精神的射程範囲が小さいとは限らない。

一

隠れん坊の鬼が当って、何十か数える間の眼かくしを終えた後、さて仲間どもを探そうと瞼をあけて振り返った時、僅か数十秒前とは打って変って目の前に突然開けている潭たる空白の経験を恐らく誰もが忘れてはいまい。仲間たち全員が隠れて仕舞うことは遊戯の約束として百も承知のことであるのに、それでもなお、人っ子一人いない空白の拡がりの中に突然一人ぼっちの自分が放り出されたように一瞬は感ずる。大人たちがその辺を歩いていても、それは世界外の存在であって路傍の石ころや木片と同じく社会の人ではない。眼に入るのはただ社会が無くなった素っからかんの拡がりだけである。そして、眼をつむっていたいくらかの間の目暗がりから明るい世界への急転が一層その突然の空白感を強めていることであろう。

かくて隠れん坊とは、急激な孤独の訪れ・一種の沙漠経験・社会の突然変異と凝縮された急転的時間の衝撃、といった一連の深刻な経験を、はしゃぎ廻っている陽気な活動の底でぼんやりとしかし確実に感じ取るように出来ている遊戯なのである。すなわち隠れん坊は、こうした一連の深刻な経験を抽象画のように単純化し、細部のごたごたした諸事情や諸感情をすっきりと切り落して、原始的な模型玩具の如き形にまで集約してそれ自身の中に埋め込んでいる遊戯なのであった。そうしてこの遊戯を繰り返すことを通して、遊戯者としての子供はそれと気附かない形で次第に心の底に一連の基本的経験に対する胎盤を形成していったことであろう。それは経験そのものでは決してないが、経験の小さな模型なのであり、その玩具的模型を持て遊ぶことを通して原物としての経験の持つ或る形質を身に受け入れたに違いない。

遊戯上のこの経験の核心の部分に影絵のように映っている「実物」は一体何か。すなわち隠れん坊の主題は何であるのか。窪田富男氏が訳業の労をとられたG・ロダーリの指摘に従って端的に言うならば、この遊戯的経験の芯に写っているものは「迷い子の経験」なのであり、自分独りだけが隔離された孤独の経験なのであり、社会から追放された流刑の経験なのであり、たった一人でさまよわねばならない彷徨の経験なのであり、人の住む社会の境を越えた所に拡がっている荒涼たる「森」や「海」を目当ても方角も分らぬままに何かのために行かねばならぬ旅の経験なのである。そして、そういう追放された彷徨の旅の世界が短い瞑目の後に突然訪れて来るところに、或る朝眠りから醒めると到来しているかもしれない日常的予想を遙かに超えた出来事の想像がその影を落している。それはほとんどカフカ的世界にまで通ずる或る可能的経験の暗示でさえある。

こうして「親指太郎」の世界と「隠れん坊」の世界とは全く同じ主題を持って対応しているのであった。違いは、一方が言葉で話され耳で聞く（或は読む）のに対して、他方は仲間と一緒に身体を使って行為することにあり、従ってまた一方が主として家の内部を場とするのに対して他方は外の行動的世界を場とする点で異なり、一方が多くの場合老人である一人の話し手を必要とするのに対して他方は同輩の集団だけを必要とする点で異なっていたに過ぎなかった。両者は同じ主題が形態を全く異にして現われたものに他ならなかった。遊戯としての「隠れん坊」は、聞き覚えた「おとぎ話」の寸劇的翻案なのであり、身体の行為で集団的に再話した「おとぎ話」なのであり、遊戯の形で演じられた「おとぎ話」の実践版なのであった。その「小演劇」が舞台装置や衣装や化粧や小道具やそして科白《せりふ》までを一切必要としていないところに、いかにも「おとぎ話」の実践版にふさわしい空想的想像力が現われていると言えるであろう。(「現代演劇」はおとぎ話の模倣である隠れん坊の、そのまた模倣なのであろうか！)

しかし他方、隠れん坊が模型化している一連の深刻な経験は、実際の事実世界における経験そのものから写し取ったものではない。それは「実物」でも「原物」でもなく、既に「おとぎ話」固有の或る構図の中で物語られ昇華されている経験からの写しであった。ここで私たちは、もう既に、「孤独な森の旅」や「追放された彷徨」や、そして一定の「眠り」の後に起こる「異変」や「別世界の事」どもを、子供に向って物語っている様々な「おとぎ話」や「昔話」の数々を想い起こしている筈である。先程来述べられたような「試煉」や「他界の経過」を経て、日常的予想を超えた在るべき結末（結婚）に到達することによって社会の中に更めて再生する物語りは、決して唯一つの表現形式に限られていないのだけれども、しかしその主題を子供の世界で展開するのは「おとぎ話」一つなのである。

しかも隠れん坊とおとぎ話におけるその主題の消化の仕方は絶対的な軽さを持っている。主題は先に挙げた一連の基本的経験であったがその深刻な経験の質料から来る重圧感はここにはない。煩雑な細密描写を全て削ぎ取って明快簡潔に構図（構造というより構図）を描き出すおとぎ話固有の方法が、経験の重量を消去してそのエキスを血清のように抽き出しているからでもあったが、それと同時にそのおとぎ話を台本とする寸劇が言葉の使用を徹底的に取り払うことによって、玩具的に簡略な即物性を倍加させたからでもあった。経験はここでは粘着的個性から解放されている。こうしておとぎ話が主題として語る経験は寸劇化されることによって一層重苦しさから解き放たれたエキスとなって、知らず識らずの間に血清として子供の心身の底深くに注ぎ込まれ蓄積されていく。将来訪れるであろう経験に対する胎盤がこのようにして抗体反応を起こすことなく形成されるのであった。

こうして見ると、家のすぐ外の路地で隠れん坊が行なわれていることが如何なる意味を持つかがいくらか分って来る筈である。家の中で聞いたおとぎ話の主題は（或は部屋の中で読んだおとぎ話の主題は）、隠れん坊に翻案して遊ぶことによって、「聞く」こと（或はそれに加えて「読む」こと）と「演ずる」こと、という次元を異にした二つの通路を通して心身の奥深くに受け入れられる。話を聞く際に受け取る抑揚や韻律の知覚、読む場合に自生的に起こる知的想像、無言演劇への翻案を通して滲み込む身体感官的な感得、それらが一体となって統合的に主題が消化されるのである。

経験が、前頭葉だけのものではなく身体だけのものでもなく感情だけのものでもなくて、心身全体の行なう物事との交渉である限り、心身一体の胎盤が備わっていないところには経験の育つ余地は先ずないと言ってよい。そういうところでは、経験となるべき場合においてさえ、そこから一回きりの衝撃体験だけを受け取ることになるであろう。だとすれば、おとぎ話と隠れん坊、話と遊戯の統合的対応が失われている状態を放置することは取りも直さず経験の消滅を促進することに他ならないであろう。

二

おとぎ話と隠れん坊の世界が映写しているものは、肉臭を去った経験の「粋」であり質料から解放された経験の「形相」であった。それほどまでに純化された作品が、世界に股がる広い普及度と大衆性をもって存在して来たのである。誰が一体これを作ったのであるか。「作品あるところに作家あり」というのが分業制度の中で個性を競う社会の通念であるが、そういう通念の下にあるどんな「世界文学」の作者も到底及ぶことの出来ない世界性をおとぎ話やその遊戯的実践版は持っている。そして、その純化の徹底はいかなる専門作家の抽出力をも超え、その翻案の妙はどんな個人作家の変形力をも遥かに超えている。

おとぎ話と隠れん坊の作者は一体誰であるのか。「歴史」と答えるべきでもあり「社会」と答えるべきでもあろう。しかし、元々のその起源を年表や時刻表のように確かめようとすると、それは歴史の始めと共に杳として深い時間の淵の中に姿を隠すし、どこかの特定の社会に発祥の地を求めようとすると、それは漠としてあらゆるところに拡散する。すなわち、人間の社会の歴史の中に空気の如き普遍性をもって「作者」が住んでいて、それぞれの地域に特徴的な道具立てと仕草を持ちながら、しかも同じ主題を同じ構図で展開しているのが、おとぎ話と遊戯の世界なのである。

しかし遍在する神も時として具体的な形をとって社会的現象の中に姿を現わすものである。人間社会の歴史を通して遍在しているおとぎ話の「作者」もまた、有形の社会的行事として、あらゆる社会に長い歴史を通して繰り返し出現していた。成年式と呼ばれる社会の祭式がそれであった。「作者」の全身がそこに現われているというのではむろんない。しかし核心的な部分がその行事の中に先ず始めに現われていたことは、V・プロップの劃期的な分析を含む先学の諸研究から推しても、ほぼ間違いない。

その根拠の端し端しは色々な局面に見出すことが出来る。例えば、形態的に見ておとぎ話や隠れん坊が揺ぎのない明確な輪廓と型を持っているのも、一面では長年語り継がれるうちに固まって来た自然生成的結晶作用にもよるであろうが、それと同時に、恐らくは、歴史を通して繰り返されて来た社会的行事の「儀式的な型の尊重」がそこに刻印されているからでもあろう。また例えば、おとぎ話で三人の姫が次々と救出される場面は、進行形式について見ると、全く同じ経過が全く同じ語り口で三回繰り返されて、その繰り返しの「せり上がり」を通して次の転換への物語り上の潜在力が蓄積されて行くのだが、その紋切り型の活用の仕方の中には、野村泫氏が邦訳紹介の労をとられたM・リューティ氏の慧眼が見抜いているように、明かに「宗教的儀式」と同じ性質の方法が宿っている。読経や祝詞や頌歌についてそのような進行形式を私たちは百も知っている筈なのである。

このようにしながら、形態的局面でも話の進行形式の局面でも「祭式的」な型の刻印を見出すことは出来る。しかし、遙かに隔たりながらおとぎ話に対して形式的刻印を与えている「祭式」的なるものが、どうして特に成年式の通過儀礼であると言えるのか。粗っぽく言ってそれへの確かな答は主題にある。ほとんどのおとぎ話の主題は、幼少の者が様々な形での比喩的な死を経過した後に、更めて再生することによって、以前とは質的に違った新しい社会的形姿を獲得し、その象徴として結婚の成立や王位の獲得などが物語られるところにある。前節で述べた、一人ぼっちの旅や生死のかかる災厄などの一連の深刻な経験は、その比喩的な死を象徴し、その再生復活の過程に課せられる試煉を表現するものなのであった。この主題の筋道には、紛う方なく、通過儀礼としての成年式の意味する世界が、色々に変形されながら骨格において複写されている。骨格だけがいくつもの濾過装置を通して影絵のように写し出されているのである。

ではその元の成年式とはかつて何であったのか。どんな構造的骨格を持っていたのであるか。思えば、保護された幼少期の状態から、一人前の権利と義務を担った社会成員への移行は、人の生涯における一大飛躍であった。地続きの歩みとは違って飛び越える事が持つ不安と期待と決断と等々がそこに群れるのは当然であった。しかしそれだけではない。成年への移行は、社会の側から見れば、新たな成員を加え、従って旧い成員を削除して行なわれる新たな社会構成への更新であった。それは老人の隠居とも連動する社会の大きな出来事であった。かくして成年式は人々の変身であると共に家長の変更でもあり同時に社会全体の更新でもあって、この三重の更生が交錯し合っているところにその意味の重大さが潜んでいた。家の秩序も社会の構成も新しい成人の飛躍なしには更まることが出来ないし、新しい成人の誕生は社会構成の変更がなければ成り立たない。そして家長の更新が行なわれなければ成人候補は一軒前の市民権を持った社会成員になりえないし、老人の隠居もまた不可能になってしまう。すなわち社会構成も新たまらない。今日の「成人の日」とは違って、かつての成年式は社会全体の根柢的な再生産を担った大事なのであった。

そして社会構成の更新を代表的に示すものは、酋長や棟梁や要するにその社会の王たるものの更新であった。かくて典型的な成年式け、その核心に、王の成年式を、すなわち即位式を含まざるをえなかった。

そして首長の即位式が社会そのものの更新を典型的に象徴するものである以上、その典型的な成年式は社会の生産的土台の更新とも連動せざるをえなかった。かくて収穫祭と、新たな生産過程の始まりの行事とがその成年式に結びついてくる。それは同時に年の更新を意味する季節祭でもあった。そこでは社会の自然的宇宙に対する関係さえもが更新するのである。

成年式はかくの如く、人々の生まれ変り・家の再生・社会と政治秩序の更新から、生産過程の区切り・自然世界との関係の更新にまで及ぶ、全体的で大規模な劃期なのであった。一介の成年式が持つ意味の世界は、かくも広くかつ深い連動を呼び起こすものであったとすれば、そこに社会にとって最も大切な様々の行事が発生するのは必然であった。その更新の実質は社会の客観的構造として見れば、人と年が変るだけの単純再生産に過ぎなかったけれども、そこに生きる人間にとってはその社会の人と年が変ることは文字通り「星霜移り人は去る」事を意味するのであって、悲歌調とは限らない「隔世の感」がそこに出現し、晴れがましい「来世」への期待や安らかな「前世」への思い出などが一挙にそこに湧出する。それらを含めて社会の前途があらゆる面で「予祝」され祈願されねばならなかった。

こうして成年式のまわりには社会の信仰が結集し、社会の技能と芸能がそこに集中して、祈りや占いや昔語りや回顧が相共にその時その場で繰り拡げられることになる。社会の更新は象徴の世界では「世界の始め」の訪れであるから、そこには人類と世界の起源を現わす神々のドラマとしての神話が語られることになるであろう。この世の再生と大地の復活を呼び起こす芸が展開されることにもなるであろう。そしてそれらとの連環の中で王や新成員の誕生祭式が行なわれた筈である。

その誕生は赤子の誕生とは違って無からの産出ではない。それは、繰り返しになるが、社会的形姿における生まれ変りに他ならない。生まれ変りは当然それ以前の姿の死を経過しなければならない。その死は、一つの社会的存在形式の死である限り、既に言ったように比喩的な死なのであり、それが比喩である以上様々な形をとって表現されうるものであった。或は「眠る」ことを以て、或は「籠る」ことを以て、或は「行方不明」になることを以て表わし、それらを通して「他界」への旅を象徴することが出来た。しかし「他界」への旅は通常の旅行ではない。それはこの世ならぬ出来事を潜らねばならない。だからこそ異変や災厄や苦難を示す劇的な所作が演じられねばならなかった筈なのであった。

こうして成年への転期は単なる年齢的時期区分ではなく、また単なる発達心理学的な成長段階の移行でもなく、この世とあの世の往復を含む規模壮大な「世界の転換」として劃期づけられたのである。そしてその世界転換を経過することが市民権獲得に際して通過しなければならぬ試煉なのであった。その世界転換とその試煉とが象徴的な行事で表現されるとすれば、そこに多くの劇的な物語りが生まれるのは至極く当然であった。此の世ならぬ試煉に際して、或は超人的活躍でもって切り抜ける英雄の物語りが、或は思いも寄らぬ救いの手を差し伸べてくれる動物や妖精や小人たちの物語りが、そしてまた婚姻にまつわる笑劇的な物語りが、そうした様々な型の物語りや芝居的所作が世界転換としての成年式に際して群生したのであった。そうしてそこに、おとぎ話と隠れん坊の世界の遠い祖型があった。歴史は何回もの改版を行なって換骨奪胎しながらも或る始源の形を伝えるものである。そこに時々の変化を超えた「存在」があるのかも知れない。

三

成年式についての話がついつい如何にも体系的な説明のようなものになってしまったのは、私としてもいささか心外であった。もっと飛躍を含んだ端的な断片で言い得て短く走り切るのでなければ、私にとってのあるべき姿には程遠いのだけれども、もう致し方なくこのまま進行を急ごうと思う。要するに、おとぎ話の遙かなる背後には成年式の社会史的経験があって、それは神話と英雄物語から動物譚や笑劇などにまでおよぶいくつもの型の物語りの構造的塊りを包み込んでいたのであった。

その構造的塊りから神話の持つ聖なる性格が抜け落ち、英雄物語が持つ悲劇的葛藤が脱落し、「よばい」をめぐる笑劇の喜劇的爆笑性もまた洗い去られた時、そこに恐らくはおとぎ話の世界が生まれ出たであろう。「おとぎ話は神話の零落した形である」という先学の指摘はその辺の事情を鋭く衝くものであるに違いない。しかしおとぎ話は、神話的世界の持つ神聖さから脱出しているだけではなくて、その対極にある無礼講のどんちゃん騒ぎからも離脱している筈である。世界は少くとも二極を必要とするが、聖なる儀式の世界を一つの構造的世界として成り立たしめている「もう一本の柱」は、聖性の対極に位置する「直会《なおらい》」であり祝祭的「饗宴」であった。おとぎ話はその両極からはずれることによって、神話的世界からの構造的脱却を果したところにのみ生まれた筈である。

現におとぎ話に登場する者は、奇蹟を働く者といえども聖なる神々しさなどは附与されてはいない。しかしだからと言って、神話の零落形態にふさわしい「落魄せる神々」の相貌を持つものでも決してない。それは天照大神でもなければ餓鬼阿弥でもないのである。そこに宿っている切絵細工のような透明さは、神々の権威とも落ちた偶像の凄惨さとも無縁である。それだけではない。おとぎ話に登場する滑稽な道化者も、その相貌には烏滸《おこ》の者特有の嘲笑を買う表情を備えているわけではなく、またそこに登場する邪悪なる悪役も、悪者に特有の憎悪を掻き立てる視覚的悪形《あくぎょう》を描き込まれているわけではない。おとぎ話では人々は取り立てた「表情」などはなく、行動の紋切り型が組み合わせられることだけで筋道がしっかりと構図的に表わされる。「表情」を欠き「性格」を欠いた人形の動きがおとぎ話の構図を形作っていると言ってもよいであろう。

こうしたことは祭式的世界の構造そのものから脱却することなしには起こりえない。儀式が聖性の実在を強調し、酒神祭の爆笑が祭式世界の日常外的な実在を別の門口から力を込めて表現しているのに対して、おとぎ話の世界は実在を強調するための手立てを一切含むことがない。そこには「力説強調」の要素は働いていないのである。おとぎ話は「エネルギッシュ」であることを好まない。鬼退治の場面でさえ力の実在をありありと示したりはしないし、奇蹟的な救済が現われる場合でさえ神の威光などが説教されたりはしない。この、「実在性」にこだわらないことと、この「力」の否定こそはおとぎ話の宝なのである。この力の否定から風船玉のような自由な移動力が生まれ、神聖な禁忌で拘束されている儀礼の特別世界から脱け出して、或は家々の炉端に、或は村々の辻に、或は町々の路地に自由に出没して、時と処の制限を受けることなく話されかつ演じられるようになったのであろう。

おとぎ話に見られる、神話的儀式の世界からのこのような構造的脱却には二つの方面のものが重なって存在していたであろう。一つは神話時代においても始めから存在していた脱却であった。いかに社会の隅々までが祭式的なもので蔽われていた時代といえども、「公的」な祭式の場からはずれた世俗的日常の場はあったわけで、其処では祭式の主題に対するパロディーが「話し」としてまた所作としていつでも繰り拡げられたはずであった。そうした祭式的社会内部の俗なる場に存在していた脱却への傾向が長い蓄積を経て来た時、その上に、もう一つ、社会史上の変化による祭式的世界の一定の「世俗化」が重なれば、そこにおとぎ話の示す「構造的脱却」の十分な成熟が現われたことであろう。とすれば、この二つの側面は本来なら同時に扱われなければならないのではあるけれども、おとぎ話的脱却の特質を他の「世俗化」傾向とのコントラストの中ではっきりさせるためにここでは便宜上一塊りの社会史的過程としてだけ扱っておこうと思う。

おとぎ話に見られる神話的体系からの構造的脱却が一面で社会史的な或る「世俗化」の過程と見える限り、それは当然儀式の世界の方にも変化を呼び起こしていたはずである。神話的世界構造の解体の過程でおとぎ話の対極に生まれたものは、くだくだしい「有職故実」の世界ではなかったか。神話の魅力や英雄物語の劇的葛藤や饗宴の笑劇的爆笑などを分離できない形で結びつけていた充実した統合体が分解して、物語りの主題が「おもちゃ」のようなおとぎ話に変形しながら自由な脱出を獲得した時、他面では、その統合体の実質的解体の後にもなおその外見的体裁を持続しながら、それなればこそいよいよ盛大な体系的整備を誇ろうとする「儀式の式次第」がそれ自体として独立し、「有職故実」の体系として成立して来たのではなかったか。それは解体した神話的構造体の形骸なのであり、骸骨であるが故に、これまた元来の祭式の場を離れて至るところに肉となる材料を求めて自由に横行することとなる。ただし、「有職故実」の自由な横行は行くところ行くところの全ての場所に煩雑瑣末な手続き的規則を課し、おとぎ話とは逆に人と社会の精神を不自由へと拘束する。それは世俗化した儀礼の機構的合理化を意味していた。

こうして、物語り群を含む社会的に統合された構造体としての古典的成年式の分解と解体は、一方におとぎ話のエキスの世界を生み、他方に有職故実の「小やかましい」形骸の体系をもたらしたのであった。後者は「曰く因縁故事来歴」を振り廻しながらあらゆる場所を統制しようとし、前者はあらゆる場所に出入りしながら、時間と場所の制約から自由な、「力」の働かない世界を描き出そうとする。一方は成人の中の世間師のわざであり、他方は主として古老と成人前の子供によって構成される「世外の民」の営みである。むろんそれらの他に、この両極の中間には散文の批評的世界が分出されて来ていたが、それに触れることはここでの課題を逸脱する。私たちは、古典的構造体の解体の中から、ばらばらではあるが或る対極性を持った別々の世界が複数出現し、その一極を、――最も想像的な一極を体現するものとしておとぎ話が生まれたのではなかったか、という一個の理解を示せれば足りるのである。

おとぎ話は、かつての古典的な祭式の構造体から、其処で核心的な主題として働いていた一連の経験を受け取って自己の主題とした。そうしながら、「実在性の力説強調」を放棄して非実在的に経験の存在を示す方法を身につけたのであった。「在ったか無かったかは知らねども、在ったこととして聞かねばならぬ」という話し方がそこに生まれた。そうしてこの、経験の存在が非実在的な形で語られるというところに、おとぎ話の素晴らしい芸術性と教育力と養成力とが潜むこととなったのである。前に、経験そのものではなくて経験の胎盤を養うものがおとぎ話と隠れん坊の世界なのだと言ったのも、その点を別の角度から述べたものに他ならなかった。「在ったか無かったか」などには無頓着な遊戯的空想性は「在ったこととして聞かねばならぬ」という或る軌範性と結びつくとき、軌範の方は、押し付けがましさを微塵も持たない遠方からの声となり、空想の方は、全き自由の中で絵空事を通して出て来るその声の指示を親しい身近に在った事の教えとして思い描くことになるのである。精神はここで超現実的な根本的事実についての感受性を養成されることとなる。

四

おとぎ話の世界が生成してきたことの中には恐らく前々節と前節で述べたような社会史的経験――成年式の古典時代とそれの社会史的解体――が含まれていた。そういう特別の歴史的事態の経過を含みながら、しかもそれらの歴史の一回的な影響を越えて、超歴史的に或は非歴史的に延々と語り継ぎ続ける驚くべき過程を歩むことによって、その世界は結晶してきたのであった。その「歴史」と「超歴史」との共在は人類的経験と呼ぶにふさわしいことであろう。その生成に参加したものはほぼ全ての社会であり、そこでの無数の語り手はすべて、銘々の個性的な言葉が、語り継がれる過程で形を失って溶解し、そうなることを通して、時間を越えた相互関係の中にしっかりと吸収され合うという経験を持った筈である。そうしてその点に見られる相互主体性こそが、おとぎ話の世界を世界として作り上げていった人類史的運動の核であった。

経験とは、それが個人的なものに止まるものであっても、人と物（或は事態）との相互的な交渉であることは、私たちがささやかな物にでも働きかけたことがあるならば既に明かな筈である。物に立ち向った瞬間に、もう、こちら側のあらかじめ抱いた恣意は、その物の材質や形態から或は抵抗を受け、或は拒否に出会わないわけにはいかない。そしてそこから相互的な交渉が始まり、その交渉過程の結果として、人と物との或る確かな関係が形となって実現する。それが一つの経験の完了である。一個の物に対した場合でさえなおかつ然り、いわんやより複雑な事態に対する働きかけが相互交渉的でない筈がない。それは人と事態との葛藤を含み、事態内部の葛藤をまた含み、それらを経て個性的恣意の変形をもたらし、遂に統合的な或る関係を形成する。その相互主体的な交渉過程が経験の内部構造に他ならない。そこでは一人一人の発明や特徴的表現は、抵抗少く受け容れられる場合でさえも、その受容の過程で個性的形態の変形と融解を経過する。その経過を通して、外形的見栄への執着を脱ぎ捨てた実質的内容が統合体の構成要素と化するのである。社会的経験はこのようにして実現する。そこでは一人一人の表現は外形の変身と内容の更生と所産としての形式の誕生を経過するのである。

経験、とくに社会的経験とはこのようなものである。とすると、人類史的経験としてのおとぎ話の世界が如何に包括的な相互主体的交渉の塊りであるかは言うを俟たないことであろう。そうして相互主体性が自明のこととして生産過程に生きて働いている時、作品の中に相互主体的な関係が象徴的な骨格として組み込まれていても少しも不思議ではない。「羊飼いや灰かぶり」と「王子や姫」といった対極的なものの相互転換や相互交渉はそのことを示す一例であろう。

私たちはここまで来て再び隠れん坊の経験を想い出してもよいであろう。「迷い子」や「一人ぼっちの彷徨」や「社会から追放されてある流刑」の経験が萌芽的に感じ取られるのは、実は隠れん坊で鬼が当った時だけではなかった。隠れる方の番に当った者も、遊戯の約束に従って巧く隠れようと努力した結果、いくらか成功し過ぎて、中々見附からなくなることがしょっちゅう起こったものである。そういう時には、一人だけが取り残された不安の感じが次第に昂じてきて、遂には遊戯が終らない限り永遠に仲間のところへは帰れないのではないかと少々怖くもなり、退屈に堪え難くもなってくるのであった。隠れん坊で、遊戯の始めに、鬼がそれに顔をくっつけて眼を閉じていた或る柱をゴールと見立てて、其処に見つからずに駆け込めばまた鬼になることから免れることができるという規則を作ってあるのは、恐らく、この隠れ過ぎの生む遊戯としての退屈さから遊びを救うためであったろう。その「柱」は恐らく「社会の中心」を象徴するものであったに違いないが（そしてここにも神話の痕跡があるが）、しかしそれは今の問題ではない。巧く隠れ過ぎた場合の解決としてのこの規則は、遊戯自体の立場からは弛みと退屈からの救済であるが、隠れ役に廻った者の立場からすると、仲間の社会に復帰することができないで孤独に取り残された状態からの救出の道として働いているのである。

隠れん坊における「隠れる」という演技は、社会からはずれて密封されたところに「籠る」経験の小さな軽い形態なのであって、「幽閉」とも「眠り」とも、そして社会的形姿における

「死」とも比喩的につながるものであった。要するにそれもまた、社会から一時的に隔離されている状態を象徴しているのであった。鬼の方が空漠たる荒野を彷徨するのに対して、こちらは狭い「穴」の中に籠らされているのであって、その形態の対極性のおかげで遊戯の競い合いが成り立っていたのである。しかしそこに潜んでいる経験の共通核は、いずれの側も同じく社会からの隔離であり、仲間はずれであり、日常社会の成員としての「死」なのであった。そして、鬼は隠れた者を発見することによって市民権を再び獲得して仲間の社会に復帰し、隠れた者の方は鬼に発見して貰うことによって、すなわち（妖精であれ動物であれ神様であれこの世の者ならぬ）鬼に出遭うことを通して社会に再び戻ることができるのであった。

　こうしていずれも社会喪失の危機を経過することを通して相互的に回復と再生を獲得するという劇的過程をぼんやりと経験する。（鬼が）相手に勝つことは自分を救うだけでなく相手をも救うのであり、（隠れた方が）相手に敗けることは相手の勝利になるだけでなく自分の社会的勝利にもなるのであった。勝ち敗けの一義的な二者択一を物の見事に取っ払った、この相互性の世界は私たちに何を想い出させるであろうか。

五

人類史的経験が産み出した集合的想像力は、一介の遊戯の中に、勝敗の持つ有無を言わせぬ一義性を乗り越えて「対抗しながら相互に救出し合う統合」を作り出していた。勝つことが支配と権威と名声を意味せず、敗けることが惨状と屈辱と憐れまれることを意味しないその状態は、皆殺しと絶対的武器の優位を競う二十世紀的総力戦の世界においてはどんな精神と連結するのであろうか。多少唐突とも見える一例を挙げてみたいと思う。かつて一九三〇年に収録されたブレヒトの詩句の中に次のような一節がある。

お前の部署を棄てろ
勝利はたたかいとられた、
敗北もたたかいとられた。
お前の部署を、直ぐ棄てろ
ふたたび底深く、勝利者よ、もぐれ
たたかいのあったところ、そこに歓呼の声があがる。
だが、もうそこにはとどまるな
大声で敗北がさけばれるところ、その深淵のなかで
その叫び声を待て

古い部署を棄てろ

（石黒英男氏の訳による）

その詩句は、ベンヤミンの註釈が鮮明に定式化したように「勝利者がこころえるべきことは、敗北の経験を敗北者にだけゆだねないことだ。勝利者はみずからもまた敗北の経験を把握し、敗北者と敗北を共有すべきである」という課題を提出していた。それが当時含意していた政治的忠告が何処に向けて何を物語っていたかはここでは問わない。確かなことは、歴史の支配的な傾向としては未だかつてそのような勝者は存在しなかったということであった。国々の戦争においても国内の革命戦においても、社会主義であろうと何であろうと、はたまた競技においてさえも、ほぼ一切の勝敗において、勝者はいつも勝利の瞬間に有形無形の「歓呼の声」をあげるのであり「名声」と「栄誉」を当然のこととしてわが身につけるのであった。しかしブレヒトが詩《うた》いベンヤミンが哲学化した「勝利」とはそのようなものであってはならなかった。「敗北もたたかいとられた」という一句が物語っているように、彼らから見れば敗北もまた獲得された経験であった。それなのに勝利だけがどうして一つの経験の完了以上のものでありえようか。勝者は勝利の瞬間にもうその場から脱出して「ふたたび底深くへともぐる」ことが必要であった。その時にだけ最終的な何かに到達する精神史的な道が開けてくることもできるのであった。

しかし「ふたたび底深くへともぐる」ことは、再び始めからやり直す者に対して待ち受けている失敗と過誤と敗北の洗礼を蒙らざるをえないことを意味していた。かくて

打ちのめされたものは
英知に背を向けてはならぬ。
確信をもって、もぐれ！　自分を恐れよ、
そしてもぐれ！　その底で
おまえを待つものは、……

「打ちのめされる」下降と没落を通して再生しようとすることが勝利者の自ら選択して歩むべき方向であった。ベンヤミンはこの詩句のここのくだりに註釈して、「絶望のなかにしっかりと足場を築け」という「励まし」がここには在る、と言う。そしてさらに「ここにいう没落とは、ものごとの基礎に達することを意味する」と指摘する。絶望的基礎にまで下ってそこに足場を築くことが勝利者の精神的再生のためには不可欠であり、そうすることが「敗北が叫ばれる深淵において」敗北者とその経験を共有することを意味するのであった。支配的な歴史的現実の中にあって、勝者が勝利の産み出す破滅的名声から救済され敗者が惨憺たる同情の波か

ら救出されるためには、このようなダンテ的地獄の旅を経なければならなかった。そこにだけ精神的破滅を乗り越える再生があり、そこにだけ、あるべき「始まり」があった。だからベンヤミンは言う。「始まり」が現われるのは「飛躍においてではなく中断においてである」と。勝利の現場の完成を待つことなく急遽中途脱出して物事の基礎に下りるのでなければ「始まり」が姿を現わすことはない。飛躍的成功は賭博の本質であって精神の始まりの核心ではない。そうして「始まり」においてこそ勝者も敗者も共に間違いなき相互的存在となる。

隠れん坊がそれとはなしに遊戯的に形造っていた相互主体性の世界は、こうして二十世紀的現実の中で精神の存否をかけてその実現が希まれることとなった。過剰な技術化を通して人間の理性がことごとく製品と装置と官僚機構と事務所に吸収されて「物化」したため、かえって理性はそれ固有の自由な働きを失って「理性なき合理化」へと幽閉されてしまったように、成年式もまたそれの「世俗化」と「合理化」の作用によってここに完全な終焉を遂げ「成人の日」という一個の墓碑銘へと変り果てた。したがってそれが含み、それと関連した物語り群が含み、おとぎ話や隠れん坊が含んでいた死と復活、断絶と再生、中断と復帰の社会的経験もまた一掃された。追放と彷徨の試煉を半ば遊戯的に半ば演劇的に半ば教訓的に半ば物語り的に半ば儀式的に半ば本式に経験することによって社会成員となるといったことは絶えてなくなった。「卒業」と「就職」と「資格試験」の制度がそれに代った。その制度上の通過（合格）には人間経験としての断絶はない。書類上の取り扱いと所属場所の変更があるだけである。それは当然一方的な変更であり或は契約上の変更であるに過ぎない。経験としての断絶の有無は全く銘々の個人に委ねられている。しかしそのための社会的機会は「合理化」された社会の中に用意されているわけではない。成熟した精神の存在をめざす自由な個人の間の相互的努力としてだけ断絶の経験は社会化されうる。そうしてそれを経た人間関係だけが「社会」なのであり、そのようにして再生させられた社会こそが自由な社会と呼ばれるに値するであろう。

二十世紀的現実の中で精神の存否をかけてブレヒトやベンヤミンが隠れん坊精神の真剣な実現を試みたのはその故であった、と私は思う。ここにはもはや、おとぎ話と隠れん坊が「経験の胎盤」を用意し、成年式が祭式的・物語り的枠組みの中で経験を「実演」した一続きの成長過程はない。社会全体を蔽った成年式の古典的体系が崩壊した後といえども、或は社会の単位的部分（例えば家）で、或は様々な経験伝達の場（例えば若衆組や講）を通して、なお残存し続けて来た社会的な成人過程ももうここにはない。二十世紀人にとっては、保育器と小家族の過保護機構とその他一連の「合理化」された生育機関の一方で、「追放」と「彷徨」は始めから与えられていた。保育機構から一歩でも外に姿を露わすなら、そこには社会はなく、成人過程を保証する一切の枠組みがない。「追放されてあること」はかつてのような演劇的経験ではなく、一時的な迷い子の経験でもなく、存在そのものの基礎条件となっている。その基礎条件

に視点を置いて世界を見ることのできる者にとっては、ブレヒトの別の詩句が言うように

ぼくは、アスファルトの町へ打ち上げられたベルトルト、
黒い森から、母の胎内から、はるかむかしから。

という「遺棄されている」経験が自分の根本に存在しているのである。それは動かし難い存在の基礎条件であるから、元々の「はるか昔から」そうであったものとして感じ取られる。保育機構のエレベーターの中で生涯を送る者には決して気附くことのないこの基礎条件が二十世紀の自由な人間の中では痛切に自覚される。成年式の「式」が持っていた枠組みが木っ葉微塵に飛び散って、成年式が包含していた試煉だけが演技ではなく裸かの実物となって、この世に生まれ落ちた瞬間から押し寄せてきているのである。

アスファルトの町がぼくの家。生まれ落ちた時から
たっぷりと受けてきた、臨終の秘蹟のご洗礼――

成年式は完全に終焉して逆に「臨終の秘蹟」が始めから生の全過程に充満する。「耐久性では

無期限保証の家に収まって」いながら、生そのものは追放と彷徨の不安の中に風となって拡散する。

都市は残らぬ、残るのは吹きぬけてった風、ばかり。

……ぼくらは知っている、ぼくらはさっさと行く者であり

あとへ来るやつらだってが、名もとおらねえご連中。

そして

とうにチビてるタバコをうっちゃって、

ぼくは不安に眠りを探す。

のである。ここでは眠りは安息ではない。再生のための「籠り」でもない。不安は休みを与える筈の眠りまでをも貫いている。そしてベンヤミンが鋭く見抜いているように「眠りを不安にするものは、めざめへの怖れである」。目覚めはもはや復活でも蘇生でもない。もう一度、「臨

終の秘蹟」が充満している追放と彷徨の世界に帰るだけのことなのである。「耐久性において無期限保証」のセメント的合理化が貫徹した生涯保育機構の体系の中では、貧困によるものであれ英知によるものであれ、自由に醒めている精神はこのような永遠の彷徨を自覚し経験しなければならない。成年式の文化形式性を失った「丸裸かの成年式」（の試煉）がいつ果てるともなく生の根元に盤踞するに至っているのである。全く新しい野蛮が、かつて人間の社会史が経験したことのない野蛮が、ここ二十世紀の「理性なき合理化」の極致の中に訪れたのであった。

誰がこの「丸裸かの成年式」の果てしなき「試煉」に形式を与えその限りで終結を与えるのであるか。放っておけば永遠に続くであろう追放と彷徨に打ち止めの行事を行なって復活と再生への道を切り拓くのは一体誰であるのか。それを行なう社会は外側にはすでにないとすれば先ずは己れ自身の手で自力でそれを行なわなければならない。アドルノに倣って「法螺吹き男爵」ミュンヒハウゼンの笑話で表わすなら、乗馬もろとも沼に落ち込んで這い上がる手段もなく溺れ込もうとした時、彼が自分の髷をむんずと把んで梃子も起重機も無しに自分の手で乗馬ともども引きずり上げた、その自力救出の曲芸だけが今在る再生の道なのである。ミュンヒハウゼンの奇蹟が笑い話になるのはそこに救済者にふさわしい他者が人的にも物的にも入って来ないからであるが、その喜劇的な法螺が今は真剣に実現を要求されているのでもある。そうして、その自力再生を実現する過程は先に見た「基礎に達する没落」を通ることである。ベンヤミンは言う。「自己を倒壊させることから始めた者こそが、自己の関心事を最もよく貫き通すのである」と。その関心事とは精神の存続のために自由な相互的社会を生み出すことに他ならなかった。

その時、必要となるものは何か。自力救済が曲芸と化し「地球さえもが治癒される場と化すべき」とき、そこに必要なものは「新しき天使」であり、そしてベンヤミンの「新しき天使」は、アドルノが的確に読み取ったように、文章によるだけでなく「メルヘンに等しい声を欠いた非肉体的なほほ笑み」によっても表わされていたのであった。おとぎ話と隠れん坊が形成して来た特質はここに「新しき天使」の重要な要素となって二十世紀人の彷徨に形象としての指針を与えることとなる。私たちは、前節までの叙述の中でおとぎ話の「非肉体性」についてもいくらか知るところがあった。おとぎ話の演劇版である隠れん坊が、舞台装置や扮装や「科白《せりふ》」を欠くことによって固有の意味を持ちえた点についても不十分ながら悟ることができた。そうである時、ベンヤミンの、「声」を欠いた、「非肉体的ほほ笑み」が何を意味するかはおのずと明かとなってくる筈である。それは、追放の試煉が全体へと拡散した新しい段階における「おとぎ話」として「非実在的に或る経験の存在」を示していたのであろう。彼が文章上は独特の悲劇的な構造認識を物しながらその底に「声なき声」としてのほほ笑みを湛えていたことは、彼が哲学者として、批判哲学の特徴である「物の限界への注目」に対して全く無関心であって、むしろ物的形象を通した超越的救済へと向い続けていたことと密接につながっているであろう。事物それぞれの「国境」を指摘して、物事の間の「分業」と「協業」の関係だけを明かにすれば、それで足りるとするのではなく、物的形象の含む「判じ絵的寓意」や「太古の祖型」や、未来の物を規定する「匂い」や「残像」や、要するにセメント建ての機構的世界の「分室・部局」性から私たちを超越させる、物の持つ非実在的な姿へ彼の眼は絶えず注がれていたのであった。それは一言にして言うとユートピアの精神なのである。

実在を強調することが伴う一切の力感を否定したおとぎ話の絶対的な軽さは、その形象的構図を風船玉のように超越的存在たらしめていた。そもそもの生産過程においてそれは隠居から子供に向って語り継がれたものであったが、その二つの「世外」の民の間の往復過程が既に「此の世の中での超越」の契機を作り出していた。その「非実在的」な軽さと超越力が図らずも二十世紀的荒廃の中でユートピア精神を構成する一大契機となったのである。

「超越者なしに超越する」営みであるユートピアとは一体何であるかについてここで述べることはもう止めようと思う。その代りに、もう一度ベンヤミンの素晴らしい定言を書き留めて筆をおくことにしたい。「およそ究極状態を形づくる諸要素は決して抽象的な進歩の傾向として現われているものではない。」それらは過去の中にも従って現在の中にも「底ふかく埋もれているのである」。そしてこの究極的なるものの過去および現在への「内在的状態を一つの絶対的状態にまで純化し、現在の中で眼に見えるものへと形成することこそ歴史の課題であろう」。(テクストはザイフェルト氏の紹介したところに拠り訳語は高原宏平氏のものを採用させて頂いた。)そうベンヤミンが語る時、彼の脳裡をおとぎ話のあの「形相」的純化の模様がちらりとかすめなかったとは思われない。ひょっとすると彼のお気に入りの「振ると雪の降る風景が現われるガラス球のおもちゃ」を打ち振って見たかもしれないのだ。しかしそういうことがなかったとしても、「究極状態をかたちづくる要素」として過去と現在の底ふかくに埋もれている「内在状態」の一つが、おとぎ話と隠れん坊の世界であることは、私が今まで甚だ拙なく述べてきたところからでも汲み取りうるであろうとは思うのである。

松陰の精神史的意味に関する一考察——或る「吉田松陰文集」の書目撰定理由

一

　この限られた叢書〔日本思想大系〕の全体の配分の中で、吉田松陰が単独で一冊を占めるのが妥当であるかどうかについては、私自身はいくらかの疑問を持っている。例えば、「渡辺崋山、高野長英、佐久間象山、横井小楠、橋本左内」の五人が一冊に封入されていることと考え合せただけでも小首をかしげざるを得ないものがある。もし、思想史的真理についてもアリストテレスのいう「配分的正義」が考慮されるべきだとすれば、一個の問題がこの配分方法の中に伏在していることは疑えないであろう。しかし、その問題の何たるかを明かにすることは、配分について関与していない私のなすべき課題ではない。いわんや、今日の文化的状況の中で松陰の巻を担当するについて、終始、消極的であった私としては、そういう問題にまで立ち入って解明しようとするほどの熱意を示す必要はないであろう。今は一つだけ言えば足りるのである。すなわち「吉田松陰」の名は他の歴史的人物の名を押し除けるほどの知名度を持っているということである。もし日本史上の人物について人気投票が行なわれるなら、松陰は最高点を争うものとなるであろう。少くとも、松陰が「吾師」と呼んで最高の尊敬を捧げた佐久間象山の五倍は得票するのでなければ、この叢書の分配は不正確ということになる。まことに松陰は右からも左からも高い人気を得ている。右翼は彼の「尊王攘夷」のナショナリズムに共感し、左翼は彼の変革への情熱に敬意を惜しまない。それ以外の人々も又松陰の純真さに愛着と同情を示さずにおれない。

確かに、松陰の生涯が体現している殉難の態度は、或る精神的集中の強度を典型的に示している。そしてその精神態度は失敗と蹉跌を経るたびにいよいよ強く収斂しながら安政の大獄における刑死へと殆ど真しぐらに直進する。その様子を見る時、特にその終幕近くの内面的緊迫と覚悟の徹底とを見る時、私も又、そこに人間の精神の一つの極限が現前するのを見て、「鬼気迫る」感じをもって言い知れぬ感動を覚えないわけにはいかないのである。

けれども吉田松陰は古典的な意味では決して「思想家」ではなかった。或る人の作品が独立してどんな時代に対しても一定の普遍的意味を持っている事を「思想家」の要件であるとするならば、松陰は思想家とは言い難い。彼にはそういう作品がないだけではなく、そういう作品を生み出すための精神的基礎が——「世界に対する徹底的な考察的態度」が——恐らく欠けていたのである。そうしてそこが彼と象山とを分かつ大きな違いであった。松陰の密航事件に際しての二人の判断の仕方の違い、説明の仕方の違いの中にそのことは如実に現われている。（読者自らこれを検討されたい。）松陰は考察の人ではなくて行動の人であり、構成の人ではなくて気概の人であり、全てのものについて距離を維持することに不得意であって状況の真只中に突入していくことを得意とした人であった。したがって彼の書くものは、体系的な著作ではなくて、彼の目指す当面の方針であり、状況に対する彼の反応であり、人々への説得であり忠告であり、総じて尽く、彼自身の精神状況と行動様式を直接的に物語るものなのである。その意味で、彼には「主著」なるものはない。そういうものがないところにむしろ彼の特色がある。彼自身の書き記したものはすべて彼の自伝的な性質を帯びる。しかしその自伝なるものは、老熟の後に安楽椅子の上で書かれるような、いわゆるヴィクトリア的「自伝」とは凡そ正反対の趣きを持っている。彼の歴史は失敗の歴史であった。その失敗をその失敗の現場で書き記しているのが彼の文章である。だからこそ、そこには臨場感が満ち溢れており、それだからこそ読み進んで終幕近くの緊迫した場面に至るとき或る種の深い感動をもたらすのである。

松陰には主著はなく、彼の短い生涯そのものが彼の唯一つの主著なのであった。数個の自ら企てた「事件」によって段階づけられながら、一路、「刑死」に向って一段一段と進行していった彼の十年に満たない社会的生涯こそは、数個の「章」に分かれながら、そこに導入部を持ち展開部を持ち休止部を持ち急転部を持ち、そして予想もしなかった急激な最終章によって構成された著書であった。その導入部が何であり展開部が何であり休止部が何であり急転部が何であるかの説明は全て省略する。それらの段落を見て取ること自体は説明を俟たずともさして難しい事ではないであろう。しかしその最終章は決して「古典的」な整然さを持った秩序ある「結論」（コスモス）ではなく、逆にその最後が、次の時代状況の余りにも状況的なすさまじい様相への転轍点となるような、そういう終章であった、ということだけは最小限注意を払っておかなければならない。

松陰の唯一の主著はそういうものであった。だからこそ、明治以来の数多い――多過ぎるほど多い――松陰論の中で、傑作と呼べる数少い著述は、全て、松陰についての社会的伝記の構成をとっているものの中にしかないのである。私は、そうした傑作として二つを挙げる。一つは周知の蘇峯の『吉田松陰』（初版のみならず改訂版をも含めて）であり、もう一つは関根悦郎の『吉田松陰』である。前者は、維新以来の立国事業が漸く一段落して維新史の歴史的省察が時代の精神的課題となった時、変動する状勢の特徴とその状勢を担う人間群の特質とをピタリと把える点において卓抜過ぎる程の才能を持った歴史家蘇峯によって書かれたものであり、後者は、第二次大戦がすでに日本の軍国主義によって始められつつあった時期に、国内で荒れ狂う

「昭和の大獄」の中で果敢にそして粘り強く抵抗を試みた一人のコミュニストが、専門史学者の成果だけでなく明治の史家（例えば福地桜痴）の遺産をも十二分に消化しながら、戦前のコミュニストに特有な世界史的視野と、自らが個人としても身をもって経験しつつあった権力的弾圧に対抗する姿勢とを、これ又十二分に生かし切って書き上げたものであった。私たちは、松陰に関する細大にわたる事実を調べ上げた着実な研究書として、例えば広瀬豊の『吉田松陰の研究』その他を持っていて、それらは、もちろん多くの事を教えてくれる貴重な研究であるけれども、そしてその着実で徹底的な研究態度には敬意を表すべきではあるけれども、しかし松陰の悲劇的な生涯の持っている歴史的意味や彼が体現した悲喜劇の精神的意味については、右に上げた二つの傑作だけがくっきりと描き出していると言うべきであろうと思う。

しかし、これらの傑作の著者たちがいくら時代の精神的課題を担って立ち向ったにしても、もしかりに、例えば「講孟余話の思想構造の分析」というような形で松陰論を展開しようとしたり、その他何によらず、いわば「作品論」的な形で松陰の「思考様式」を抽出しようとしたりしたならば、そこには決してあのような傑作は生まれなかったであろう。そのことは殆ど断言できる。それと同時に、松陰個人の伝記的記事をそれだけで単独に並べただけでは、どれだけ詳細に記述しても、これ又、決して「松陰」の意味をくっきりと描くことにはならなかったであろう。このこともほぼ断言できる。いくつかの実例がすでにそれを示してもいる。松陰の思想を思想という形だけで把えようとしたり松陰の存在を個人的なものとして記述したのでは、彼の存在とその運命が持った意味は決して明かにはならない。それほど彼は徹底的に状況的な存在であった。だから状況の中に置いて彼を見るのでなければ彼の歴史的意味も彼の示した或る種の普遍的な精神的意味も決して分らない。彼の思索は少しも思索としての成熟を持っていなかったし、彼の行動方針は殆どつねに手段の勘案において軽率であった。そしてその点においても彼は彼の時代の状況的特質を体現していたのである。

どうして、どのように、そうであったのかについての委細にわたる説明はこれ又その多くを省略する。そして又しても一つの示唆を提出するに止めるが、ここでいう「状況的」という一句の含み持つ、言って見れば記号学的な意味についてだけ言しようと思う。それは、総ての「制度的なもの」、「型」を備えたもの、「恒数的なもの」が崩壊し去った社会状態を示している。社会的行動に当って期待通りの反応を予測させうるような「秩序的な関係」が社会の中から消え失せて、「変数」相互の測るべからざる衝突や結合が社会の主たる動向となって来るのが「状況的」社会状態なのである。そう言えば直ぐさま次に示す一連の事どもが念頭に浮び出るべきである。すなわち、幕府が自らの計画と方針と期待と予測をもって崩れ行く徳川社会を建て直そうと試みた「改革」の最後のものが「天保の改革」であった事。そして「黒船」事件が起こるや幕閣は自己の統一権力としての決定権を実質的に放棄して京都宮廷と諸侯とに「何をなすべきか」を相談するに至った事。そしてその結果として諸論沸騰し幕府内部の権力中枢自体を宛も脳外科手術のように改作しようとする動きが現われるや（継嗣論）、遂に「安政の大獄」の大弾圧をもって諸論沸騰を権力的に鎮圧し去ろうとした事。しかも、その「安政の大獄」こそは、「政府」としての幕府権力が自らの手で直接に法廷裁判の手続き形式をとって行なった最後の国事犯処刑であった事。それの完了の五ヶ月後には井伊大老自身が殺害され、以後、暗殺と襲撃と焼打ちの時代が噴き出した事。等々の事が直ちに想起されなければならない。そこには、政治面における「制度的なるもの」「型を備えたもの」が、尽く、急激な速度で音を立てて最後を遂げて行く様相がありありと現われている筈である。「天保の改革」が幕府の行なった数度にわたる「改革」の最後のものであったということは、統一権力としての幕府がこれをもって「改革能力」を失った事を意味する。崩れ行く幕藩社会を建て直そうとして行なわれた数度の「改革」は、その成否はともかくとして、「統治者」に欠くことの出来ない計画的な「改革能力」（いわゆる「可能性の技術」）が多少とも幕府に存在していたことを物語っていた。或はその能力への意欲を幕府が依然として所有していたことを物語っていた。とすれば、「改革」の試みが終りを告げたということは、統治権力として幕府が「統治者」であることを止めた事を象徴的に示していたのである。「蛮社の獄」という弾圧措置を伴いながらも尚且つ「可能性を開拓し実現しようとする技術」への志向を示していた「天保の改革」を最後として、幕府はその政治権力の中から先ず「統治」の契機を放棄したのであった。そうして、開港問題について自ら決定することが出来なくて京都宮廷に伺いを立て名藩諸侯に諮問するに至って、幕府は「決定者」としての自信の喪失と、古い亡霊的存在や伝統的な既存の地方勢力に「決定」を依存しようとする姿勢とを自ら天下に露わしたのであった。それはむろん実質的な「決断権」の放棄であり、諸勢力を「統合」して来た幕府権力の「統合能力」喪失の事実による声明であった。幕府はかくて自ら亡霊的存在と地方的諸勢力に自由な政治行動の権利を与え、諸論の沸騰への点火者となったのである。そこには「浮浪の徒」の活躍舞台が当然に現われる。そして既に幕府にはそれを「統治」する力はない。狂瀾を既倒に廻らすには、もはや唯一つの方法しか残されていなかった。事実上失われた統一権力を回復すべく、「違勅」の決断を独断専行し、「邪魔者は殺す」大弾圧を幕府の面目の最後の賭けとして行なったのである。そしてその「安政の大獄」こそが、曲りなりにも、幕府直轄の国事犯処刑における法廷手続きを経たものの最後のものとなったのである。既に「統治者」でもなく「統合者」でもなくなっていたが僅かに「処刑者」としてのみ「法的形式」を備えていた。それは政治権力の縮小され切った最後の姿であった。まだ暗殺機関ではなかったが唯の裸の「権力機関」に過ぎないものと成り果てた、そういう政治権力の姿なのであった。そして天下の政府が唯の「権力機関」と化した事が反射的に直ぐさま赤裸々な物理的諸力のぶつかり合う天下の状況を生み出して行ったのであった。「統治」を失い「統合」と「決定」を失い「処刑形式」をも失って行った、その急速な過程こそが「状況化」に他ならないのであり、その結末こそが完全な「状況的社会状態」の実現に他ならないのである。そうして、あえて附け加えておくならば、そのすさまじい状況化の極致を経ることを通して、その中からそうした状況を克服すべく、「奇兵隊」に象徴され又「連合」計画に象徴されるような横断的結社が全く新しく生まれて来て、それこそが新しい社会構成の核心となるのであった。

しかし、「制度的なもの」・「型を備えたもの」・「恒数的なもの」が社会の核心に存在することを止めて「変数関係」が社会を支配することになる「状況化」はもちろん政治社会の領域においてだけ現われたのではない。思想史的領域においても又その急速な進行が現われていた。「理屈の体系」としての形式を整えていた徳川時代最後のイデオロギーである「水戸学」は安政の大獄を経るや忽ちに完全な分解を遂げたし、色々な形で諸地方に分散して存在していた江戸時代産の総ての「学派」は学派としての筋道立った秩序性（理論的首尾一貫性と言ってもよい）を完全に喪って最終的に断片的スクラップと化し終ったのもこの時期であった。その事も又今ここで気附かれなければならないことであろう。徳川社会の社会的根幹であった「身分制度」についても又同様であることは、此処まで言えばもう見易い事に属するであろう。人は、従来、明治国家形成の前提条件を探すのに急なるあまり、幕末の動向の中の、この大崩壊の崩壊過程そのものを内側にぐぐって省察しようとする点において極めて不十分であったのではないか。とすれば、そこへの注意は高度に意識的に行なわれなければならないであろう。こうして安政の大獄は幕府権力が行なった最後の「政府的形式」における権力措置であり、そして幕藩社会の各領域の方も又これを最後に、それとしての「定型性」を失ったのであった。

天保の始めに生まれ「黒船事件」前夜から社会的活動に入り、状況化の最後的実現の転轍機となった「安政の大獄」に捲き込まれることによってその生涯を終えた松陰は、その急速な数年間の過程を幕府とは対極的な線を描きながら律儀極まりない姿勢でギクシャクと生きた。幕府が徹頭徹尾従来の「行き懸かり」に縛られながら一段一段と新しい自滅的手段を選んでいたのと対極的に、松陰は歴史的『行き懸かり』を一つずつ次々と犯し破ることを通して自分の崩壊をもたらし、その自分の崩壊によって社会の決定的な崩壊の象徴となったのである。しかもその「犯行」は常に愚直な律儀さによって満たされていた。藩籍からの「亡命」の罪によって士籍と家禄を奪われてもなお彼は長州藩への忠義を忘れることが出来なかったし、「密航」事件による下獄を経過してもなお幕府への忠義心を律儀に持ち続けた。法律と習慣と規則に対する彼の冒瀆と犯行は、それらの制度によって成り立っている者に対する無類の忠義心と、際立った矛盾を示しながら彼の中に共在していた。その矛盾の個人的な解決は「諫め」の哲学であって、自分の自覚的な犯行は忠義のために行なったものであり、体制を握る君側の奸によって不忠不正に陥っている君主は「上書」をもって「諫言」することによって改めさせることが出来るし、又改めさせなければならない、それこそが真の忠義というものだ、という循環をもって哲学上解決される。しかし、この「犯し」と「律儀な忠義」と「上書・諫言」のサイクルはむろん円満な解決を実際に生むものではなく、逆にそのサイクルを拡大再生産するものであった。犯行の結果「臣」の地位から追放された者がどうして君臣関係の社会の中で「諫議大夫」の権利や資格を持つことが出来るであろうか。しかもあえてそれを行なうことはそれ自体が新たな冒瀆と犯行を開始することを意味する。松陰もこの点には気附いていた。「将及私言」（まさに私言に及ばんとす）という「上書」につけた題名は、そしてその上書の提出をもって通常の「士」の振舞いではない「猛士」的行為の一つと自ら見做していたことは、その点について、天性において律儀な彼が如何に苦悩していたかを物語っている。その点の自意識は、すなわち諫言の資格を欠く者として諫言を行なうという自己矛盾の意識は、終生彼の内部にあって、一方でそれの正当化のために「諫臣」・「諫死」の歴史的事例を熱烈に渉猟させながら、他方で、あえてそれを行なう自らをますます「士」の通常態から逸脱した「猛士」として自覚させ、その自覚（思い込みと言ってもよい）の行きつく果てに「猛士」的激昂が大獄前夜の状勢の中で噴き出したのであった。そこには、一方で、「真の忠義者」の忠義の実現を阻み、君主がもう一級上の君主に対する忠義をつくすことを妨げている「奸物」に対する「天誅」の考えが生まれるし、また他方では、あの諫言サイクルの行き着く究極点としての「諫死」による「忠義」の実証という考えだけが残されざるをえなかった。いやむしろ、「諫死」という形式すらも超えて唯々「微軀」一個の「死」によって「忠義」を証拠立てようとさえしたのであった。そこではもう「何に対する忠義なのか」という忠義の対象の問題さえ、ともすればどうでもよいことに成りかねない勢いまでが含まれていた。彼の忠義の哲学はここに至って無残な零《ゼロ》への内面的収斂を遂げようとしていた。元々、武士は君主としての藩主に忠を致し、藩主は一段上の君主としての幕府に忠をつくし、幕府は「天朝」に忠を致し、そうして直接仕えている君主をしてその上の君主に対する忠義を実現させるようにするのが真の忠義だと考えていた彼の忠義の哲学は、――世の中全部がこうして忠義の廻転で埋めつくされて了うのだが――その廻転が齟齬を来たすと、直ちに忠義の下から上への吸上げポンプを塞いでいる「君側の奸」を発見して慷慨しようとする傾向を包含していた。彼の間部詮勝襲撃計画などは一定程度は彼の忠義の哲学そのものの中に種子を持っていたのであり、幕府そのものも又「天朝」の近くに居る「奸物」と見做されるようにもなりうるのであった。そうして、忠義の下から上への行きつく点としての「天朝」はそれでは何に対して忠義をつくすべきなのか、という問題は松陰の中では考えられたことはなかった。そこには忠義の対象についての根本的な追求が始めから欠けていたことが表わされている。（毛利敬親に対する松陰の極端な個人的忠義心はこの事と両立する。

なぜなら、忠義の対象についての考察は同時に忠義の客観的な規準と限度を設定させるものであるが、極端に個人的な忠義心は恋愛心と変ることのない無制約性を持つからである。）無類の忠義者であるだけではなくて日本中を忠義の廻転で埋めつくそうとした彼の忠義哲学のアキレスの腱はそこにあった。だからこそ結果的には、客観的限界なき彼の忠義は誰それへの忠義というよりも漠たる全体としての天下国家への忠義として、愛国者の精神態度として働いたのでもあったが、[*1] しかし他面では、一度び、忠義の廻転が絶望的に見えるようになると、「もはや天朝もいらぬ、幕府もいらぬ、君侯もいらぬ、忠義をつくすにはこの六尺の微軀一つだけあれば沢山だ」という忠義の個人的内面への収斂が現われるのでもあった。[*2] 忠義という君臣社会の現世的倫理が、ここでは現世性を投げ棄てて、殆ど宗教的なまでに超越化しようとしている。それは超越的価値に対するものではないから客観的形態における宗教とはなりえないけれども、彼吉田松陰の内面においては宗教的な機能形式をとっていたのである。本来、宗教に似て非なるものであった忠義が、周囲の世界の全てから裏切られ、その孤独の中でいよいよ深く確信されていった時、一個の宗教的内面性と超越性を獲得するに至った稀有の精神的営みを松陰は終末近くにおいて示したのであった。愚直に徹した者のみが極めて稀に成すことが出来るこの精神的ドラマを見て深い感動を覚えないでおれるであろうか。

しかし、このようにして松陰の政治的――すなわち現世的――な忠義の社会像が分解してひたすら彼一個の内面へと収斂したことは、他ならぬ体系的イデオロギーの崩壊であったことも又疑えないであろう。忠義の階層秩序として身分的幕藩社会を根拠づけ理由づけていた松陰の信奉したイデオロギーは此処では当然に雲散霧消する。しかも松陰自身の政治的行動と松陰自身の内面的収斂を通して、自らの手でそのイデオロギー的解体な促進して行ったのである。そのことは、彼の行動が彼の信じていた制度と型とを自ら破っていった経緯と全く対応する。そうしてその場合、彼の行なう犯行や彼の行なう解体の促進は、いずれも常に、彼の元々の期待に反していたものであり、その意味で自分への背反という重荷を背負う行為であったのであり、しかもその結果が現われた後も、彼が元々信じていたものの中の何処かになお真実が秘んでいるものと律儀に信じ込んでいたのであった。この、大胆な犯行と無類の律儀さとの共存こそが、深化の一途をひたすら辿り続ける彼の自己矛盾を創り出していた核なのであり、彼の悲劇と彼の喜劇とをともども構成していた根本契機なのであった。

そうして事情は、「学問」に対する彼の態度の推移についても同様であった。学者どもの「思わざるの病《へい》」に対する彼の再三の批判は、体系家たちがすべて空疏と化していた事情を把えていたが、にもかかわらず彼は色々の「体系的学問」の中に「吾が真と会うもの」を求めて、広く知られているような猛勉強と書き抜きの抜萃作業を終生怠らなかった。一方で「兵学」を選ぶべきか「経学」を選ぶべきかと迷って「方寸錯乱」しながら、遂に「経学」を捨てて「兵学」を選んだ時、実は彼は同時に「家学」としての伝統的「兵学」をも棄て去っていたし、「陽明学」に触れた時にも、たまたま、その学の「真」なる部分が自らの「真」に会うからという理由だけで評価しそれ以上の評価を与えようとはしなかった。象山に対してあれだけ傾倒しながらも一冊と雖も「蘭書」を読み切るには至らなかったし、考え方の中心においては象山から殆ど何も学ばなかった。松陰の気に入った部分だけを抜き取って早速実行に移しただけである。(そして密航計画へとつながる元々の素地は既に平戸での読書の中で松陰の内に出来上っていた。)松陰は、確信すべきものを求めて諸学の世界を横断旅行し、一度び確信を得ると、その確信をいよいよ強いものにするためにだけ、読みかつ書いた。彼は「学」や「思想」の体系性や構造性を無視し冒瀆しながら、しかも「学」への律儀な忠実さを持って抄録作業にいそしんだのであった。そこには、殆ど過剰に主体的な読書態度が生まれていた。それは恣意的理解と言ってよい程のものであった。ただ、その恣意性が保身的な恣意性でなくて逆に捨身的な確信の保証を求めようとする恣意性であった所に、真実性を喪った空っぽの体系に固執する諸「学派」の大家たちとの対極性があった。

こうして吉田松陰は、徳川幕藩社会の政治的・社会的・思想的諸局面のすべてにおける崩壊の状況を、未熟な予感以外の先見や見透しや予測などを何一つ持ち合せないままに、忠実無類に生きたのであった。彼の自己矛盾と彼の苦悩と彼の焦慮は激しく崩れ行く一つの時代の矛盾であり苦悩であり焦慮であった。彼は何の陰蔽もなく時代の苦しみを体現した。陰蔽を心掛けた幕府や藩政との対照がそこにあった。そうすることによって松陰は歴史の激動の持つ悲劇性を結果的に自分の悲劇とし、歴史の転換期が持つギクシャクした喜劇的側面をも、自らは十分に意識することなく彼自身の滑稽な行動様式の中に照出させたのであった。政治的行動における彼の失敗と蹉跌こそが歴史的変動の体現者として彼の最大の成功なのであったが、それと同じように、思想面においても彼は、すべての「理論体系」が崩壊する時代にあって、彼自身の未熟な理論的能力と律儀な勉学的態度とによって、まさに却て、思想史的な解体の時代を体現的に代表し、身分制度の崩壊する社会史的時代にあって、彼自身の無限定な「志」への志向によって、四人運びの駕籠かき人夫にも「志」を発見して親しさと敬意を払うことになった。彼自身は武士身分の存在理由を根本的な意味では一度も疑ったことがなかったにもかかわらず、こうして彼は社会制度の変転する状況を代表することが出来たのであった。そしてこの点において彼は、後に状況的時代を内側から克服する要素となった「奇兵隊」的なるものや維新の精神的基礎の重要な一つとなった「四民平等」の方向につながるのである。

きわめて荒い粗描をもってしても大凡かくの如くであったからして、もし、松陰の存在と意味を（すなわち松陰の「ライフ－ワーク」を）理解しようとするのならば、私たちは彼の掲げた旗印しすなわち「尊王攘夷」や、彼の繰り拡げた「理論」的表面などは、すべて状況の変数の一つとして取り扱わなければならない。出来ればそれらは変数中の変数としての「X」（エックス）と置き換えて読むべきであろう。そうすることによってだけ、「尊王」と「佐幕」と「攘夷」と「鎖国」と「開港」という五つの出来合い命題が入り乱れ交錯し合って、「尊王佐幕」、「尊王攘夷」……「鎖国的攘夷」、「開国的攘夷」……といった十個の旗印しの組み合せが理論上は可能となっていた幕末の変転極まりない確率論的精神状況の歴史的特殊性を特殊性としてより深く理解出来ることになるのであり、さらに、例えば松陰の表現的に不十分な旗印しと未熟な理論的表現の背後に隠れて別の形でだけ影の如く表現されている普遍的意味を発見することも出来るようになるのである。そうした普遍的意味の一つが、忌諱に触れることを恐れぬ「異議申し立て」の精神であり、もう一つの例が、団体帰属意識の迷蒙を破る「横議・横行」なのであった。そうして念のためにこの二つの例についてだけ註記するならば、彼の生涯が含み持つ普遍的意味としての「異議申し立て」の精神を「諫言」や「諫争」の大切さとしてだけ理解してはならない、という事を先ず挙げなければならない。なぜなら「諫争」という事柄自体が君臣関係の存在を前提としたものであったからである。私たちは松陰が制縛されていた思想上の歴史的特殊態をそのまま受けついではならないのだとすれば、もっと遙かに公平で対等な土台の上に彼の奮闘の含意を再生させて理解しなければならないであろう。普遍的意味の理解とはそもそもそういう再生的創造性によってだけ成り立つものなのである。「横議・横行」についても一つの点を指摘しておかなければならない。すなわち、その「横議・横行」とは単に藩境を超えて横に拡がることだけを意味するのではなくて、社会を上下に分断し隔絶させている縦の「境壁」をも乗り越えて自由な交流を行なうことをも意味するのだ、という点である。駕籠かき人夫や佐渡の鉱夫や「漂流民の供述書」などから物を学ぶ態度の中に現われているものがそれである。

そういう風にして始めて松陰の意味は理解されることになるであろうが、しかしその上で、あくまでもその上で、普遍的意味とは別に、松陰的なるものの存在の或る面が、日本社会の自己批判の一環として私たちの批評意識の内部に組み込まれることが望ましい、と私は考えるのである。

＊1　理屈の表面においては極めて陳腐な形をとっていた松陰の「愛国的態度」は、本文で述べたように彼の忠義の哲学と分かち難く結びついていただけでなく、いうまでもなくもう一つ、彼の「夷狄」の哲学と深く結合していた。その点に註記ながら一言しておこう。「夷狄」についての彼の考え方も又、忠義の哲学におけると同様の事情を含んでいた。「中華」と「神州」とがどう違い、或はどう重なるか、「神州」はどこまで如何にして「中華」でありうるか、といった「夷狄哲学」が成り立つための根本的前提の問題は彼の問う所ではなかった。したがって

又その事の反射として、「夷狄」についてもそれを文化的な「野蛮」として蔑しきる態度も又彼にはない。むしろそれの「狡智」を含めた文化力に対する怖れと或る種の尊敬が彼の脳中の「夷狄」には混入していた。体系を作り上げるいわゆる「思想家」ではなくて状況的存在であることによって「体系」の持つ自己中心的妄想から相当程度解放されていたから彼はそうなったのである。それだからこそ、彼の「攘夷」は実質的には、本当の「攘夷」というよりはむしろ、歴史的「行き懸かり」の前にただズルズルと追随する（と見えた）幕府に反対して、蘇峯のいう「敵愾の態度」、すなわち「信義」と「武備」の両方において対決しよう（直面といってもよかろう）とする精神態度となったのでもある。彼の「夷狄」の概念は夷狄哲学として不徹底であったお蔭で、却て自己顕示的な「中華意識」の権化とは些か違った「愛国的態度」に実質上帰着したのであった。その場合の「愛国的態度」とは、ジョージ・オーウェルが顕示的な「ナショナリズム」とは反対のものとして定義した「愛国的態度」に或る程度まではあるが近いものであった。オーウェルの定義したそれは、自分の属している生活様式を外から侵害しようとする者が現われた場合、それに対して防御的に対決する「生活様式への愛」を意味していた。そうして松陰には素朴な形でそれに類するものがあった。彼が「亡命」の罪を犯してまで友人との約束を果すために東北旅行の出発日時を変更しなかった時、「長州の人間は約束を守らないのか」と他国の人に思われては長州の名誉を傷つけることになるではないか、と考えたのは、自らを或る生活様式の代理者と見做すオーウェル的な種類の素朴な「愛国心」からであった。こういう、「生活様式の代理者」として自らを感じる事態は、外国での生活を経験した者が殆ど必ず遭遇することの一つであろうが、その「代理者」の立場から、顕示的な「国威発揚」の方向に行動しないで逆に「信義」その他の普遍的な規準の方にその立場を結びつけて身を処するとき、そこにオーウェルのいう「愛国的態度」が生まれる。松陰は「亡命」事件の時、可能であった日時変更をさえしないという愚かな選択の中でその態度を生み出していたのであった。そうして日本的規模における松陰の「敵愾精神」にもその時と同じ感覚が貫いていた。神奈川条約締結後の条約に対する彼の義理堅い考え方や下田沖の米国船員に対する彼の礼を尽くした態度を見ればそのことは歴然としている。しかし、一度びそれが理屈の形をとると「夷狄」の哲学となるために、そこにはオーウェルのような自覚度の高い反ナショナリズムの愛国的態度は結実せず、「夷狄」という言葉の包含する意味を引きずって持っていた。だからこそ彼は時に空想戦略として「満州」や「朝鮮」を席捲しようという空中楼閣を建てて見たりしたのでもあった。その意味で、松陰の「夷狄」の哲学は、一方では彼の素朴さと状況の条件づけとに支えられて「愛国的態度」として働く側面を持ったが——そしてそれが国際的な「横議・横行」をまで試みさせるものとなったのだが——、他方では後の顕示的なナショナリズムにつながっていく一面をも備えていたのであった。その二つの契機のうち、いずれを私たちが普遍につながるものとして採るべきかは、もはや明かな筈である。

＊2　松陰の「政治理論」の劃期性を示すものと扱われることによって有名になっている「天下は一人の天下なり」という彼の言葉が論争の熱度の中から発せられたことは、その命題の含み持つ精神傾向が、この「微軀一つ」への忠義の内面的収斂と対応するものであることを物語って

いるであろう。それだからこそ、その目につき易い命題を政治教義史や政治理論史の平面に並べて見た時にいやでも直ぐに眼に入る表面的な「劃期性」をもって、松陰の思想史的・精神史的ドラマを代表させることは浅薄に過ぎるように私には思える。

「一人の天下」という時の一人は、本文の叙述からも分るであろうように、客観的に無限定で無制約であるために社会的収斂の中心としては、実際上は、既存の或は現存の（或は新来の）何物かに対する「反存在」としてだけ機能するものであった。それに対して「微軀一つ」の方は、いくら半ば異常であっても、確かな実存としての自分そのものを自ら進んで何ものかのために捨てようとする明確な精神的姿勢のはっきりとした現われなのである。その意味でそれは極めて具体的な抽象的形象なのである。よって以て代表的事例とさせた所以はそこにある。

二

松陰の「主著」が以上のようなものであるとすると、もし彼の書き記したものの中から（周知のようにそれは厖大である）、いくつかを選びとって、そのギクシャクした「主著」の輪廓を出来るだけ太い線で読み取れるように一冊の本を作るにはどうすればよいであろうか。いくつかの遣り方があるであろう。そして事実、比較的手に入り易い形で松陰の「著述」の中の重要度の高いもの（或はそう見做されているもの）がいくつも一冊に集められている。さらに

「講孟余話」などは文庫本に抄略なしに丸ごと収められてもいる。とすると、読者の便宜上からも、そういう遣り方と重複しない遣り方を採るのが此処では妥当であろう。それに、あの「状況的な」松陰の唯一つの「主著」の状況性を示すには、いかにも彼が体系的思想家であったかの如き固定観が数十年のうちに出来上って来ているようにも見える現状を一層促進しかねない方法に反した遣り方を採った方が、真実に迫るためのカウンター・バランス（対立均衡）として役に立つのではないだろうか。

大体、そういうわけで此処では「書簡集」を中心に蒐録し、旅行記録を附け足し、さらに既に刊行されている松陰集の一、二のものとの共存性を暗示するために広く知られている文章の一、二をも載せておくことにした。したがって、中心的なのはどこまでも「書簡集」であって、今もし、もう一度やり直すことが許されるのなら、もう少しの積極性と大胆さをもってやって見たい、という小さな悔いを感ずるのも「書簡集」についてである。既に周知のように「吉田松陰書簡集」は文庫本で戦前に抄録されたものがあり、戦後のいくつかの「松陰集」で書簡が収録される場合にも明かにその文庫本を規準にして選ばれていたが、しかし文庫本「書簡集」には、松陰の状況への反応の仕方や考え方や感じ方を知ろうとすれば不可欠のものとなる筈であるような多くの手紙が抜けているのである――と私は思う。だとすれば、根本的に再編集されなければならないのは当然であろう。この巻はそれを目当てに一歩を進めようとしたものきである。

電信電話のなかった頃の手紙とは、離れた場所にある人々の間の最も直接的な（心理的にも近さを確認しようとする要素を含んだ）交流手段であった。「手紙」という言葉自体の持つ語感も又そのことをありありと物語っている。そこには書体の持つ指先きの感覚が表わされている。その点では手紙は隔てられた距離を越えて「握手」したり「叩き合い」をしたりする感じと、それが実物でないもどかしさの感じなどを同時に含んだ言葉なのである。そして「型」を失って激しく流動し始めた社会の中で激しく社会活動を行なう者の手紙には、距離を越えて行なう「握手」もあれば「驚き」の伝達もあれば「口論」もあれば「告白」もあれば「吐露」もあればそういうものの「取消し」もあれば……それらが目まぐるしく入り交じって、文体上も漢文的礼義三百の中に突然に方言的俗語が飛び込むことになる。そのようなスタイルをとりながら、彼の「ライフ - ワーク」を織り成していくのである。そして、同一人への手紙ではないから多角的な不整形の形をとりながら、一つ一つがポッポッと途切れた断片の様相を示すのも又、その時代状況におけるその人の活動様式の含む多岐的な性質とギクシャクした矛盾的進行を表現している。そうしながら彼の「主著」の急転部にさしかかって来ると多岐に分れていた色々な水路が一挙に集って一つの主題の激流となりそれは直ぐさま諸方面に向って放水される。生涯の急転部のみならず彼の蹉跌をもたらした「事件」毎にそれに似た形が手紙の中に現われていた。それは、全力をつくして生き全力をつくして事に当っている者にだけ現われる交流の形であろう。

手紙はもちろん一個の記録である。しかし事物の記録ではない。それは人間の記録ではあるが、写真や肖像画の如き唯その人間それだけを記録するものではなく相手との関係がその中に記録される。相手との関係だけではなく相手に伝えようとする「世界との関係」も又その中に記録される。当人の感情と心理の極めて個人的（私的）な記録であるとともに人間の関係の記録でありそれだけではなくて客観的世界との関係の記録でもある所に「手紙」の持つ包含的性質がある。それは未分化で原始的な全体的記録である。手紙には必ずその人間の持つ感情と理解力と他人に対する態度と世界に対する態度とが何らかの形で不揃いのままで現われている。書き手にとっての手紙の怖さはそこにあり読み手にとっての手紙の興味深さも又そこにある。そうして、幕末日本における政治社会の「横議・横行」の先駆者がその理論的未熟と思想的古さを抱えたまま「なりふり構わず」新しい状勢に立ち向って、自分の思想的崩壊の中に新しい意味を体現して行った時、その模様を最もよく表現しているものは、未分化で原始的な全体記録としての手紙でなくて何であろうか。それに並ぶものは手記すなわち「幽室文稿」だけである。そして私はその「文稿」を準書簡と見做しているのであって、私が今小さな悔いをもっているのも、その「文稿」の中から準書簡の典型的なものを——そして意味的に重要なものを

――抜き取って、この「書簡集」の中に入れるなり接続して附加するなりする大胆さと積極さを何故発揮しなかったのか、という点にかかっているのである。「原則として抄録はしてはならない」というこの叢書の方針などに私が律儀である必要などはさらさらなかったのである。しかしそれも又この松陰の巻を担当するについての私の消極的態度の現われであったのに違いない。

そういうわけで底本の「書簡」から選び取った「書簡選集」を更めて編集するという仕事に関する限りでは恐らく一歩を進めることが出来たのかもしれないけれども、そういう「書簡選集」を中核としながら「準書簡」をもって周囲の筋肉を構成し、「上書」や「時務策」の類いで表皮を形造ることをもって本書の第一部と成す、という風にはいかなかった。（その全部は頁数からいっても不可能であろう。）その方向性さえも又必ずしも明確になっているとは言えない。だからここでその事を一言しておかなければならないのである。

だが松陰はもう一つの記録類を持っている。事物についての記録であり本についての記録であり、人間に関する場合にも対象性の自覚をもった記録である。それはいうまでもなく彼の旅行記の中に典型的に現われている。愛国者たる彼が崩壊に頻した国家状勢の中で国家的再生を図ろうとする時、「国の本《もと》」としての「地」と「人」の実情を調べるところから出発しようとしたことが、彼にそういう対象性の自覚を備えた記録精神を与えることになったのであった。

「兵学」者としての素養も又そういう「形勢」を知ろうとする態度の一つの基礎となっていたが、しかし旅行記を見れば分るように、見知らぬ他処の地方でどのような水車が使われているかとか堆肥が用いられているかどうかとかいうことへの注目などは、民生と民政への関心を物語っていて、それらは、異国への興味を示す田舎者の律儀な好学心と混じり合いながら、彼の百姓に近い育ちと、原初的な事実を知ろうとする彼の根本的な記録的態度とを示している。そうして、この原初的な事実に対する興味が強かったからこそ、彼は、空疎と化しつつあった諸学派のどれかの内に埋没して理屈合せの遊戯に耽けることなく逆に諸学派の中に原初的な事実を求めて「横断旅行」することが出来たのであった。「本を読む者はその精力の半分を筆記に費せ」と彼が言っていたこと、そして事実彼自身が残した厖大な抜き書きのノートは、その「横断旅行」の記録なのであった。さらに彼が長い監獄生活の中で、とくに江戸の監獄制度の整備に感心した時に物した獄中生活の精細な記録は彼の記録精神が只者でないことを物語っている。確信犯においてだけそういう監獄記録はありうるのではあるけれども、そして事実、渡辺崋山の手紙の中などにその片鱗が既に現われていたとはいえ、これほど精密な内側からの獄制の記録は恐らくかつて無く、それから後にも滅多にありうるものではない筈である。科学者崋山よりも遥かに緻密な獄記をなぜ松陰が物し得たのか。彼は長州藩の獄制をせめて江戸並みに改めさせたかったのである。彼の原初的な事実への興味はここにおいて彼の原初的な祖国愛に導かれて撮影機にも勝る記録力を獄中で発揮させたのである。思いをそこに致すとき私たちは、理論的能力の未熟か有熟かの如きはどうでもよいことではないか、と感じないでいられるであろうか。素朴に徹し、素朴な関心と素朴な心指しに忠実な努力をたゆみなく続ける者の勝利がそこにある。

基礎的な、或は初歩的な「事実」への注目が方法的に特に問題になってくるのは、在来の諸体系が崩壊し始めた時である。なぜなら、学問や理論や体系というものは必ず一定の前提をもってその上にだけ成立することの出来るものなのであって、無前提に——すなわち無条件に——妥当性を主張することの出来る体系的なるものは何一つ無いのであり、そうして体系的なるものの崩壊とは他ならぬその前提条件が成り立ち得なくなった事を意味するのであって、その時に始めて人は前提無しに存在している裸の「事実」そのものに立ち返ろうとするからなのである。在来の諸体系が崩壊し始める時に「考証学」や「好事家」的傾向が世の人々を風靡するに至る所以はそこにある。しかし吉田松陰はここでも又方法的な自覚をもった事実の考証家なのではなかった。彼は諸体系の崩壊する状況を身を以て生き、その中で彼自身の「心事に切なるもの」を求めて彷徨しながら、天下国家の再生の方途を極めて下手な手附きで探し当てようと悪戦苦闘した所においてこそ、原初的事実の多方面にわたる記録を物したのであった。だからこそ、彼の陳腐な理論的態度とこの記録精神とが一種奇妙な対照をなしながら彼の中に共在することが出来たのでもあった。方法的な自覚を持った考証は、在来の理論的態度を少くとも一応は御破算にするという否定の契機をもって「事実」に対する。それが「学」としての考証の逆説的な「理論的態度」なのである。在来の諸学の中に肯定的一点を終始求め続けていた松陰はそれとはむしろ逆であった。例えば、寺門静軒の追放などに彼が一顧だに与えていないことなどもその現われの一つと見ることも出来よう。

こうして松陰はその真面目な記録精神においても転変期の矛盾を体現していたのであった。同じ事は彼の詩文に対する態度についても又見られるであろう。在来の諸体系が崩壊する時代には、一方で、裸の「事実」に対する注目が出現するのと同時に、他方では、「感情」や「心指し」や「気」への特別の関心が立ち現われる。空疏と化した体系の「胸に響かない」状態に対する反撥を含みながら、人間内部の原初的な「事実」としての感性が体系的なるものの崩壊と共に独立して前面に出てくるのである。全ての局面の諸事実な——内面的事実としての感性や外面的事実としての物的形象などを——包括的に連結し統合しているものと見做されていた体系が崩れた時、丁度、建築物が毀われ去った時にその土台石や基礎材料が独立して露わになるように、感性という基礎的な事実も又独立に重視されざるをえなくなるのである。崩壊の時期に「考証学」的態度と共に「詩」的態度が、そして理論的規定（位置の限定）を失った「志」・「気」・「誠」の重視が社会の文化的正面に現われるのはそのためなのである。そうして松陰は、在り来たりの詩的意識の他には何も手にすることなく赤手を以て詩を愛した。愛したというよりそこに自分の表現を託した。「東北遊日記」の如きは、記録的部分を除けば、殆ど「詩的紀行文」の漢詩版のような構成を与えられている。ただ、そこに特に素晴らしい詩が余りないだけである。（二、三のまことに真実な部分を含んでいる何行かを除いて。）彼がそこに表現を託したものは、大部分、「慷慨の気」であったとすれば、文化形式としての詩が中途半端になるのは当然であった。「東征稿」の中で、彼が自分たちのグループを目して「世の中には笑社（何に出喰わしても笑うことばかりする連中）といわれるものがいるが、我らの如きは泣社といってよかろうか」と言っているのは、そこに含まれている一定の冗談の能力を見失いさえしなければ、慷慨号泣する彼の「気」なるものが、詩的蒸溜にまで陶冶される筈のないものでありそしてその必要も彼にはないのだということの証言となるであろう。

かくして松陰は、その記録精神の中に「気を起こす」チャンスを求め、崩壊期がもたらす「事実」への注意と「感性」への重視とを雑炊のように交ぜ込みながら、しかも二つの傾向を共に体現したのであった。赤手をもって天下に立ち向うことによって、良かれ悪しかれ、限定された専門家たろうとはしなかった者、此の世で何物かに成り上ろうとは決してしなかった者、そういう者にだけその未分化な体現的代表がありえたのであろう。自分の権力を絶対に志向しなかった天下国家主義者（あの、忠義で天下を埋めつくそうと希んだ、やり切れない彼の忠義の哲学の裏打ちがこれなのである)、現世的成功を求めないばかりか失敗と蹉跌を恐れることなく繰り返した者だけが、その思想史的両極分解[*3]を雑炊のままで体現しながら、しかもその状況を代表しえたのであった。こうして松陰の記録精神も、また些かやり切れない号泣も、彼の唯一つの「主著」の文脈において見る時、始めてその意味を私たちの前に明かにする——と言うべきであろう。

＊3 体系的なるものが崩れていく時には、「事実」と「感性」というこの二つの極か分出されるだけではなくて、もう一つ、体系中の象徴的中心をなしていた究極的な「価値の実体」が、周囲の支えと土台を失って孤立し、糸の切れた凧となって、自由に転用されうる「比喩」と化する、という事態が起こる。その意味では「両極分解」と言ったのは正確ではなく本当は「三極分解」なのであるが、此処では収録文の説明に直接関係しないのでその詳しい説明を略した。松陰は、この「価値の象徴」の「比喩化」という現象を自覚をもって活用した者では全然なかったが、しかし、その状況の中に丸ごと嵌り込んでいた人であった。だからこそ、私は前節において松陰の「尊王攘夷」の如きは変数「X」として取り扱うべきだと提案しておいたのである。その点を此処のこの註記と関連づけて想起すれば、あの一見大胆過ぎるように見える提案が、決して単なる牽強による「現代的解釈」に止まるものでないことが分るであろう。さらには、本節における二極の分出の模様を読んで、三極分解の様相が松陰以外のどういう具体例の

中に現われているか、すなわち体系の中心的価値であったものを自覚的に「比喩」として自由に転用して憚らない精神が、何処において、また誰において現われているか、ということにも思い至ることでもあろう。そういう人物は少数にせよ居たのであり、そういう状況は部分的にせよ在ったのである。

三

私はむろん慷慨号泣の類いを好む者ではない。「我らの如きは泣社というべきか」などという文言に接するとウンザリする方である。しかし、松陰の場合には、彼の悲劇的精神こそが、彼をして、幾多の失敗と敗北と蹉跌を乗り越えさせ、再び又再びと、失敗と蹉跌を結果する「事件」へと立ち向わせたのであった。そこには「運命」と格闘する本来の悲劇の葛藤があった。「運命」は人間の力を越えたものである。それに包囲され縛りつけられた時、おおむね人は屈服し追従する。しかし戦士はそうは出来ない。彼は一人敢然として、人力の如何とも仕難い「運命」に対して挑戦し全力をつくしてこれと戦う。相手が相手だけにそこには「人間」の備えている全能力と全不能力とが共に現われざるをえない。「運命」の強大さ、すなわち条件の甚しい困難さに思い至る時、彼は或は悄然とし、しかもなおその悪戦を自分だけで闘わなければならない我身の内的必然性を思って或は憮然とする。そうしながら再び自らの必然性（主観的形式としては信念）の何たるかを思い返して、敢然として再びかの非人格的な強大な相手に立ち向うのである。その一個の「人間」としての戦士は、人間の持つ様々の要素を——強さも弱さも、勇気も憂思も、思慮も無思慮も——その苦闘の中でくっきりと表現するという点で代表的人間となる。そしてその代表的人間像が悲劇の提出する「英雄」に他ならない。だからその「英雄」はいわゆる「偉人」とは決定的に範疇的に違うものである。此の世でしばしば英雄視される「成功者」（偉い人）とも勿論異る。繰り返すが、悲劇が描き出す「英雄」は、「運命」と格闘しなければならない義務を背負って、その格闘の過程の中で人間の諸要素を代表的に露わしながら、悪戦苦闘し苦悩困憊する憐れで孤独な一個の戦士なのである。いきおい、彼は此の世の社会の中では例外的な存在となり社会的異物と見做され易い。「偉人」とちがう所以の一つも又そこにあろう。そして吉田松陰は事を図って失敗するや、運命と格闘する者の持つ悲劇的英雄の態度を以て、素寒貧のままで、何の衒いもなく、悪戦苦闘し疲労困憊し思慮も無思慮も出しつくしながら、再び又再びと事を図って現世的敗北を刑死に至るまで続けて行ったのであった。

松陰は確かに、古来の「英雄的忠臣」を、「偉人」や「功臣」と区別することなく素朴に崇拝していた。彼の忠義の哲学が成り立つ所以の一つも又そこにあった。（この世の偉い人に対する律儀が忠義に他ならないのである。）その点ではここでも又彼は彼の実態と彼の認識との明かなギャップを示していたのである。しかし、蹉跌を繰り返しながら孤独が深まっていった晩年になると、あの忠義心の徹底的な内面化と共に、彼自身の悲劇性についての疑い難い自覚が生まれていた。彼に見られる、いわゆる覚悟の徹底とはその自覚の現われに他ならない。彼は此処に至って名実ともに「偉い人」とは全く異る本来の悲劇的英雄となったのである。失敗の歴史こそが彼の成功であった、というのはまさに此のことなのであった。

そうして悲劇的精神がその自覚の究極にまで達する時、そこには却て喜劇的精神が生まれる。「運命」と「人間」との格闘と、その格闘における「人間」のドタバタ性を、一度び超越的眼でもって見直すことが出来るや否や、その戦いの様相は笑いをもって描かれるようになる。或は笑いをもたらすべきものとして描かれるようになる。その場合にどのような性質の笑いを以てするかが喜劇的精神の性質と型を決定する。嘲笑的態度もあれば苦笑いもある。穏かな微もあれば愉快な哄笑もある。皮肉なウイットもあれば洒落れたユーモアもある。自分を笑う笑いもあれば他人を笑う笑いもある。戦いの笑いもあれば追従の笑いもある。全体の構図を笑って見る笑いもあれば部分的極点に縮小される笑いもある。「泣く」のと違って「笑う」ことには精神の全ての様相が含まれうる。「笑い」は表現としてそれ程までに複雑なものである。だからこそ喜劇の最高のものは「芸術」のみならず精神の表現として最高の位置を占めるし、最低のそれは底無しに下らないものとなる。その最低のものを以て最高のものをひっくり返すとも又やり方によっては可能になる。真剣な喜劇役者がやり損った場合、しばしば無残な自殺を図ることになるのも、喜劇の含む振幅の大きさと微妙さを物語っているであろう。喜劇精神はそれ程の包括性を持っている。そうして松陰は、悲劇性の自覚を徹底させた晩年の、その行き着く所において反省的笑いを以て何程かまで喜劇精神を獲得したのであった。「安政の大獄」の獄中から、彼が若い友人（彼は門人を決して門人とは見做さなかった。そこに彼の「餓鬼大将」としての真めん目があった）に宛てて「我を学んで馬鹿なことをやるんじゃないぞ。自分には知己の君主がいたからしようがなく、その君侯（毛利敬親）に忠義をつくさせようと焦ったのだが、君らはもっと長い眼で見て十年後に事を図れ」と言った時、そこには、彼が本来持っていた謙虚さだけではなくて、彼の悲劇性を反省的意識の土台に乗せて、それを「フール」の戦いとして笑って見直す喜劇精神が明かに発生していたのである。だからこそ又、その獄内生活を諸藩の有志人と交流することの出来る「横議」「横結」の場と成し、そこに「在獄の愉快」を発見し、それを通して『天下の事はこれから面白くなるなり』という展望を感じ取り、死刑の決った後にも井伊と間部の「両権は近年の内に倒れるだろう」という、超越眼からでなくては見て取れない予測をなしえたのであった。笑いの余裕を以て、天下全体の構図を面白く見通し、自らの獄中生活をも快活な「横行」の場とするに至ったのである。それが如何に精神的超越を必要とするものであったかを知るためには、あの豪放な西郷でさえもが自殺を図らざるをえなかったような絶望的状況下においてそれが営まれたものであることを思い起こせば足りるであろう。そして松陰の予測がかくも正確な的中度を持ったのはこれが最初でそして最後であった。翌年、「両権」は倒れ、以後「横行」の士が大量に現われ出たのである。悲劇役者松陰は、最後に、その悲劇を徹底的にくぐり抜ける孤独の営みを通して、反省的笑いと眺望的笑い——いずれも自己を超越する眼を必要とする——を自らの物とした。ここでも失敗と孤立の歴史が彼の「成功」を意味していたのであった。精神的成功という意味で。

しかしそのことは、松陰が元来持っていた存在としての悲喜劇性を一掃し去るものではなかった。あの「密航」事件において、舟の用意もなく櫓の漕ぎ方も碌すっぽ知らないままで米艦に行く事をさっさと決定し、同志たちと送別会を開いて神奈川へ旅立ったことに代表されるような、目的と手段のギクシャクした喰い違いや、にもかかわらず最後にはフンドシと帯をもって櫂をくくりつけて力戦奮闘遂に米艦に辿りついた、その苦闘の徹底などに表われている松陰の悲喜劇的な行動様式は、「安政の大獄」においても裁判過程で現われていた。其処で彼に加えられた宮中への「落書投げ入れ」の嫌疑に対して、彼は「何んで自分が署名もしない無責任な投書の如きことをするであろうか」という憤然たる気持ちの逸やる余り、言わないでもよかった「間部諫争計画」（実際は襲撃計画）をわざわざ——自分が京都へ行ったのは他ならぬそのためなのであると――堂々と開陳して却て「公儀に対する不敬」の罪を得たのであった。幕府に対する「不敬罪」を幕府自身が裁判で主張したことの意味――安政の大獄が如何に政府最後の「尊厳」を権力的に死守しようとする大博打として行なわれたものであったかを如実に示すその事例の象徴性――については、説明を省略しよう。しかし、此処でも又松陰の行動様式が持つ、存在としての悲喜劇性はちゃんと貫かれていたのである。けれどもそれを以て松陰を軽蔑してはならない。何故なら、その悲喜劇性こそが「状況化」する幕末日本の象徴的縮図であったからである。試みに、「密航」事件における象山と松陰の認識態度の対照的な違いを、世界史的な視野からもう一度見直して頂きたい。象山と松陰と幕府の役人という関係の中で見れば、確かに象山は綿密であり堅実且つ大胆であり、計画と行動の一つ一つに「読み切った」根拠を持っている。松陰のオッチョコチョイとは凡そ対蹠的である。幕府の役人に対する問答の中でも象山は一分の隙もない見事な論戦を展開している。松陰の、己れの忠義心の確認さえあればそれでよろしい、といった風の態度とは全然違う。しかし、何故アメリカ船が他国の船よりも先に江戸近海に来ることになったのか、といった種類の問題は、あの、天地万物の全てを根拠に遡って納得しなければならないとしていた象山においても、唯の一度も念頭に現われた事はなかったのである。留学生を出すことその他の目的には極めて夙く真直ぐに向って行ったけれども、現状の大局を構図として理解することには彼は凡そ皆目気附きさえしなかった。

太平洋が捕鯨の場から貿易の交通路へと十九世紀の四〇年代終りから急速に転換して、その結果、アヘン戦争を既に通過して東アジアに到達していた世界帝国としての英国をも追い抜いて米国が日本の中心に迫って来ることになった。その世界史的動きの方から見るならば、あれ程にまで対照的な象山と松陰との違いは一挙に大同小異にまで縮小するのである。むろんそれをもって象山個人の無智を言うことは出来ない。日本全体の「たった四杯で夜も眠れぬ」盲目的混乱の盲目性が、あんなに賢明な象山にさえ現われているというだけである。その、事件と認識との間の大きな落差は、象山の利口さの中にではなく松陰のギクシャクした行動様式の中にこそまことによくその人格的体現物を見出す。こうして、ここでも又松陰は状況の体現者であったのである。「安政の大獄」についても類似の事情が存在する。裁判過程だけに注目するならば、あたかも松陰の軽率な演説が死刑を呼び込んで了ったかのように見えるけれども、そしてその悲喜劇的な因果の狂いは確かにあるにはあったであろうが、しかし、安政の大獄を実際に準備し実行に移して行った井伊の腹心(長野主膳、宇津木六之丞)が既に前の年に、梁川・頼・池内・梅田の四人の他に「その連中の外、長州吉田寅次郎と申す者、力量も之れ有り、悪謀の働き抜群の由にて」と特別の眼をつけていた事。そして井伊の腹心としての彼らが「騒動の基」を根絶するために「やむなく手荒の御処置」をすることになるだろうと見做していた事。などの点から見るならば、奉行や吟味役たちの法廷的表面の背後で進行しつつあった全国的規模での大弾圧（或は粛清）の構図の中に、早くから松陰は登録されていたのであって、「手荒な処置」を免かれる余地は殆どなかったのかも知れない。松陰はそのことを無論知らなかった。知らないままで、天下に有名な梅田や頼や橋本らと共に死刑を与えられることによって、「安政の大獄」が如何に幕閣最後の大博打として全国的規模で危険人物を一掃しようとしたものであったかを、すなわちその大獄の性質と歴史的意味とを身を以て明かにしたのであった。彼の悲喜劇性は個人的に見れば、確かに附き合いかねる程のものであったであろうが、状況との関連で見るならば、まことに忠実な状況の「真影絵」であった。繰り返すが、彼の素朴と愚直と徹底とそして事物と人に対する真正面からする対面の態度がそれを可能にしたのであった。

そういう松陰が自覚された悲劇精神とその徹底の果てに気高い喜劇精神を獲得したということは、人が十分に生きつくす時、能力や学の程度とは関わりなく、いかに精神的な成熟を自らにもたらしうるものであるか、ということを示している。そして松陰のその成熟の鍵は彼の孤独の中の営みにあった。私は、この稿を終えるに当って、「幽室文稿」の中の収録したかった準書簡や短文のいくつかの名前を列記しておきたいと思っていたのだが、ここまで書き進めて来た時、その必要はもはやないと考えるようになった。読者の方々がもし思い付くなら自らその抜萃を試みられたい。しかし、その列記の代わりに数多い松陰の歌の中から三首を選んで記しておきたい。

すなどり（漁夫）のささやくきけば思ふなり沢辺《さわべ》に迷ふ人の心を　（安政六年二月の頃）
鳴かずては誰れか聞かなん郭公《ほととぎす》さみだれ暗く降りつづく夜は　（安政六年五月）
呼び出しの声待つほかに今の世に待つべき事のなかりけるかな　（辞世）

一首目は「楚辞」における屈原の孤独な憂思に即して松陰の心の程を歌ったものであり、二番目は赤川淡水の忠告に対する答として、一首目と同じように松陰の覚悟と宣言を反動的状勢の寂しさの中で歌ったものであり、三首目はいくつかある辞世の中で最も普遍的に人の心を打つものである。歌としては——素人の感想を言えば——、二番目のものがよく、次いで最初のがよいであろう。しかし、この三首を貫いているものは共通して孤独の契機である。そしてその契機こそが、彼の些か迷蒙なる理論や遣り切れない忠義の哲学や「夷狄」についての肯じがたい考え方や過剰極まりない律儀さなどを越えて、私たちに反省を迫るいくつかの真実を彼の内に結晶させることになった最大の要素なのである。なぜかといえば、その孤独はただの感傷的な孤独とは全く逆に、全社会の崩壊を宿したものであったからである。在来の社会関係全てが、それによって成り立っていた靭帯と接着部を失って、ガタピシと音を立てながら分解し、その社会関係を根拠づけていた観念形態や意識形態も又、接合関節を失って、バラバラの骨片へと化していく、その崩壊の状況において、社会関係の分解を彼自らの諸関係（君臣・上下）の分解として経験し、観念形態や意識形態の骨片化を彼自らの思想的形態の瓦解として経験しながら生きて来た者の孤独は、他人からの孤独といった単純なそれではなくて、社会的な自分からも自分の意識形態からも孤独であるところの、深く痛烈なものであった。全社会の状況性を一身に引き受けて体現した者の内面的な深さが此処にある。そうしてその具体例のいくつかは今まで述べて来た所の中に既に在る。私がここで言っておきたい事は、「やむにやまれぬ大和魂」などと言う文句を抜き出して、松陰の唯一つの「主著」の文脈から勝手に外して、自分や自分達の権力の防衛物にしたり、自分の「政治的情熱」の証拠品のように扱ったり、総じて松陰の知名度に便乗しながら自分の権益や評判を増大させようとする態度が、いかにこの三首の歌に現われている松陰の精髄を無視して、彼の変数的部分を手前勝手に利用するものであるか、ということだけなのである。その変数的部分とは「尊王攘夷」に限るものではない。「やむにやまれぬ」を振り廻わす政治的ポスターの如きは左右を問わず尽く変数的部分の我儘な利用に他ならない。それは果して歴史から物を学ぶ態度であろうか。そういう態度こそが松陰についての虚偽意識を作り上げ、彼を知名人中の知名人（偉い人）にいよいよますます仕立て上げたのであった。この稿はその傾向に些かの抑制を与えて、あらためて松陰の苦闘の歴史から何を教わるべきかを考えようとする小さな試みであった。

或る歴史的変質の時代

序

いわゆる「明治時代」は紛れもなく一つの時代であった。一つの共通の精神と行動形式とを持った歴史的構造体を、もし人文学上の範疇として「時代」と呼ぶとすれば、明治時代はそういう意味での一つの「時代」であった。それは「天皇の世紀」などにはとても還元することの出来ない色々な次元と色々な側面と色々な要素とそしてそれらから成る色々な傾向を包含した構造的な時代であった。それは、日本最後の内乱を含む革命と動乱の時代でもあり、全能力を傾けて制度を作り上げた時代でもあり、制度の完成と共に生ずる社会的弛みをも新鮮に経験した時代でもあり、新生国の命運を賭けた対外戦争を一定の自制をもって行ない遂げた時代でもあった。そうしてしかも、一つの共通の目標と精神がそれらの諸局面を貫いて生きていた「時代」なのであった。

その「明治時代」は維新に始まり日露戦争をもって終りを告げる。日露戦争以後の数年は天皇の世紀としては「明治」に属するかも知れないが、ここでいう歴史的構造体としての「明治時代」にはもはや所属しない。人は、或は、私のような元号批判者が明治時代という呼び名を承認するだけでなく、むしろ積極的にそれを一つの典型的時代の名称として用いようとすることを訝かるかも知れない。しかしむろんそうするには理由と根拠がある。名称というものは、「昭和」であろうと「大正」であろうと、それが意味するところのものへの批判とは別に（その批判がしっかりしたものであればあるだけ）、一応の日常的遣り取りの場面では便宜上習慣に従っておいて少しも差し支えないものである、という一般的な非狂信的態度の薦めの他に、「明治」の場合にはそれ以上にもう少し特別の積極的理由が存在する。

第一、「明治」の称号は宮廷の都合の結果として生まれたものではなく、維新の社会変動の結実として発生したものであった。その意味で天皇家の世継ぎを意味したに過ぎない「大正」や「昭和」とは全く性質を異にしている。そうして又、社会の内側から出現した自生的な社会的力の自主的な社会活動の一つの成果として——不十分なものではあったがそうした成果の一つとして選び取られたものであったという点で、社会的動揺に対して社会の外側（雲の上）から対応しようとするのを常とした昔の改元とも事情を異にしている。「明治」という元号は、その成立の事情に関する限り、元号の世界では異例で特別のものであった。元号世界の辺境に位置していると言ってよい。嘗て中世において見られた「私年号」は、自由な地方的独立と「熊沢天皇」にも似た既存宮廷への対抗性を持っていたが、「明治」はそれとは政治的性質を異にして全国的統一性と宮廷との合体的性格を特徴としながらも、しかもなお、その元号世界での異例性は「私年号」の異端性と対比されて然るべきものであった。

こうした事情の上に更に、「明治時代」は、先に述べたように一つの歴史的構造体としての性格を明かに持っていた時代なのであった。成果の不十分さや好ましからざる傾向のいくつかなどまでをすべて含んで「明治時代」と呼んで少しも不都合ではない、と思う所以は以上の二点にある。そしてその時代の「又の名」を「立国の時代」と呼びたいと思うのである。

一

一つの歴史的構造体をなしていたからと言って其処にいくつかの政治的局面の変動や思潮の移り変わりや社会の性質の変化がなかったわけではむろんない。明治十年代の政治的変動や二十年代の制度的確立やそれ以後次第に生まれて来る社会的変質、特に日清戦争後に顕著になってくる根本的変化などは史家が注目して分析するに値する問題である。事実、多くの研究がそれらに力を傾けて来てもいる。そのことは極めて当然そうあるべきことでもあり十二分に意義深いことでもある。けれどもそれらの諸変化が「明治時代」を通じて在ったにもかかわらず、維新以来日露戦争に至るまでの「明治社会」には一つの大きな目標が社会全体を貫いて生きた存在として働き続けていた。その「柱」によってその時代の諸局面は一つの歴史的構造体へと統合されていたのである。

いうまでもなくその目標とは、国際列強に対する日本の「独立」の追求のことであった。その目標に関してだけは、どのように対立する立場も、どのように移り変わる傾向も含めて、その時代の日本社会全体が一貫して追求していたのである。「民権」を核にした「国民主義的独立」の立場と、「国権」を軸にした「国家主義的独立」の立場とが、対立しながら双方互いの中に入り混じって交錯し合っていたのも、その事の現われの一つでもあった。「士族反乱」と「藩閥専制への反対」とは元々内面的に深くつながっていたし、「民権の壮士」はしばしば谷干城とか頭山満とかのような色々な型の国家主義者と或る種の親近性を持っていた。そうした事態の中に示されていた「民権」と「国権」の交錯、「国民主義的独立」と「国家主義的独立」の混淆は、一面では「国家からの自由」や「自主的民権」などの精神が、独自の社会的態度として、十分な純化としっかりした結晶度を獲得していなかったことを物語っているが、それと同時に、他面では、列強に対する「独立国家」を作るという目標が、如何に大目標として当時の社会全体の全ゆる要素の中に行き渡っていたかを示してもいた。

その目標を宛も「究極永遠なるもの」の如き大目標と見做すことなく、一個の限定された相対的価値に過ぎないものと見直して見る眼を明治の中に在って些かなりとも真当《まっとう》な形で持っていたのは、ソフィスト風の弁証法を軽快に駆使して当面の課題の一時的当面性を明かにするのを得意とした福沢諭吉唯一人であったと言っても大過ないくらい、その目標の「大目標性」は維新以来の明治社会全体に広く深く共有されていた。

〔そういう福沢にしても、例えば彼の「立国は私なり。公に非ざるなり。」という名言すらもが、些かも「立国」の目標性を否定するものなのではなかった。「立国」事業を指して人類史的には「私事」なりとした、その冴え渡った一句は、実は、嘗ての自分の歴史的行動やその時の仲間や部下などに対する、いわば「私的」な責任や「私的」な信義を守る態度が、どれほど、社会的な生き方における「公的」な正しさを実現する際の中心になりうるものであるかということを、例によって、知的な意外性に満ちた極端な例を挙げながら説き明かそうとする、意図的に衝撃的な一言であったのである。具体的には、それは、勝安房や榎本武揚のような人々――かつての幕臣の指導者として、或は、「敵軍」薩長の前に対決を避けて敢えて自分達の政府を解散させた事について功績と同時に責任を持ち、或は、自分達の政府の解散に反対して多くの部下の命を戦闘の裡に亡くした事について勇気の誉れと同時に責任を持ち、したがって又どちらの場合においても、維新後の明治社会の中に不遇の日蔭者として生き延びている「落武者」の群れに対してかつての代表者としていくばくかの責任を負うべき人は、維新戦争の勝者たる明治政府の授けようとする栄誉や地位や権勢などの如きは、兵家の常から言って些かも恥ずべきではない敗者の将としての誇りから見ても、自ら図った大事についての責任の「私情」からしても、更にまた敗死者や「落武者」らに対する「私」の信義から言っても、すなわち総じて「万古不変の人生の心情」から言って、唯唯諾諾と受け取るべきものでは断じてない筈である、という福沢の主張を展開するための効果的な前置きとして発せられたものなのであった。「私」の信義の「公的」な大切さを行論の進行の中で逆転的に際立たせるための弁証術的な前提として定立して見せた議論上の助走路があの「立国は私なり」という名言なのであった。「入り道」にしては素晴らし過ぎるほど素晴らしい一言であるが、此処でも福沢はいやらしい程抜群のソフィスト的能力を示すことを通して、歴史的条件の制約を負った特定の状況の下にしか生きざるを得ない者としての社会的人間にとっての生き方の正しさとは一体何か、という複雑な問題について特別の考慮を特に促すために、そのためにこそ、「特殊」を潜らぬ「普遍」としてこの名言が設定されたに他ならなかった。だからこの名句は彼においては「目下の日本にとって公の中の公である立国さえもが、絶対的な一般性の世界では唯の私事となるのですぞ。

だから私事は軽視すべき事ではないのですぞ。」という含意を持って提出されていたのである。かくてその文言は些かも、明治日本における「立国」の目標性を否定するものではなかった。むしろ逆に、一定の条件の下においては「哲学の私情は立国の公道」であることを明かにして、権威や地位の誘惑に抗して嘗ての自他への責任上敢えて逆境に止どまる「私」の義侠心こそが、却て、全ての人の同権性と全ての国の平等性を具体的に保証するために不可欠の「大本」である所以を明快無類に説き明かそうとするものであった。そうして「万国の同権」こそはいうまでもなく「立国」の公的目標性を最も公正に基礎づける。

私的義侠心がどうして万人・万国の同権を保証するのか。この一見逆説的な関連を成り立たしめる一定の条件とは、それでは、何か。強者の圧迫の前に「衰勢」「廃亡」の逆境に立たされているという事情の存在こそがその一定の条件に他ならない。強大なる力の下に「衰退」の止むなきに至っている「弱者」・「小国」・「小藩」などが、譲るべからざる自尊心をもし発揮しないならば、どうして万人の間の同権性と万国の間の平等性という理念が具体的に此の世に現前するであろうか。そうして、そのような「衰勢」に在るものに対して共感と義侠の念を持つことが出来ない者が、どうして万人の平等と万国の同権を口にすることが出来るであろうか。かくして「私情」としての義侠心は、一定の条件においては最も具体的に普遍的「公道」と「真なる価値」とを保証する道なのである。そうして国際的逆境の下にあった明治日本の「立国の大本」はこうした「一片の義心」の集積にこそ依拠すべきであった。もしその「義心」の集積が確固不動のものとして実現しているならば、他日「立国」事業に成功して弱小国の位置を脱した場合にも決して大国の自惚れや飽くなき膨脹主義に陥ることはない筈である。なぜなら、其処には最も具体的な形で普遍的な同権性の理念を担う精神的基盤が社会全体の中に確保されているからである。福沢自身がその他日の可能性までを論じていたわけではむろんないが、しかし彼が説いたところの、「逆境」という条件に媒介されている場合にだけ生まれる「私的義心」と「普遍的公道」との結びつきの重要さは、疑うべくもなく、その主張の延長線上に今述べた他日の可能性までを含意しうるものであった。

こうして福沢の名言「立国は私なり。公に非ざるなり。」は、明治における「立国」の目標性を否定しないばかりか、更に進んで、「逆境」の中での「立国」精神が如何に当時に生きる社会的人間の「私的」信義と連動する大切な価値であるかを明かにしようとするものなのであった。唯〻ひたすらに「国家」や「国民」の事だけを大事がるナショナリストと彼が違う所以はそこにあり、そうして、「私情」の次元・生き方の次元と連関させられたことによって当時の「立国」は単なる政治的事業の平面を超えて「立国」精神の深みへと基礎づけられたのであった。そのことは同時に、先程見たように「大国」に成り上ることへの理論上の警告をさえ含みとして持っていたのである。あの名句から議論を始めて其処までを含み込んで来る彼の行論の鮮かさは、一面では、福沢のソフィスト的な知的芸人性が、如何に当面の価値を当面のものとして相対化し、その超越によってヨリ遠方の普遍的価値の存在を常に指し示すのに役立つかということを現わしてもいるが、しかし他面では、その「当面」の事が、逆境の真只中で「廃亡」の深淵に臨みながら敢えて辛じて立っている者――それが自分であろうと他人であろうとその者のその状況――に対して採るべき態度は如何にあるべきかという、いわば絶対的な深刻さを持った問題となった時、その問題の「当面性」を超えるということは、事柄の表面性を突き破って事柄の内なる深みに向って到達しようと努めることでなければならぬ、という「深さの弁証法」を提示するものでもあった。逆境の中で人知れず自尊の姿勢を崩さない者は、舞台の表面にあって浴びる脚光を反射している者とは違って、何の注意も払わずとも自働的に知覚されうるようなものではない。社会的変動における敗者が敗北後に私かに保つ精神的直立、国際権力世界における極小国の内面的自尊、幕藩社会における小藩の隠然たる矜持、それらや、それらに類するものは、表面の動きや外見の言辞などによっては決して見抜くことは出来ない。それら表面的外見の底深く隠された精神的本質に到達するには、共感と義侠心を含めた在りったけの注目と眼光をその物の中に注ぎ込まなければならない。そうする時、当座の表面的世界が示す舞台構成を超えて――深みへと超えて――、弱小の敗者の中で光っている普遍的価値が始めて姿を現わすのである。そうしてそれこそが此の世における普遍的価値の眼に見える光源であり、此の世に現われた普遍的価値の典型的形姿なのである。権力を持ち権威を備えた者が自尊心を発揮したとて、それは危険な傲慢につながる可能性を含みこそすれ、同権の独立性を内面的に保証する自尊心とはならない。なぜなら其の場合には、他人を外面的に統制し規定する権力と権威についての誇りが独立人としての自尊と入り混じって不純な形態とならざるをえないからである。同様にして裕福な金持ちが寛大さを示したからといって寛容の普遍的正しさを証明することには必ずしもならない。それは、寛大でない場合に比較して寛大であることの必要性を示すのがせいぜいである。自尊心を失い寛容の余裕を無くしたとしても当然であるような劣悪弱小の条件の下に置かれた者が、確固として、強者に対抗する自尊心を私かに保持して、外面的舞台構成の現状に向って余裕を持って精神的距離を保っている時、その時その場合においてこそ、万人同権の独立性は普遍的価値の現在形として具体的形象性をもって此の世界の底深くに立ち現われるのである。

福沢が「立国は私なり。公に非ざるなり。」という今日にそのまま通ずる名句をもって説き明かそうとした文章は、このような精神的内実を包含していた。彼がサーカスの軽業師のような「重力の否定」をもって展開する自由軽快な弁証法は、哲学の道化師であるソフィストにも似て、「当面」への執着を絶えず超えさせ、そのことを通してソクラテス的な普遍への眼を育成し続けたが、同時にその底には、ソクラテスの自発的な受難劇が自由の極限的形態を典型的に示した場合に見られたように、「廃亡」に面した絶対的瞬間（極限的条件）における自由独立が如何なる行動様式として現われるべきであるかについての洞察をも含んでいたのである。「重力」の否定は決して「重心」の存在を無視することではなかった。むしろ逆に、空間上の全ゆる位置と、行動・思考の全ゆる地点に同じ力で懸っている「重力」の執着感を曲芸的軽業で消去して見せることを通して、全ての力の集約点としての「重心」の一点的存在をくっきりと現前させたのであった。

福沢は、多少、一方的教育者に過ぎるという意味での国民的教師としての自意識を持っていたために、十分にはソフィスト・ソクラテス的な相互性に到達できなかったけれども、しかしそういう傾向を彼自身の思考と表現の核心部に持つことによって、典型的時代の持つ「公」と「私」の弁証法的構造性を最も良く表現する精神的代表者となりえたのであった。それは、機構的管理社会が一元的な「公」「私」の峻別を社会的行動様式の根柢にまで貫徹させることによって、遂に、外的世界での「公」的言い訳けが立つことだけを常に目標とする生活態度をもたらし、その結果、法規に適合すること（合法性）をのみひたすら生活の上で信仰して疑わぬ精神喪失の状態を産み出していることに対して根本から対立している。そうして明治の「立国」が比較的に健康なものであったのは、少量ながらこのような精神的要素を含んでいたからであった、と言ってよかろうと思う。」

二

さてこうして、「明治時代」すなわち維新以来日露戦争に至るまではともかくも列強に対する弱者の「独立」という目標が日本社会全体の中にあった。その点では「藩閥政府」であろうと「民権派」であろうとはた又「改良派」であろうと変わりはなかった。それだけに、日露戦争が勝利に終って始めて西洋列強からの独立が誰の眼にも明かな形で実現した時、その時に起こる精神的価値の世界における変動は大きなものがあった。その点に象徴的に触れる一例だけを今は挙げよう。

一九一〇年に『自由党史』が出来たとき板垣退助がそれに「題言」を書いてその末尾で次のように言った――。

「之を要するに、維新改革の精神は、憲政の樹立によりて成就せられ、日清、日露の戦捷も亦、憲政の樹立に負ふ所極めて大なるの事実を否定すべからず。而して今や我国民は創業の逆境を経て、漸く守成の順境に向ひ、当初の志望稍や酬ゐられたるに庶幾しと雖も、地位の上昇すると共に責任も亦加はる、我国民は未だ之を以て満足すべきにあらず、況んや国民の一部に於ては既に惰気の兆せるものあるに於てをや。故に今日以後、更に国民的自覚を喚起し、挙国一致、以て内は国民生活の安固を図ると共に、外は雄を世界に争ふの道を講ぜざる可らず。思ふに道は邇きに存り、若し能く時勢の境遇に応じて、斯の主義の新たなる発展を遂げ（「斯の主義」というのは「自由党の主義」。板垣の定義によればそれは「国家観念によりて調節せられたる個人自由の主義」である。）、国民の元気を一振し、政治の改革と共に、更に之が根底たる社会の改革を成就せば、憲政有終の美是に於てか済り、国運の隆昌、天壌と共に際りなからん。」と。

ここで板垣が言おうとしたことは「維新改革の精神は、憲政の樹立によりて成就せられ、日清、日露の戦捷も亦、憲政の樹立に負ふ所極めて大なるの事実を否定すべからず。」という最初の一行の中に集約されている。維新の精神の正統の嫡子は誰か、維新の成就とは何であったのか、維新の成就によって果し得た目的は何であったか、がここで論じられている。そうしてその三つは相互に分かちがたく関連し合っている。維新の成就が「憲政の樹立」にあるとする限り維新の精神の申し子は自由民権派でなければならない。なぜなら「憲政樹立の誠意なき保守、恋旧の政府を衝動して、国会の開設を公約するの余儀なきに至らしめ、更に之を刺激し、彼をして幾度か其公約を無視せんとして、而かも竟に之を無視する能はざらしめたるものは、実に輿論の勁力と、志士が身命財産を擲つて国事に尽瘁したるの賜なる」が故である。この点は完全に正しい。そして「憲政の樹立」が象徴するいろいろの改革こそが「国民」を作り出し、その「参加」を産出させることによって新しい国力と統合力を生みそれが日清日露の戦捷を可能にした、と板垣はいうのであった。

たしかに、明治における「憲政の樹立」は改革中の改革でありしたがって維新改革の象徴的中心でありえた。それが直接に権力構成を如何にするかの問題であってその点で単なる技術的運用の改善などを超えた根本的な改革であっただけに、それに伴う困難は大きくそれが惹き起こす抵抗や摩擦もまた深刻でありえた。そうして改革の精神が、当座の修理や手心による弥縫作業と異るのは、それが必要なるものの根柢にまで遡ってそこから改革事業を進めようとする点にこそある。その根柢に達して改革の根拠と理由を明かにした地点から、その事業が含む困難の打開や摩擦の解消の道やすなわち技術的方法を含めた改革の規模や程度や道筋などの全てが勘案される時、そこには改革の精神が生き生きと働くことになることであろう。「根本的」なる問題を、それが含む困難さを理由として始めから避けようとするところには改革の精神はありえない。こうして、困難を胎んだ根本的改革としての「憲政の樹立」の成否の如何は維新改革の精神の存否を決する象徴的課題なのであった。

そうして嘗て二十余年前の板垣は、その、困難を担った根本問題の根本性に身をもって直面していた筈である。しかし、改革精神の持つ深い緊張を自覚していたのは彼及び彼等だけではなかった。むしろ、「実施」について直接の責任をともかくも進んで負おうとしていた伊藤博文の如き人の中にこそその精神的緊張は満ち満ちていたのであった。憲政実施に当っての伊藤の言葉は殆ど必死の面相を帯びていた。いわく「憲法実施は東方未曾有の大試験、他国の糟粕而已を嘗めて、此の国歩艱難なる険坂を越すことは不可希望事」だというのであった（明治二十四年十二月二日、井上毅宛書簡）。「東方未曾有の大試験」という一句の含意自体がすでに、表面的な解釈だけでは行き届きかねる拡がりと深さと精神的緊迫を持っている。彼は日本史だけを見ているのではない。そこに宿っている世界史的視野は歴然としている。その事は見易い。しかし其処では、日本を含んだ東洋世界の歴史的過去の全体が一言の下に「憲法の世界」と対比せられているのでもある。此処での「未曾有」の意味するところはそれであり、その対比の一極としての東方世界を一手に担って「大試験」を課せられているのが、その時の目下の日本だというのであり、その日本の大試煉を直接身に引き受けて、運命的受難の経験に堪え抜かねばならぬ悲劇的主役が他ならぬ彼伊藤だというのであった。その思考と表現の過程の中には「認識」の次元での広さと的確さがあるばかりではない。苛酷な大試煉を引き受ける「決意」と、その大試煉に立ち向う時に必要な「覚悟」とが、的確な「認識」と一塊りとなって一句へと凝集している。知性は鋭い感受性とも強い意志とも遊離することなく、しかも或る深い憂思の感懐を伴って一体となって一語の中に結集している。精神はその全ての局面を統合してここにその表現を獲得しているのであった。危機の真只中に立って己れの運命的な務めを果し抜こうとする者にだけ――そしてその時にだけ立ち現われる「不可分のものとしての精神」が言語的平面に形となり響きとなって噴出している、と言ってよいであろう。そして、わざわざプロシャ型憲法を自ら選び採った当人が「他国の糟粕のみを嘗める」ことを拒否して、危機がもたらして来る各方面の「険坂」を克服すべく、独自の方途を発見しようと苦闘しているのであった。彼と彼の「政治的智嚢」となった何人かの「スティツマン」は、このようにして「憲政実施」を行なっていった。その過程で例えば井上毅が艱難辛苦しながらどのような歴史的「無理」を敢えて工夫し創作していったか等の問題については此処では触れない。又、それらの結果どのような「憲政」制度が実際上出来上ったかは、もう此処で言うまでもなく、多くの秀れた制度史研究によって明かにされている。しかし、「帝国憲法」と「帝国議会」という、本来の意味では非憲法的な「憲政」制度の場合でさえ、その創設者の内側には、紛れもなく一個の精神が「立国」の創造的側面を表現するものとなって存在していたのであった。そのことは見失われてはならないであろう。私たちの「尊敬すべき敵」は其処に在り、「敵を尊敬する」公正な対立精神を私たちに教える、存在としての歴史の一つも又そこにあった。当時の板垣たちも恐らくは同様の想いをいくばくか抱いていたに違いなかった。

　しかし「東方未曾有の大試験」は、その後の日本憲政史の展開から見るとき、成功したとは決して言えない。東方世界を代表するものとはなりえなかったし、「憲法の世界」との緊張もまた跡形もなく消え失せて、自己の制度への自己満足の中に次第に陥って行きつつあった。それなのに、一九一〇年の板垣は「憲政の樹立」を維新の精神の「成就」として寿ほいでいるのである。そのお目出度い言い方自体の中に、既に、あの緊張に満ちた憲政運動中の或る歴史的経験の消滅が含まれていた。しかしそれでもまだ制度としての「憲政の樹立」は、すくなくともその看板の上では、野党の存在と権力の「転覆」の可能性を許す制度であった限り、それは維新以来の改革の象徴的中心であったことに間違いなかった。そして繰り返すが、その中心的改革における「自由党」の主導的功績は動かし難い真実であった。けれども今一九一〇年の板垣は、その「憲政の樹立」を仲立ちにしながら日露戦争の勝利についてまでも自由党の歴史的功績を無視できないものだと主張しているのである。その主張の当否自体は今ここでの問題ではない。「憲政の樹立」が新しい国民的統合力を生んで国力の結集を可能にした事は確かに十分事実として認められる。しかし日露戦後の精神史的変動の如何なるものであったかを知ろうとする今、注目すべきは、板垣のその主張が事実に当っているかどうかの前に、その主張の性質がどういう精神態度と価値とに基いているか、という点なのである。一言にして言おう。彼板垣が『自由党史』の「題言」を通して行なっている、維新の精神的相続権の主張が、此処で此のようにして、日露戦争における功労の主張と結びついたのである。かつて国会開設以前にあって、紛れもない維新の申し子として東方史上劃期的な「主権の所在についての争い」を展開した者が、今は同じ維新の嫡子の名において日露戦勝の「功労賞」を要求している。主権論争における彼らの主張は事実として実現はしなかったが、維新改革の精神は其処に十分の形象を獲得していた。しかし今、日露戦勝の『功労賞』を要求する時、その主張は事実過程の中に若干の適合部分を持つにもかかわらず、維新改革の精神の具体的表現物ではありえない。現状への根本的な批判精神が欠けているからである。

三

かくて維新は全く歴史と化した。自由民権もすでに歴史の一テーマとなり、対外独立への歩みも今漸く歴史となり果てた。「立国」の仕事はすべて終り、従来のその過程についての解釈の違いだけが残されていた。明治の政治社会を縦断した「立国」にかんする政治的争いはもはや現実の争いであることを止めて、過ぎ去った元現実をどう解釈するかという解釈の争いへと転化した。『自由党史』はその時に生まれ、その「史」の一字の中に象徴的な意味を含み込んで現われたのである。

しかしここで注意しなければならないことは、その歴史過程の解釈が主として「功労」の有無大小を査定し「栄誉」の分け前を判定する角度から行なわれたことである。そうである限りその解釈の競争の中からは「栄誉」の此の世における原点が不可避的に発生する。経験的な歴史過程が其処から「権威」を抽き出す場所と見做されるとき、そこに政治的神話が生まれる。相対的な歴史過程を、質的な差別をもつ権威の上下関係へと置き換える作為的儀式と政治的神話が発生する。それによって動的な過程は静的な制度へ、現実の争いは安定的な権威の体系へ、上になり下になりする可変的な関係は式典毎に繰り返し保証される不朽の栄誉の儀礼へ、そして泥と恥にまみれた経験は英雄的美談へと転換する。運命に対して孤独に格闘する本来の英雄概念すらもが体系的な造成によって持ち上げられる「スター」へと変質する。ここでは人々は歴史と経験と社会過程と叙事詩との本来的な姿を失って、虚偽の歴史・経験・過程・物語を与えられることとなる。事実、すでに明治二十年代から維新の「功臣」に対する授爵と恩賞による栄典は相継ぎ、それに対応して彼ら「功臣」の法螺話も又相継ぎ、代表的な雑誌もまた「功臣」本位の維新以来の歴史に編集の重点を移し、その過程で肖像、掲額、「寿詞」(よごと)、その他の私的勲章を贈呈し、……つつあった。維新の「元勲」という呼び名もこの過程でそれを象徴するかのように確立したのであった。国の「元」(はじめ)における中心人物を意味するその言葉は中国古代以来「建国」の功業者を指すものであった。人為的で政治的な肇国神話はここに群生した。社会と自然の創生神話とは全く異質なものとして。

ただ二十年代の半ばには、「憲政実施」に伴う「初期議会」という「未曾有」の新しい権力状況の中に立って、官房政治的統治術は解体の様相を露わにして、その操作主体の統一性を失い、各省大臣その他の個別的権力者たちの恣意による、密偵と機密費の乱用や、地方官と警察官の無闇な政治的動員などが相継ぎ、それを通じて「政府（に）一定の政図なく官吏社会は四分五裂し」（伊藤博文書簡）、民党また一度びは「民力休養」の下に大同しかけたにもかかわらずやがて地位と権力と利権という新しい魅力の前に右往左往して、政治社会は「紛乱雲の如く、実《マコト》に烏の雌雄を知らざるの形勢」となり（陸奥宗光書簡）、「一新の末路は乱麻の如く」と井上馨によって見做され、「尋常一般の手段にて療治すべき病根に之れ無く」と伊藤博文が覚悟を決めるなど、明治政治社会の破滅的な危機が訪れたために、その大破綻を乗り切ろうとする伊藤ら権力当事者の間には功労に酔ういとまなどは到底なく逆に地獄の「苦境に墜つ」（松方に対する伊藤の責任追及的皮肉）る緊張があった。彼伊藤が「国家の大難目前に横はり、共に談ずるの人無き」（書簡）を嘆きながら、孤独な権力者の道を歩まざるをえなかった理由はその辺にあったであろう。此処では、権威を享受する幸福で無能な「元勲」・「功臣」の群れと、「元勲」の威信にかけて「明治政府末路の一戦」を行なう権力主体との極端な分解が生じていた。そしてそれだけに又「維新」の政治神話化はなお完了してはいなかった。それが完了するには、日清戦争前における国内対立の「右」への変質すなわち野党が掲げる反対スローガンの「民力休養」から「対外硬」への移行、戦争以来の挙国一致すなわち国内対立と野党性の消滅、戦争と外交における対外緊張への深刻な集中、という段階的過程を経て、最終的には日露戦争の終了によって対外関係への集中的緊張が解除される地点に至らなければならなかった。先に見た板垣の主張はこの時点で「功臣」の群れと同じ性質の功労主義をもって藩閥集団に対抗しようとしたものであった。ただ彼個人の功労の主張でなかった所にだけ些かの救いを含んでいたけれども。

維新以来の歴史を歴史的過去として意識する明治後半の傾向は今述べたような構造を持ちながら日露戦後に完成した。その結果、政治権力の表舞台においても日露戦争以後「維新の元勲」が直接首相の座について政権を引き受けることはほぼなくなった。彼らはナマナマしい権力の表座敷から姿を消すことによって却て政治神話的に絶対化され、「元勲」は漸く本当の「元老」へと隠居する。こうして明治二十年代から先走りの政論家によって問題視されて来た「天保の老人」は舞台から去って世代の交替が権力の場においても完了した。具体的な人間関係の中にまで一つの時代の終焉が貫徹したのである。世代交替ということの意味は時代の変遷が人間の変遷として――したがって人格にまつわる経験や感覚の変化として――現前することにある。政権の座だけではない。軍隊でも役所でも会社でも農会でも凡そ国家の内実を構成するすべての組織体において維新を知らない明治生まれの「技術者」が中核を占め、かくて「立国」の時代は終り、国家は混沌の中から作り出すべきものとしてではなくて其処に先験的に与えられて在るものとなった。それはもはや既成の自働的存在であって、内に入って運用することとか部分的修繕をすることとかだけを必要とする物に過ぎなくなった。もしそれを肯じないならば外側から圧力を加えるか打倒するか或は無視するか。国家への精神態度はこの内外の両極に分かれるべき条件がここに発生した。国家との緊張はもはやナショナリストの側からは完全にありえなくなったのである。「立国精神」はここに雲散霧消した。「題言」の中で板垣が字句鮮かに指摘していたところの、「創業の逆境」は遠く去って「守成の順境」が訪れたということの精神史的意味は実はそこにあった。

こうして日露戦争は一つの転換期を完成して次の倦怠期への出発点となった。それは戦争それ自体の性格の中に対外独立の完成と紛う方なき帝国主義的地歩の確立とを同時に兼ね備えていた両義的事実にも対応していた。

（補註）

このように維新以来の歴史の解釈が、「維新」と「元勲」を政治神話的存在にしていく形で栄典本位に編まれ、それに対立する者も功労の分け前を争う形で歴史を解釈しようとしていた状況にあって、それと逆に維新をも歴史的相互関係の中で把え、歴史過程の叙述な「経験」の記述として描いた「天保の老人」が福地桜痴であった。彼の『幕府衰亡論』と『幕末政治家』がなぜ傑作となったかの理由はその点で興味深い問題を含んでいる。旧幕臣であった事とか彼の文章能力とかはしばらく措いてよい。国会開設前の彼の軽薄な野心と惨澹たる政治的誤ちと失敗とそして脱落の後、孤影悄然と尾羽打ち枯らした中から遂に彼が彼の趣好のままに、まことに綺麗さっぱりと、河原者と戯作者の世界に身を投じて――しかもそこで改良的実践を行ないながら――、すっぱりと政治的野心を放棄した地点から――しかも政治的批判を放棄することなく諷刺小説という形でそれを展開しながら――、幕末史を書いた所に本格的な現代史の叙述が生まれた根本原因があろう。そこでは彼の上下左右・洋の東西にわたる豊富な経験は、現在の彼の栄典への欲望や保身への志向によって些かも歪められはしない。彼はすでに「失敗の人」（鳥谷部春汀）なのである。何の賞状も何の財産ももはや彼にはない。あえてそれをもう一度求めようともしない。彼の歴史的意識に、恣意の識閾を設ける意識内の遮蔽膜はすでに取り払われている。そのときに時間的経過のもつ距離の感覚が、公平な観察と、渦中においては見えなかった関連への視力を与える。そこに権威を造成する「美談」の代りに歴史的「経験」の生きた記述が生まれる。人間の歴史が相互主体的に描かれるのである。

一つの時代が終ったということ、したがってそれを歴史として見る以外に「世界に対する精神の応答」がありえないということはその時その場の動かし難い一現実であった。問題はその状況にあってミネルバのふくろうたりうるのか、それとも現在の「処方された栄誉」に酔おうとする根性を自分の中に持ちながら歴史に接するのか、という点にある。前者の態度に立って歴史的経験を明かにしておくことは、過去への逃避などというものでは決してなく、全く逆にそこにこそ、将来もし創造的時代が来るとすればその場合の精神的出発点となるであろうような基礎が作られる「開かれた世界」がある。のみならず支配的現状への「作品」を以てする根本的批評がある。そうして抽象的維新の神話化や「功臣」の儀式的な祭り上げは後者の態度から発生する。福地桜痴はそれと絶縁して前者の世界へ接近する道を採ったことによって彼のかつての誤ちのマイナスを最後の十数年において釣りが来るだけ取り返した。かつての政治的マイナスを真理の前に相殺して余りある仕事を行なったのである。不遇と悪評と貧窮というコストを払いながら。それはかなり鮮かな逆転向というべきであろう。「天保の老人」はこうして精神史的に両極分解した。ただその一極は例外的少数に限られていたところに日本の明治史の不幸があった。中江兆民はその少数派の一人に属する。

ここでもう一つ、本文で述べた福沢の知的ソフィスト性と晩年の桜痴のダンディズムの間に或る対応性があることに注意しておきたい。福沢に自由な精神による多角的な考察とそれがもたらす状況超越性があるとすれば、桜痴には多少軽率すぎる嫌いがあるにしてもダンディの持つ政治的断念の力――変質した新たな状況の中でいつまでも勢力を持ち続けようとする卑しさから、高い費用を払ってでも自分を解放する美的精神の跳躍力――がある。それはあえて「重力を否定」して見せようとするサーカスの道化師にも似ているが、そこには、変質する歴史的状況の中を生きながら普遍的価値に向って迫り続けていくのに必要な或る力が、いくらかではあるが秘められていた。「遊び人」福地桜痴はどん底の境遇の中で、最後にその遊び人のダンディズムから状況に対する対抗均衡（カウンター・バランス）の感覚とコストの覚悟と普遍的精神への決意を抽き出したのであった。序でながら兆民の諷刺家性の中にもまたその感覚とその覚悟とその決意とがもっと遥かに骨太い形の剛毅さをもって含まれていた。そうしてそれらは「伯爵」板垣退助には全く欠けていたものであった。――彼がかつて授爵を一度は拒否しようとしたにもかかわらずそれすらもが感覚と意志の内実においては壇上的であった。

一つの時代が終りを迎えて変質する歴史的状況が訪れたとき、そこにおいて普遍的価値に向って精神的作業を行なうものが、如何なる態度を此の世の勢力や栄典恩賞や総じて状況に対してとるべきかという問題は、この時すでに或る程度の歴史的検証を済ませているのである。けれどもそれは私たちの触角を注意深く働かさなければ目に着きにくい歴史の地下水道で行われた検証なのかもしれない。儀式化に伴う美辞麗句によって蔽われる歴史的変質の時代には精神の試験場は地下深くにある。

四

今在る状態と在らしめたい姿との間の裂け目を内実としていた、国家に対する緊張がナショナリストの内側で消滅して了った場合、彼らの国家像はどのようなものになるであろうか。それを端的に示すものとしてもう一度だけ板垣の「題言」の引用部分を振り返って見る。其処で彼は日清日露の戦捷に対する「功労賞」を要求した後でどのように日本の未来について言っていたであろうか。その一文は「我国民は未だ之を以て満足すべきにあらず、……故に今日以後、……挙国一致、……外は雄を世界に争ふの道を講ぜざる可らず。……」と続くのであり、そして最後に「国運の隆昌、天壌と共に際りなからん。」と締め括られる。「……」で省略した部分にはたしかに「国民生活の安固」とか自由党の「主義の発展」とか「政治の改革」とか「社会の改革」とかいう題目がはさまれてはいる。しかしそれらは結局文脈上先の系列に奉仕するものとなっている。

だから私たちは一読してこの文章にみなぎっている国家大事の感覚にウンザリする筈なのである。そして「国運の隆昌、天壌と共に際りなからん」などと結ばれると、それがいくら終りの挨拶儀礼に過ぎないものだといってもやはり、板垣は現在の状態の国家が地球と共に長命であり宇宙と共に永遠であることを本当に願っているのか、という反感が湧き起こって来る。そこにうかがえる天皇家の降臨「勅語」との用語法の類似も又その反感を促進する。

たしかに板垣はこの文句で「天皇万歳」といっているのではない。彼は「日本国万歳」といっているのである。しかし「国運の隆昌、天壌と共に際りなからん」という文句ははたしてそれが指し示す意味としての「日本国万歳」と全く等価であろうか。仮に此処の所が「日本国は万歳ならん」といわれた場合と較べて見ればその違いは歴然とするであろう。「日本国は万歳ならん」の方は簡素でありしたがって端的であり結語儀礼としこ比較的にヨリつつましい。だからそれは維新以来存在してきた弱小国の自覚とも両立できる結び文句であるであろう。それに較べて板垣のこの一句は極端に大袈裟な曲節をもって謳い上げられている。「コクウンノリュージョー」、「テンジョートトモニ」、「キワマリナカラン」、という三つのフレイズによる抑揚と旋律が大きく波打つようにそこに造作されている。そして文章で謳われたそういう「万歳千秋楽」の語彙として「天壌」とか「無窮」とか「隆昌」とかが採用されているのである。もし大袈裟に謳い上げようとしないで簡素でつつましい結語を望んでいたなら、これらの語彙は選び取られない筈である。こうして語彙と調子とは内面的に牽連し合う関係にあり、かつその牽連関係の中に書き手や語り手の意欲の在り方が含みとして内包されている。板垣がここで意欲したものは、疑いもなく、型として「天壌無窮の神勅」に答える頌歌に類似した「万歳楽」であったし、また新版「明治国家の神勅」でもあった。

そうしてそれは決して単に表現の上だけの意欲として限定して了うことは出来ない。文体の好みとして文体だけに局限し去ることは出来ないのである。現に、その表現上の趣好はこの結句の直ぐ前の所で彼が展開している願望と連絡し合って一つの意味上の力点を形作っているではないか。彼はそこで今後の日本が「挙国一致」をもって「外は雄を世界に争ふ」ようになることを願っている。これを、国内的には改革志向的でありながら、国際的には国家主義的である自由民権派の思想的特徴の現われとだけ解釈したのでは不十分である。どうしてかと言えば此処には具体的な「国際」は何もないからである。そこにあるのはノッペラボーな世界への膨脹意欲だけである。その点で結びの一句の万歳楽とぴったりと一致する。「国運の隆昌」が「天壌と共に」宇宙的規模で極まりないものであるべきだとすれば、そこでは具体的な他の国々との具体的な関係の問題は無雑作に度外視されているのである。かくて寿詞《よごと》的な頌歌は、具体的な国際関係への考察を欠いた抽象的膨脹欲としての日本的帝国主義と結合する。二十世紀的世界の開幕に当って元自由党総理板垣退助が提出する「期待された日本像」はかくの如きものであった。そこには具体的状況への対決が持つ緊張や隙間のない注意の集中はない。立国者が持っていた自国の弱小性についてのきびしい自覚は消え失せている。のみならず一つの世界帝国として持たざるを得ない筈の支配者としての具体的考量さえもが全く欠如している。「題言」ということで抽象的に表現したためにそうなっているのではない。集約された具体性としての抽象はその結語儀礼の中のどこにもない。国家像――国家についての「パラダイム」と言いたければ言ってもよい――そのものが完全に具体的規定と限定とを失ってただの抽象的欲求となっているのである。

こうして見ると、明治三十年代以来出現して来ていた「国体論」なるものも、その実体は実は国家についての日本社会の精神が立国期の具体性を失って抽象的欲望へと解体し去った所に生まれたものであることが分って来る。板垣は国体論者ではなくて、分解消滅しつつある立国主義者であるからこそ、彼の発言の中に「国体論」的思考との或る一筋のつながりが見出されるということは、却て国家の膨脹を抽象的に欲求する精神態度が出現して来る歴史的事情を如実に示すものなのである。日本の国柄を先験的に特別視する「国体論」は明治維新の連続線上に生まれたものではなくて、全く逆に維新の終焉の結果であり立国精神の解体の所産なのであった。確かに「神州」だとか「皇国」だとかいう呼び名は維新の時にも盛んに用いられてはいた。そしてそういう呼び名の慣習があったからそれを一つの条件として「国体論」というものも出て来ることができたのではある。がしかし維新前後においてはそれらの呼び名は決して日本の国柄を先験的に保証するものとして流通していたのではない。それらは或る願望を——すなわち、容易に列強の隷属国にはならないであろうという願望を——含んで予祝的な意味合いを持って使われていたには違いないが、しかしそれだけに又、その願望の実現は自働的な成長として出て来るものでないこともよく自覚されていた。すべては、経験的に与えられた条件の中でどのように「建国」していくか、という自分たちの経験的行為の成否如何にかかっていることをよく弁えた上で「神州」とか「皇国」とかいう呼び名も用いられていたのである。

そうしてその事情は維新当初だけのことではもちろんなかった。打ち続く内乱の時代——一部の歴史学者によって「士族反乱」などとも呼ばれている事件が中心となっている時代——においても、主権の所在を争った運動の時代——周知の「自由民権運動」が核となっていた時代——においても、そして前節でも触れたような、国内制度の確立と共に突然表面化した混沌の時代——「初期議会」の時期などとも呼ばれているところの、官も民もそして官民対立そのものさえもが混沌に帰した時代——においても、さらには対外独立を対外侵略との複合によって初めて不動の物として確立することになった戦争の時代――いわゆる「日清・日露戦争」の時代――においても、全面的崩壊を胎む危機的状況を目前にしながらそれをどのように克服するかが「立国」の中心問題として追求されていた。「神州」だとか「皇国」だとかいう風な先験的な言葉が思考と行為の中心を担っていたのではなかった。維新当初においては「天下の瓦解」とか「土崩の成行」とかという言葉が木戸や大久保らの手紙の中に一度ならず出て来るところからも分るように、「瓦解」「土崩」という言葉によって示される具体的な状況についての危機意識がステイツマンの胸中の芯をなしていたし、続く内乱の時代においては「顚覆」の危険という不安が彼らの内部の渦巻きの中心となっていた。運動の時代においても事態は同様であった。何しろそこでは「主権論争」が公然とオーッピラに繰り拡げられていたのである。そうして国内体制がやっと整備した瞬間にすでに見たように「一新の末路」という言葉が建国家たちの頭の真ん中に座を占めるような混沌の時代が訪れたのであった。そこでは我が事遂に畢らんとするか、という末路感覚が立国の事業家たちを支配していた。さらに、それに続く戦争の時代においては、自国の弱小性をいやという程知り尽しながら右左の強国の群れの動きを、全神経を注ぐ注意深さで読み取り、それら列強の動きのズレや対立を見つけ、それらの列強の力がお互いに相殺し合っていわば国際権力の真空状態が東アジアに出現するその一瞬間を狙ってそこに小国日本の全力を一気に投入することによって、列強の一角に自ら参入しようとする戦略戦術の思考が立国の政治家たちの精神構造の骨組みをなしていた。[*1] その場合に彼らの思考の鍵をなす言葉と問いは、「形勢」は如何に？ であり、「一分の得」が賭かっている「一分の争い」の場は何処にあるか？ であり、和戦未定の「彷徨」がもたらす危険の程はどれ程大きいか？ であり、「全体の破滅」はどうすれば避けられるか？ であり、……という種類のものであった。そこでは「形勢」の制縛力の強さや、不決断と決断とが共に内包している危険性の大きさ、などについての鋭敏な知覚は十分過ぎる程に働いていた。

こういう「天下の瓦解」や「顚覆」や「末路」や「破滅」の危険の中で「一分の争い」を一歩一歩とかつ果断に行なっていく戦略戦術的思考は、恐らく、彼ら立国の事業家たちが幕末・維新の動乱の中で、多元的な藩国の交錯し合っていた「天下」を動かすことに思慮の限りを廻らして以来身につけてきた能力であった。幕末当時の「天下」としての日本は、模型的な玩具性においてではあるけれども、明かにひとつの国際社会であった。変乱極まりない権力状況としての国際社会であった。その場合、模型的な小ささは却て諸力の渦巻きの模様を微細に見るのに好都合でもあった。その限りでは「天下」としての日本は、国際的権力状況の「実験室」の役割を果したのである。それは一面で小さな「実験室」に過ぎないものではあったけれども、海流のすさまじい渦潮の原理を安穏な水洗便所のなかで覗いて見るのとは違って、実験者自身が「横議・横行」しながら極く小さな勢力でもってその「国際的」権力状況を動かさなければならないような、遣り替えのきかない試験場であったから、そこでは「見る」ことと「動く」こと・或は「動かない」ことと「動かす」こと・そして「動かされる」こととが直接につながっていた。観察と行動・行動停止と能動と受動とが一連のものと見做されるとき、自分をも他の要素や他の諸条件とともに一つの函数と見做す普遍的精神が成立する。維新の原理としての「横議・横行」を政治的思考形式の面から見るとそれはこのような普遍的な精神に支えられた戦略戦術思考であった。そうして幕末・維新の訓練の中で身につけたこの戦略戦術の思考形式が一層の度重なる訓練を経ながら日露戦争までステイツマンたちの中に続いていたのであった。ただ、先程の記述からも分るように、明治二十年代前半までは日本国内自体が「敵勢力」や「中立勢力」や「味方勢力」の交錯し合っている一個の国際社会であったから、そこでの戦略戦術の思考は、外国向けだけのものではなくて、普遍的に全ゆる状況に対して働いているものでなければならなかったのに対して、日清戦争直前以後の日本は、極く一部を除いて反対派の殆ど全てを「対外硬」の形に変化させ、次いで挙国一致状態を作り上げて行って了ったから、そこでの戦略戦術的思考は以前の普遍性を次第に失って主たる対決感覚を専ら外国に向けることとなっていった。国内に対しては無対立状態をむしろ正常と考える程にまで、戦略戦術精神を――状況に対して対決する精神を――縮小して了ったのである。前節で触れた「元勲」どものお目出度い行動様式の出現は、もちろん、こうした戦略戦術的思考における普遍性の喪失のもう一つの現われなのであったし（彼ら自身はもはや国内では、反対者やすべての状況に対して、それらによって「動かされうる」ものとしての平等の対立感を持つ必要はなくなって了って、唯ひたすら権威ある服装と権威ある発言の仕方に注意を払っていればよい、ということになり果てたのであり）、いわゆる「国体論」なるものもこの状況すなわち国内社会を無対立社会と考えようとするイデオロギー的欲求から生まれたものなのであった。

このようにして、明治二十年代の半ば以来、維新に由来する戦略戦術の思考形式から普遍性が脱け落ちてその適用領域を国外世界にだけ偏らせようとする傾向が生まれて来てはいたけれども、それでもまだ、対外独立の確立という目標が生きていた日露戦争までは、ともかくも目標と現状との間に働く緊張があらゆる領域に残存していて、それがその時代の精神構造を張りのあるものにしていた。その精神的張りというのは、根本的な誤解を避けるために言っておかなければならないのだが、決して敵国に対する戦争気分の「張り切り」などの如きものを指しているのではない。むしろ全く逆のことを意味している。それは例えば、「即時開戦論者」に対立した伊藤の「軟弱な態度」の中に含まれている、国際状況に対する必死の読みの態度とか、さらには、「奉天会戦」の後で山県がこれ以上戦争を継続するのは「不利」だと判定した時、その判定が含んでいた苦しい公平さとか、或は又、桂さえもが終始抱いていた「兵力の限度」と「経費調達の困難」とについてのドキドキハラハラの不安な自覚とか、……そういうところに一貫している、自国の弱さと敵の強さの認識、さらに周囲を取り巻く諸外国の利害や好悪の錯綜に対する判読の徹底、それらがこの時代の精神の張りの実質なのであった。そうしてそれらがあったからこそ事実上の「引分け勝負」を外観上の「勝利」へと転化させるという勝負師のインチキも又可能となったのであった。いうところの「日露戦争の勝利」とは実はそのようなものであり、且つそのようにして「達成」されたものであった。

しかし本節の始めで見た板垣の「国褒め」讃歌には、もはやその、「勝利」の外観とヤット持ち込んだ「引分け」の実質との間に働いていた緊張は消え失せている。勝負師の全能力を駆使したそのインチキ勝利の自覚さえもない。「国運の隆昌」が野放図な歌声となって了っているのである。「維新の精神」はかくて跡形もなく雲散霧消した。維新の当事者その人の内部においてである。歴史的変質はこのようにして精神の世界に訪れる。

＊1　西欧列強の力が相互に衝突し合って、力の真空状態が出来るのを待って、小国日本の全力の一撃を加えようとする、明治以来の日本の戦略戦術を鮮かに指摘したのは、E・H・ノーマン『日本における近代国家の成立』であった。ただし、彼はそれを明治以後にも一貫する特徴として十把一からげに把え、且つ対外関係だけに関するものと見做しているが、この小論のように見るならば、その戦略戦術の考え方自体の中に本質的に異る二段階（或は三段階）があるこ

とになる。すなわち、自分をも一個の函数と見做す普遍的な見方を含んだ場合と、自分の特殊的利益を無条件に前提する自己中心的思考になった場合と。(或はその自己中心主義が他者との関係を失った全き抽象的欲望へと退行した場合と。)

Ⅳ

精神の非常時

新石器時代以来の人類史的大変化に曝らされるに至ったところに今日の根本的な危機性があるという事は、もっともっと色々な局面について自覚され見詰められ考慮されなければならないであろう、と思い続けるようになってからもう十数年もたった。「世界に応答するもの」としての精神は、こうした時代に対してどのように「応答」し、どのように立ち向うべきなのか。その或る立ち向い方に基いて、どのように過去・現在・未来に対すべきであり、どのように個々の認識や一つ一つの芸術や様々な芸能や事物に即した批評や等々を展開し、どのような作品やどのような生活形式を産み出すべきであるのか。此処には、眼の廻わるような巨大な歴史の延長と変化が、一つ一つの小さな個別的事物への注視と分かち難く交叉し合っている問題群の世界がある。此の世における極大なるものと極小なるものが各処で交叉し合って私たちの眼前に在り、同時に私たち自身を組み込み且つ貫き通している。現代の精神世界の根柢を形づくっているものはこの問題群なのである。だから、この問題群に忠実に対決することを措いて今日において知的誠実と思考の真理性を確保する道はない、と言ってよかろうかと思う。

現代が含み持つ人類史的問題群を丸きり度外視した別の実用的目的から「論題」を取り出して恰かもそれが問題であるかの如く受け取って、それに対する精密な「解答」を作製しようとする研究上の姿勢がもし在るとすれば、その仕事は作業上の経験とはなりうるかもしれないが精神の経験とは決してなりえないし、その上、学問上も生活形式の上からも決して「真なるもの」とはなりえない。なぜなら、其処で選ばれた「問題」なるものがベルクソンの言う「インチキの問題」だからである。真と偽の質的な違いは、通常の「科学方法論」が考えているようには、「解答」の在り方や「解決」の仕方の中にだけ現われるものではない。『真と偽』の質的差異は「解答」の在り方などよりは「問題」の立て方の中にこそ遙かに明瞭に現われる。むしろ其処にこそ真偽の別は典型的な形で現われると言ってよい。『問題』の在り方と較べるならば「解決」や「解答」の分野は、真偽の質的な違いよりも、上手・下手とか器用・不器用とか才・不才とか優雅・無骨とか緻密・粗忽とかという系列の違いをより多く包含している領域なのである。すなわち「解決」や「解答」の中には真偽の別が典型となって存在しているのではなくて、むしろ美醜の別がともすれば優先的に現われるのである。その場合、悪くすれば外見的な美醜が支配的とさえなる。その時、真偽の質的な違いは表面美の前に覆い隠されて、虚偽がしばしばまかり通り、真なるものがしばしば地下に葬られて了う。

「問題」の領域にはそのような顚倒は起らない。そのことは私たちの使う形容詞の中にも表われている。私たちは「これは重大な問題だ」とか「些細な問題だ」とか「瑣末な問題だ」とかと言う。それらの形容詞が示しているものはすべて美醜の事ではない。それらは真偽の質的違いを大小・軽重の記号で象徴的に示しているのである。「瑣末な問題」をさも重大問題の如く扱っているとき、それは真ではなくて偽なのであり質的に間違っているのである。それに反して「解答」は、「優雅な答」や「拙い解決」を「正解」・「誤解」と共に形容語として持っている。先に見た「解答」の世界が持ちうる性質はここにも暗示されていると言ってよかろう。

こうして私たちは、真なるものと偽りなるものとの質的な違いを発見しようとする限り、「解答」の世界への警戒と「問題」の分野の重視へと導き入れられることとなる。それがどんなに拙ない形を採り、どんなに混乱した筋道の中に在り、どんなに醜い外貌を持って矮小な姿で現われようとも、そのゲテモノの中に、今日の私たちを取り巻き且つ貫いている問題群が影を落しているならば、その影から発する微かな光を見逃がしてはならないのである。落魄せるものの中にはしばしば重大な変化の本質的真実が歪められた形を持って存在している。そしてその形とその核心との交錯した関係こそが「問題」中の「問題」なのである。廃れ行くもの、零落し粉砕されて断片と化したもの、「灰の中に輝きもせず横死するダイヤモンド」にありったけの眼光を注ぎ込んで、その質を見極めようとしないところには、真偽の別は遂に分らず、現代の根本的な危機性もまた見過ごされて了うことであろう。そこには「処方された幸福」を「自から開発した幸福」と取り違えてベンベンと満足の日を送る精神の死骸が残らざるをえないであろう。

そうして、生活形式における「処方された幸福」への満足が対応する認識論上の方法が、無警戒な「解答」主義なのである。それは先ず、反省的検討を経ることとなき「休系件」の偏重となって現われる。真実かどうかは別として、一つ一つの事実を、決められた秩序形式に従って巧みに円環的「体系」へとつなぎ合せて「閉じられた王国」を完結的に作り上げるテクノロジーの世界がそこには在る。一つ一つの事実は確かなものであっても、それらが一つ一つにおいて含み込んでいる問題は押しならされて、快適な「公道」がその国をつなぎ合わせるのである。あたかも「帝国」の建設のように。その「つなぎ方」の妙を通して、その中央への連絡道路の美しさと高速度と運搬効率とによって、人はいとも簡単に「中央」へと連れ込まれる。こうして、無反省な「体系性」の偏重が在る処には虚偽意識の発生がつねに可能となる。其処には「問題」への忠実に代って「解答」への陶酔が支配しているからである。真と偽の質的区別はここでは全く忘れ去られて虚偽意識の連絡網の中に満足気に安住する。

無反省な「体系性」の偏重が知的生産の現場で最も卑俗な形を採って現われる時、或る種の論文審査制度の問題が生まれるであろう。その制度が「結論」の綺麗さとそれを導く順序の滑めらかさだけを尊重する時、結果は、真なるものの社会的蓄積に寄与する代りに、偽りなるものの蓄積に役立つことになる。かつてのベンヤミンの光栄は、その制度によって物の見事に排除されることを通して、真なるものの社会的蓄積の営みと偽りの「解答」主義の制度的凝固との対比を身を以て鮮かに示したところにあった。今日の世界はベンヤミンの天才を持つことは恐らく出来ないであろうが、――それ程までに精神の危機の進行度は深いと見なければならないのであろうが、それだけに、現代世界の根柢に盤踞する問題群に対して一人一人が一つ一つの個別性を通して肉迫していかなければならないであろう。

そして幸いにも私たちの前には、現代世界の問題群が此の世に初めて姿を現わした時に、恰かも危機的世界の「創造の第一日」に遭遇した者として、その問題群に全智全能を傾けて立ち入った尊敬すべき先輩の群れがある。シュールレアリストの何人かやフォルマリストの何人かやフランクフルト学派の何人かや、ヴァレリー、ブレヒトその他の知性や、それらの周辺にあって色々な呼び名を持って現われた受難経験の探求者たちがそれである。身を以て行い身を以て考察し、悲劇的経験も喜劇的方法も哲学的洞察も社会史的展望も精神史的考察も、それらすべてが精神の存続と救済を賭して行われたのが彼らの仕事と生涯であった。私たちはそれらを軽薄に受け取っては断じてならない。彼らの仕事の表面を物知り顔になぞらえるのではなく、彼らの精神と方法の根柢にまで達してそこに井戸を掘らねばならぬのが、私たちの僅かに喜ぶべき運命なのだ、と思うのである。

今日の経験——阻む力の中にあって

精神的成熟が難しい社会状況となっている。すっぽりと全身的に所属する保育機関が階段状に積み上げられたような形の社会機構が出来上がっていて、成熟の母胎である自由な経験が行なわれにくくなっているからである。一つの保育器から別の保育器に移行する時には激し過ぎる競争試験が課せられているのだけれども、その「試験」は、官僚機構の特徴としての文書主義の原理に則って、予め書式の決まった紙切れテストに成っているため、特定の或る一面についての能力だけが試されるものとなっている。「就職」後の上昇テストにしても特定の一面的な仕事の力や「社内」という特定の場での行動様式が検査されるに過ぎない。定年退職後の保育器選択に至っては「紙幣」という紙切れの一定の提出量だけが「通過儀礼」の試験となっている。又、それらの保育器の中では、一人一人が皆んな働き過ぎる程働き、運動し過ぎる程運動しているのではあるけれども、そのカプセルに入っていることによってだけ小さな安定と小さな豊かさが保証されるようになっているために、勤労や苦労の有無にかかわらず精神の世界では社会機関の殆どが保育器と化している。現代の圧倒的な「中流意識」はこの保育器の内に居るということの恐らく別の表現なのである。一度そこに入れば放り出されることは先ずないから、平均的保証の内にあると考えられるであろうし、そしてその代り、保育器自体が危くなった時には、猛烈な保育器への「忠誠」と「献身的応援」が始まるであろう。保育器の成り行きが一人一人の存在をすべて決定すると考えられるからである。

こういう風になった社会では、一人一人が試されることと言えば、予め決められた一定の鋳型を満たす能力の有無だけであるから、物事との自由な出遭いに始まって物や事態と相互的に交渉する「経験」の発生する機会が大きく閉ざされている。書式の決まった紙上テストに典型的に表れていることだが、一般的に今日のテストでは、予想を超えた事態というものは原理的には現れない。理論上は満点を取る事が可能なのがこの種の試験の特質であり、そこで可能目標である完全答案を目指して接近競争が行なわれることになる。予想外れはこちら側の非力の表現に過ぎず、試験本来の属性として生じる物ではない。

経験が課する試験との決定的な違いがここにある（経験は予め決まっていないからこそ経験となるのであり、「神の摂理」や「天命」として彼岸の主によってだけ予め必然化されていて、人間の世界では「自由」に起こる他ないものなのである）。そうして、書式も決まり完全解答も決まり原理上の予測不可能性が排除されている試験が人生の経過を蔽っているところに、現代社会固有の「先験主義」の温床がある。その「先験主義」とは、自分を試す問題の性質が、それと出会うより前に予め完全に分っているべきだ（或いは分っていて不思議ではない）という精神態度である。これでは「問題」というのは名ばかりで少しも問題的性格を持っていないものとなる。ちょうど「試験」という言葉が全人間的試煉の性質を持たなくなっていることと対応している。

物事は、元来それが人間の側の手前勝手な目論見を超えた独立の他者であるからこそ物とか事とか呼ばれ、それとの遭遇と交渉を通して私たちは経験を生きることになるのだけれども、現代の「先験主義」は物事のそうした他者性をそもそも認めないで、自分に対して現れる問題は、すべて予め完全に統御できる筈だと考えるもの（物や事に対する恐るべき全体主義！）であるから、その意識の枠内では、物事との間の驚きに満ち又苦痛を伴う相互的交渉が起こる余地がない。その余地がないだけでなく、未知で統御不能な物と遭遇すること自体が予測能力の不足を示す恥ずべき事態だと考えられる。「万能計測器」を心指す態度からは、こうして、経験の機会それ自体を自ら進んで拒否し、経験を生きることを積極的に回避し、その代わりに、経験より秀れたものと考えられた完全合理的な「想定」や「プロジェクト」の製作にだけ向かって行く傾向が発生する。設計された「経験の代用品」の方が経験それ自体よりも値打ちが高いとする異常で不遜な価値観が此処には在る。

しかし先験的な「設計図」の完璧な合理的体系性を誇ろうとすればする程、その「設計図」が物との接触によって、打ち砕かれることへの怖れと不安が働くことになる。此処から再び経験回避への動力を獲得する。その能動的回避の帰結は所属機関の保育器化をいよいよ「主体的」に促進することであろう。しかし、物事に脅かされることなしに「計測能力」の高さを誇り続け、そのことによって虚偽の自己確認を保持し、それによって安定と小さな豊かさを保っているのであれば、その状態は或る社会学者の言うところの「安楽への自発的隷属」に他ならない。（R・セネット）人類の経て来た色々な種類の隷属精神の歴史の中で、奴隷主やその他の人間的対立者との関係なしに、経験を回避するために自分の現在の安楽状況に対して自発的に選択した隷属を行なうことは、前古未曾有の新しい形の隷従である。その状態は社会的には血色よく死んでいる状態と言ってよいであろう。運動もよくするし苦労して頭も使うしよく働きもするのだけれども、対立的他者——競争者は同じ目標に向かって競り合う者であって社会構造上の対立項ではない。それは「内ゲバ」に過ぎない——との相互関係を生きていない限り、社会形成の面から見れば死に体である。そしてこの逆説的な、豊頬を湛えた死体こそが現代型健康の支配的形態なのではないか。

けれども、いうまでもなく其処には、自由な経験だけがもたらす「成年」への飛躍は起こらない。経験の中では、物事との遭遇・衝突・葛藤によって恣意の世界は震撼させられ、其処に地震が起こり、希望的観測は混乱させられ、欲求は混沌の中へ投げ込まれ、その混沌のもたらす苦しい試煉を経て、欲求や希望の再形成が行なわれる。精神の「成年式」は、そのようにして、個別的経験の中でその都度その都度繰り返し行なわれ、その再生の繰り返しを経てこそ、鍛造された精神的価値と思想的目標が確固として根づくことになる。

単に希望的観測が打ち砕かれるということだけなら紙上試験の結果の発表に際しても体験できる（そしてそれだけのことでも無いよりは有る方がましであるが）。しかし其処には物事の性質や規模や形や様相やらの新たな介入がないから、欲求の世界の混沌は生じない。混沌への恐怖だけが以前のまま残っている。そこから先に見た防衛的回避の動きが起こるのである。しかし精神の「成年式」は、混沌の苦痛（苦難）の最中《さなか》で物事の諸特徴を見詰め、それを身に附け、手籠には出来ない独立の他者である物事から伝わって来るものを、自分の意図の世界に繰り入れ、こちら側と物事の世界との相互制約を経て、両者の統合を内部に達成することである。そうしてその統合が行なわれ（或いは心指され）ているところには、根本的価値の放棄や権力への内面の屈服や表面的状況への便乗は起こらない。じかに物事との間に葛藤を常々持っていて、それを通して価値の再生が繰り返し行なわれているからである。

精神の確立がこのようにして出来上がるものだとすれば、その生成過程を保証する条件は、先ず何よりも、自分を震撼する物事に対して自らを開いて置くことであろう。言い換えれば物事によって揺り動かされることを歓迎する用意が必須なのである。物或いは事態へのこの開放的態度こそが自由な経験の基本条件であり、それは同時に自分の動揺への開放的態度でもあるところに経験への姿勢の持つ意志的性質が物語られている。そうして現代の「中流意識」が自己の深部に持っている「安楽への自発的隷属」の姿勢を、不安と恐怖を以て拒否するものこそ、こうした、物事への精神の開放であり、揺すぶられることを歓迎する態度なのである。その拒否が経験への回避工作を生み、その回避工作が極めて合理的な体系的妄想と虚偽意識を製作し、それが自惚れに満ちた嘘の自己確認をもたらすことは既に述べた。しかし一連のその精神傾向こそが事物の世界に対する現代の侵略性を作り出しているのである。

それに反して、自分を超えた絶対的他者としての物事に対面して、苦痛を伴うそれとの交渉を厭わない精神は、支配性や傾略感や侵略性とは逆の「自由」をしっかりと基礎づける。自由の根本的性質は、自分の是認しない考え方の存在を受容するところにあろうが、白らを原初的混沌に投げ返す絶対的他者とさえも相互的に交渉しようとする態度からは、そうした相対的他者に対する自由は極めて自然に帰結する。それればかりか、そうした自由が揺るがざるをえない条件が訪れた時——譲るべからざる根本的価値の対立状況においてはそういう条件は、部分的にではあれ、必ず出現するのだが——その時自由の精神が其処で自らを確保し再生産をする基地は、絶対的他者たる物事との相互的交流の場所なのである。言い換えれば、一歩も譲らない対抗の状況に身を投じている場合にも、その状況自体を経験すべき一つの事態と見做す眼を持ち続けているならば、全面対立を経過することがもたらし易い硬直の後遺症は起こらない。

こうして経験の重視と自由の精神とは分ち難い一組みの精神現象なのであった。しかし、経験を生きることから生まれるものは自由の精神ばかりではない。人間の存在の基本的特質である歴史性の認知もまた其処から生まれる。抽象的な恣意が物事との遭遇と交流を通して目論見通りに罷り通れなくなるとき、その意図と結果の喰い違いにおいてこそ「歴史の狡智」が具体性をもって発見される。そうして、万事が予測通り運ぶのが正常であってそうでない場合は故障であると見做される機械の世界と、人間の行為の世界との質の違いが此処に始めて十分に意識される。機械や機構と化した世界には自働的回転があるだけで歴史はない。そこには古びることはあっても（つまり非能率化はあっても）、意図と結果の喰い違いという史劇を通して、絶えず始めに帰り、そうすることによって自らの内から価値を再生させるという更新の経験はありえない。経験がその主要契機の一つとしている混沌の経過とは、別の面から見れば、この「喰い違い」という歴史性の異なった表現に他ならなかった。そうして、精神の「成年式」における仕上げの要素としての統合は――物事から伝えられるものと自らの意図との相互制約を経た統合は――この歴史（喰い違いのドラマ）を消化するところにだけ生まれるものであった。

こうして、人間の特質としての歴史性を我身に起こる具体的出来事において認知することと経験を生きることとは、これまた一組みの精神現象なのであった。

かくて、繰り返すが、恣意にとっての邪魔物を喜んで歓迎し、それと葛藤を含んだ交渉を行なう開かれた態度と、苦痛を伴う「喰い違い」の史劇を消化して根本的価値の統合的再生を不断に行なうのが、繰り返されるべき精神の「成年式」なのである。だとすると、今日、私たち自身を捲き込んで一般化して来ている「安楽への自発的隷属」が――それとして意識しにくい享受的姿勢を採って現れているその卑屈の最新形態が――経験を拒むことによって精神的「成年式」に対する大きな障壁となっていることはもはや明らかであろう。現代固有の保守性や反動性の社会的・精神的基礎は其処にある。其処には独立不羈の自由な野党精神は育ち難いからである。ついでに言えば、今日の政治的野党が必ずしも野党精神の容器ではなくなっていることも其のことと深い牽連関係にあるであろう。

では一体私たちはどうすれば良いのか。先ず、この経験の拒否と排除と回避とが全体的な社会機制として生じているという、これ又前古未曾有の事態が、他ならぬ私たち自身の生活環境として、簡単には取り除けない形で盤踞して来ていることの苦痛を回避することなく感じ取るべきであろう。私たちは経験の消滅という「最後の経験」を生きつつあるのだから。「最後の経験」などという物騒な言葉を使ったからといって、それは人類史がこれで経験を最終的に失って了ってもう二度と取り返せないのだという意味では必ずしもない。それとは別に、近似的な「経験の消滅」すなわち比喩的なそれの死は、象徴的な意味で「末期《まつご》」の、すなわち「最後の」経験であるに違いないではないか。そうして、大よそ、様々な全ての経験の中で最も鮮烈で典型的な経験は——すなわち「経験の中の経験」は——最初の経験と最後の経験と再生の経験なのである。誕生と死と復活とは三大経験であると同時に凡ゆる経験の三大核なのでもあって、全ての経験がその三つの経験の核を比喩的な模型の形で含んでいる。むしろそれらを含むことによって全ての経験は経験たりえているのである。だから私たちは、今、三大経験のうちの大きな一つを、未曾有の規模で——個人的規模においてではなく全社会的規模で——経験しつつあるということになる。個人的規模でないだけに、自分の経験として自覚もしにくく自分で左右することも出来にくいから、いきおい運命としての性格が強いものではあるけれども、しかし運命との及び難い葛藤こそは精神的格闘の典型的なものでもある筈である。私たちは図らずも今日その機会に恵まれるに至ったのである。

むろん運命との格闘においては、相手が相手だけに、敗北や失敗が必然的に訪れる。だから今日における経験の主要形態は没落であり倒産であり敗北であり失敗である。成功や成り上がりや保育機構内での上昇や便乗や……などの中には経験は殆ど訪れない。既に見たようにそれが機構化され切った社会の特徴である。そうであるからこそ、私たちは、現代の危機が与えてくれた「最後の経験」を十分に経験するためには、その大経験の原子として、小さな「失敗」や「計算違い」や機構の鋳型からの「はみ出し」などを、不愉快だからといって忘却の彼方へ押しやらないで大切に保管し、それが物語って来るところのものを十分に咀嚼したければならないであろう。いつの時代でも失敗は大事な経験であるけれども、今日ほど「敗北」や「失敗」の重視が重要になったことは過去の如何なる時代にもなかった。今日では経験の存否がそれに賭かっているからである。

「最後の経験」を重く見て生きる時、人類史の見え方や世界への応答の仕方の中に或る確かな方向が現れて来るであろう。すなわち、新石器時代の食料生産革命以来の文化史的大変動の結果「人間の前史の終わり」が訪れるかも知れないような根本的危機の最中にあって「経験の消滅」を経験する者から見れば、一つ一つの物や生活様式や様々の基本的人間経験は、文明史の始まりの所から今日（終わりのところ）に至るまでの一括りの文明時代を通して、その間にどのような歴史を歩んで来たか、という角度から省察されなければならないであろう。現代の「ミネルバのふくろう」はそのように飛び始める。そしてそのように省察される時、歴史は通り過ぎた過去の段階としてではなく、また単なる追体験の対象としてでもなく、今あらためて経験すべき物事に満ちた場となるであろう。一つ一つの物の太古の祖型やそれの歴史的変奏曲はまだ決して私たちの精神の中に消化されてはいないのである。そして今こそそれは私たちによって咀嚼されなければならない。そうでなければ、社会の再生のための基本要素は意識されないままに終わるからである。そうなれば、却て人間社会は本当に終わりを迎えなければならないであろう。かくて、物との交流は、その大きな領域を――文明史の開始以来を一括りの時代と見るなら、いよいよ大きくなって行く領域を――私たちに今更めて指示しつつあると言うべきである。今日的成功とそれがもたらす自惚れをお断りして、消滅・失敗の系列に属する「最後の経験」を苦痛をもって経験しようとする者の前には、意外にも大きな地平を持った新たな経験の領域が広がっているのであった。

しかしこの道は現代の多数派から見るとき確かに烏滸の道としか写らないであろう。だがそれが人間経験の再生を担った人類史的応答の仕方である限り、その道を歩む者からは、動かし難い社会的存在としての精神の野党が生まれるに違いない。そうして動かしえない小さな存在は、それが外側から動かしえないものである以上、却て多数派を動かす要因となりうるのである。

「安楽」への全体主義——充実を取り戻すべく

一

抑制のかけらも無い現在の「高度技術社会」を支えている精神的基礎は何であろうか。言い換えれば、停どまる所を知らないままに、ますます「高度化」する技術の開発を更に促し、そこから産まれる広大な設備体系や完結的装置や最新製品を、その底に隠されている被害を顧みることもなく、進んで受け容れていく生活態度は、一体どのような心の動きから発しているのであろうか。「追いつき追い越せ」から「ますます追い越せ」へと続いて来ている国際競争心等々の他に、少なくとも見落してはならない一つの共通動機がそれらの態度の基底に在って働き続けている。

それは、私たちに少しでも不愉快な感情を起こさせたり苦痛の感覚を与えたりするもの、は全て一掃して了いたいとする絶えざる心の動きである。苦痛を避けて不愉快を回避しようとする自然な態度の事を指して言っているのではない。むしろ逆に、不快を避ける行動を必要としないで済むように、反応としての不快を呼び起こす元の物（刺激）そのものを除去して了いたいという動機のことを言っているのである。苦痛や不愉快を避ける自然な態度は、その場合その場合の具体的な不快に対応した一人一人の判断と工夫と動作を引き起こす。通常の意味での回避を拒否して我慢を通すことさえもまた不快感を避ける一つの方法である。そうして、どういう避け方が当面の苦痛や不愉快に対して最も望ましいかは、当面の不快がどういう性質のものであるかについての、その人その人の判断と、その人自身が自分の望ましい生き方について抱いている期待と、その上に立った工夫（作戦）の力と行動の能力によって始めて決まって来るものである。そこには、個別的具体的な状況における個別具体的な生き物の識別力と生活原則と智慧と行動とが具体的な個別性をもって寄り集まっている。すなわち其処には、事態との相互的交渉を意味する経験が存在する。

それに対して、不快の源そのものの一斉全面除去（根こぎ）* を願う心の動きは、一つ一つ相貌と程度を異にする個別的な苦痛や不愉快に対してその場合その場合に応じてしっかりと対決しようとするのではなくて、逆にその対面の機会そのものを無くして了おうとするものである。そのためにこそ、不快という生物的反応を喚び起こす元の物そのものを全て一掃しようとする。

そこには、不愉快な事態との相互交渉が無いばかりか、そういう事態と関係のある物や自然現象を根こそぎ消滅させたいという欲求がある。恐るべき身勝手な野蛮と言わねばならないであろう。

＊「根こぎ」――それこそ全ての形態の全体主義支配に根本的な特徴なのである。それは人種・階級等の抹殺から「害虫駆除」の「マス・ケミカル・コントロール」(ジュリアン・ハクスリー)にまで及ぶ。

かつての軍国主義は異なった文化社会の人々を一掃殲滅することに何の躊躇も示さなかった。そして高度成長を遂げ終えた今日の私的「安楽」主義は不快をもたらす物全てに対して無差別な一掃殲滅の行なわれることを期待して止まない。その両者に共通して流れているものは、恐らく、不愉快な社会や事柄と対面することを怖れ、それと相互的交渉を行なうことを恐れ、その恐れを自ら認めることを忌避して、高慢な風貌の奥へ恐怖を隠し込もうとする心性である。

二

今日の社会は、不快の源そのものを追放しようとする結果、不快のない状態としての「安楽」すなわちどこまでも括弧つきの唯々一面的な「安楽」を優先的価値として追求することとなった。それは、不快の対極として生体内で不快と共存している快楽や安らぎとは全く異なった不快の欠如態なのである。そして、人生の中にある色々な価値が、そういう欠如態としての「安楽」に対してどれだけ貢献できるものであるかということだけで取捨選択されることになった。「安楽」が第一義的な追求目標となったということはそういうことであり、「安楽への隷属状態」が現れて来たというのも又そのことを指している。休息すなわち一と時の解放と結びつくのであって、楽しみや安らぎなら隷属状態とは結びつかない。

むろん安楽であること自体は悪いことではない。それが何らかの忍耐を内に秘めた安らぎである場合には、それは最も望ましい生活態度の一つでさえある。価値としての自由の持つ第一特性である、他人《ひと》を自由にし他人に自発性の発現を容易にするからである。しかし、或る自然な反応の欠如態としての「安楽」が他の全ての価値を支配する唯一の中心価値となって来ると事情は一変する。それが日常生活の中で四六時中忘れることの出来ない目標となって来ると、心の自足的安らぎは消滅して「安楽」への狂おしい追求と「安楽」喪失への焦立った不安が却て心中を満たすこととなる。

こうして能動的な「安楽への隷属」は「焦立つ不安」を分かち難く内に含み持って、今日の特徴的な精神状態を形づくることとなった。「安らぎを失った安楽」という前古未曾有の逆説が此処に出現する。それは、「ニヒリズム」の一つではあっても、深い淵のような容量を以て耐え且つ受納していく平静な虚無精神とは反対に、他の諸価値を尽く手下として支配しながら或る種の自然反応の無い状態を追い求めて止まないという点で、全く新しい新種の「能動的ニヒリズム」と呼ばれるべきであるのかも知れない。

三

安らぎを失って動き廻る「安楽への隷属」という尋常事ではない精神状態が私たちの中に定住した時、それがタダ事ではないだけに、その定住も又タダでは済まない筈である。誘致料はどれ程であるか。私たちが精神の面で払っている損失（コスト）は一体何なのであろうか。先駆的な動物行動学者の注意深い人間観察が教えてくれているところによると、そのコストは「喜び」という感情の消滅であった。

必要物の獲得とか課題や目標の達成とかのためには、もともと避けることの出来ない道筋があって、その道筋を歩む過程は、多少なりとも不快な事や苦しい事や痛い事などの試練を含んでいるものである。そしてそれら一定の不快・苦痛の試練を潜り抜けた時、すなわちその試練に耐え克服して道筋を歩み切った時、その時に獲得された物は、単なる物それ自体だけではなくて、成就の「喜び」を伴った物なのである。そうして物はその時十分な意味で私たちに関係する物として自覚される。すなわち相互的な交渉の相手として、経験を生む物となる。「大物主の神」とも呼ばれ、「物語り」とも称せられて来た、そういう「物」は、明らかに唯の単一な物品それ自体ではなくて、様々な相貌と幾つもの質を持って私たちの精神に動きを与える物なのであった。そして成就の「喜び」はそうした精神の動きの一つの極致であった。

それに対して、ただ一つの効用のためにだけ使われる場合の物は、平ぺったい単一の相貌とたった一つの性質だけを私たちに示すに過ぎない。それは一切の包含性を欠いている。「使用価値」の極限の形が恐らくそこにあり、私たちはそれに対しては使いそして捨てる他ない。それと相互的な交渉をする余地はもはやない。完成された製品によって営まれる生活圏が経験を生まないのはその事に由来する。

そうして、そういう単一の効用をもたらす「物」を手に入れた時、その事が私たちにもたらす感情は、或る種の「享受」の楽しみである。むろん享受の楽しみ自体は決して悪いことではない。それが、目まぐるしい使い捨ての高速回転などとは無関係な落着いた平静を伴っている限り、それは大切な生活態度の一つなのである。そこには物事に対するゆったりとした味わいの態度が、つまり一つの経験的態度が生まれる。当然、時間の過剰な短縮も過剰な濫費も又そこにはない。だから次の仕事への用意が次第にその中で蓄積される。そのようにして享受の楽しみは、次に予想される苦労を含んだ道筋を自ら進んで歩もうとする態度と接続される。それがen-joyと呼ばれて広い意味での悦びの一つとされているのも、こうして見るとき当然のこととして納得される。そうしてその継続線上の一方の極に克服の「喜び」が存在する。

しかし、次々と使い捨てていく単一効用を「享受」する楽しみは、そういう自然な接続の内にあるものではない。事の性質から見て当然のことであるが、それはただ一回的な「享受」に過ぎない。次の瞬間にはまた別の一回的な「享受」がやって来るだけである。時間は分断されて何の継続も何の結実ももたらさない。かくて苦しみとも喜びとも結合しない享受の楽しみは、空しい同一感情の分断された反復にしか過ぎない。その分断された反復が、激しく繰り返されればされる程空しさも又激しい空しさとなってますます平静な落着きから遠ざかっていく。此処にも又「能動的ニヒリズム」が顔をのぞかせているようである。

しかも、抑制なく驀進する産業技術の社会は、即座の効用を誇る完結製品を提供し、その即効製品を新しく次々と開発し、その新品を即刻使用させることに全力を尽して止まない。そして私たちの圧倒的大多数が、この回転の体系に関係する何処かに位置することを以て生存の手段としている。――という社会的関連が在るのだから、分断された一回的享受の反復がいよいよめまぐるしく繰り返されていく傾向は、何らかの意識的努力がない限り停どまる処を知らない筈である。

そうである以上、一定の苦痛や不快の試練に耐えてそれを克服した処に生まれる典型的な

「喜び」は、すなわち歓喜の感情は、その存在の余地を大きく奪われているのである。

四

全ての不快の素を無差別に一掃して了おうとする現代社会は、このようにして、「安楽への隷属」を生み、安楽喪失への不安を生み、分断された刹那的享受の無限連鎖を生み、そしてその結果、「喜び」の感情の典型的な部分を喪わせた。そしてその「喜び」が物事成就に至る紆余曲折の克服から生まれる感情である限り、それの消滅は単にそれだけに停どまるものではない。克服の過程が否応なく含む一定の「忍耐」、様々な「工夫」、そして曲折を越えていく「持続」などの幾つもの徳が同時にまとめて喪われているのである。克服の「喜び」が精神生活の中の大切な極として重要視されなければならないのも、それがこうした諸徳性を含み込んだ総合的感情だからこそなのである。だからその「喜び」が消滅することは複合的統合態としての精神の、つまり精神構造の、解体と雲散を指し示している。

試練の土台の上に、一歩一歩あゆみ昇る自己克服の段階が積み重って、その頂きの上に歓喜がある、という精神の構造的性格が無くなって、不快の素の一切をますます一掃しようとする「安楽への隷属」精神が生活を貫く時、人生の歩みは果たしてどのようになるか。生きる時間の経過は、立体的な構造の形成・再形成でありえなくなる時、平べったい舗道の上を無抵抗に運ばれていく滑車の自働過程となる他ないであろう。人生の全過程が自動車となるわけだ。ここには、自分の知覚で感じ取られる起伏がない。人生の歩みは、山や谷を失った平板な時間の経過となる。そうして山や谷の起伏を失った時、その人生にはリズムが無くなるのだ。

リズムとは、半世紀以上も前に或る哲学者が下した鮮やかな定義によると、「或る繰り返しの枠内で違いが運ばれていくこと」に他ならない。強弱や長短や濃淡や緩急や集散や昇降や苦楽や……等々の起伏の相違が、何らかの繰り返しの枠の中で、すなわち幅のある一貫性の中で運ばれていくこと、それが一言でいうリズムの存在なのである。音調にせよ色どりにせよ形態にせよ行動にせよ感情にせよ、この起伏が一つの進行現象の中に脈打っている時、私たちの精神はそれに対応して弾みを獲得し、そこに自力の歩行や昇降力や立体的構成力を、すなわち自己克服の動力を内側に保持することとなる。内燃機関の保有である。そうして、そのことが全自然の一環として自分を保つ「謙遜さ」の元でもあるのだ。リズムを簡潔に定義した哲学者は、それ以前に別の場所で、「自然の周期性」に注意すべきことを説いて言った。「大自然の全生活は周期的出来事の存在に支配されている」と。その周期的出来事とは、或る繰り返しの枠の中で進行する起伏的相違のことに他ならない。地球の自転が異なる日々の相継ぐ繰り返しを生み、太陽を周る地球の進行が年毎の繰り返しを備えた季節の移り代りをもたらしている。私たちの身体の生活もまた脈搏の繰り返しの中で運動と安静に応じた周期的変遷を以て進行している。リズムはかくて全自然の全生活を貫く生の印しなのであった。そして私たちは、言うまでもなく、その小さな一部として存在している。こうして、人生の中に自然な起伏のリズムが保たれる時、私たちの精神は、独立内燃機関を持って、自己克服の「喜び」に到達する構成力を持つものになるだけではなくて、自然の一部としての謙虚な自覚と抑制の心を備えることになる。そして附け加えれば、抑制の心は昂揚の心と組み合わされる時、リズムを形づくる一つの源泉として、再び大きな周期的進行へとつながっていくものである。かくて私たちは大自然の生活に寄与することが出来る。

けれども、種類の如何を問わないで一切の不快の素を根こぎにしようとする「安楽への隷属」は、起伏の一掃を通して、「喜び」の感情が含み持っている右のような関連を台無しにするだけではなく、さらにもう一つ、遠方を見る視力をも私たちから奪い去って了う。

典型的な「喜び」の感情が、試練を含んだ一定の道のりを歩み切るとき産まれるものである限り、当然それは起伏の先に横たわっている物への感受性を先ず条件として含んでいる。遠方の目的物を心中に想い浮かべて見ることが出来る時、始めて、山や谷の起伏を進んで乗り切ろうとする意志が生まれるからである。克服への意志は、こうして「山の彼方の」遠方を見る心の視力を知覚上の基盤として発生する。そしてユートピア（何処にも無い正しい場所）に向かって歩もうとする意欲は、此の遠視力から生まれる此の克服への意志の一つの極致である。しかし、人生の道筋から山を削り谷を埋める造成が全体的に行きわたる時、起伏の向こうを見る視力は退化し、その状態に慣れる時、視力回復への意欲さえもが萎えしぼんで了う。

五

「安楽への隷属」は、安楽喪失への不安にせき立てられた一種の「能動的ニヒリズム」であった。そうして、抑制心を失った「安楽」追求のその不安が、手近かな所で安楽を保護してくれそうな者を、利益保護者を探し求めさせる。会社への依存と過剰忠誠、大小の全ゆる有力組織への利己的な帰属心、その系列上での国家への依存感覚、それらが社会全般にわたって強まって来ているのは、其処に由来する。この現状の中では、例えば会社への全身的な「忠誠」も、不安に満ちた自己安楽追求の、形を変えた別の現れに他ならないから、そこには他人に対する激しい競争や抑制の無い蹴落しが当り前の事として含まれている。過剰忠誠は実は忠誠や忠実といった徳性に対する反対物なのである。そこでは、慎しみや抑制や克己などの結果現れる自己克服の「喜び」が全く無くなる代りに、本能的に存在している「喜びへの衝動」は、競争者としての他人を「傷つける喜び」となって現れる。「喜び」の病理的変質と倒錯が此処に在る。

社会的つながりはズタズタになる。そして蹴落とされはしないかという不安はいよいよ昂進する。

そのような関連を持った能動的依存感覚の社会的拡がりを受けて、国家は安楽保護者の名の下に、本当は別の理由に基づいている無益な軍備増強を正当づけようと図っている。大小の有力組織体については今は言わない。しかし、「安楽追求の不安」という贅沢極まりない新種の精神的窮乏の解決に向かおうとしているものが殆ど無いことだけは言って置きたいと思う。今日の危機は通常の社会的政治的自覚を遥かに越えた深さを以て進行しているのである。

こうして見ると、選別の努力を払うことなく一切の不快の素を機械的に一掃しようとする粗雑なブルドーザーに私たちの心が成り果てた結果、今日私たちが支払うことになった損失（コスト）は、精神的にも社会的にも政治的にも決して小さいものではない。私たちは、その厖大な一連の損失――「物」の概念を始め、生活の中心に関連する、「安らぎ」・「楽しみ」・「享受」・「喜び」等々の諸概念の意味内容がことごとくニュアンスを失って「熨《の》されて」了った（グライヒシャルトゥンク）という、情意生活の上で殆ど致命的な損失――に取り巻かれて今日の日々を暮らしている。その包囲網は、私たちの社会的存在地点（職場やその他の暮らしの場）をも組み込んでいる構造的なものであり、その構造に取って代えるべき別種の構造は少なくとも当分の間は見当りえない。すなわち、現代社会の構造的危機は出口や抜け道を持っていない。だからこそ、私たちは、一日一日の生き方の選択に際して、また他人との交渉に際して、油断なく、これら一連の損失を一つ一つ少量ずつなりとも取り戻すように努めなければならないのである。そうする時、諸感情の現代的倒錯を少しずつ生活圏の彼方へ押しやって、一定の忍耐を含んだ平静や自己克服の喜びやその結果生まれる生活のリズム感を、小規模な範囲においてであっても、再び我が物とすることが出来るであろう。それらの物こそは、どんな仕事であろうとどんな労働であろうとどんな遊戯であろうと凡そすべての行為の中にそれが在る時、その行為に充実をもたらす物である。そうして、その充実の存在こそが「安楽への隷属」に対する最も根本的な抵抗であり、同時に、文明の健康な限度設定とそれを担う小社会の形成という目標（ユートピア）への心指しでもある。極めて困難なことだが、その目標へ心を向ける以外に選ぶべき健全な途はもはや無い。多様なる「解」はその方向の中にだけ隠されたまま人によって「発見される」ことを待っている。それが「生活様式における全体主義」の核心に秘そむ真実なのである。

『全体主義の時代経験』序

この本に収められた文章の全ては、出版されるべく書き蓄わえられたものではない。逆である。一九八二年に平凡社から『精神史的考察』といういささか仰々しい題の本を出したとき、「自分の意志で本を出すのは、これで終わりだ」と思い、その本の内容についても、「高度成長」を経て「戦後社会」から大変化を遂げた「現代日本社会」のなかで、どういう思考法や接近法＊が必要なのかという問題を考える上に一石を投じたつもりでいたし、これ以後現代社会が含む基本的な問題とそれに対する批判的接近法は大筋において変わらないだろうとも考えていたので、もうこれ以後は本などという公式の形のものを書く積もりはなかった。生意気に言えば現在（八〇年代以降に）言おうとすることは全て、その本の何処かに示唆的であれ、暗示的であれ、書き込まれている、というような「自負」めいたものさえあった。

＊　ここで言う、「現代社会」の中で必要な「思考法や接近法」というのは、いわゆる「戦後社会」の中で行われた営為との間の、一貫性と対応性、批判性と現代性、原理性と的中性、対面感覚と

歴史感覚、等々の複合体を指している。そして「戦後社会」といい、「現代社会」といい、日本のいわゆる「戦後史」の中の二段階であって、言うまでもなく、両者ともに、歴史的存在としての「人類史」と同様に歴史的存在としての「日本社会史」の中に属している。

——というわけで私はいよいよ制度化されますます硬化されてくる「学界」のなかに位置を占めようとは夢々思ったこともなかった（その点は初めの青年時代からそうであった。学問もないくせに世の言う「学者」の社交界を軽蔑していたのである。特にあの「ザーマス調」の話し方に象徴されるものを）。

そのような制度化された現下日本の「学者の世界」（実際は職業的な大学教師の世界）にも、まともに考え直そうとする気運がないわけではない。しかし、彼らは第一に、彼らをその制度内に引き入れてくれた先輩たち即ち恩人の傾向に対して厳格な批評家とはなれない（特に日本の狭い人材グループの中では）。第二に彼らが、その制度のなかで「学問」という名のある職業に従事しているかぎり、彼らが公刊する仕事の面で、「一介の読書人」になったり、脱「組織人的」思索者になったりすることは極めて困難である。小特殊社会における「皇祖皇宗の生きた遺訓」がある以上、なるべく逆らわない形でつまり持って回った形で、その「まともに考え直そうとする気運」は発揮・実現される。

象徴天皇制社会*下の理解や批判はそのような現世的配慮の下で「常識」的遠慮を通して発揮される。

思想構造的に見るならば、それは要するに、過去の仕事に対する「尊敬に満ちた内在的理解」とその仕事に対する「今日的必要からする厳格な批判的検討」の区別を定かにできず、そのため両者を両立させたり結合させたりすることができないのだ。そしてその両者の両立と結合こそが、流行や思惑に決して左右されないほんとうの理解なのだ。

「戦前・戦後社会」から遺伝子を引きずりながらも根底的な大変化を遂げた（その変化の大きさ・深さは、第二次大戦の敗戦および直後の変化よりも大きいものに違いない）「現代社会」の中から行われる、前の時代の中で行われた「仕事」に対する態度の裡で必要不可欠のものは、前時代のものの理解と批判、尊敬と厳しさの区別・両立・結合なのである。

＊「天皇制国家」とは区別して、国家を構成する人間とは全く違った普通の庶民が編成されて「天皇制社会」が作られ、その集合的権威の条件の下でのみ、初めて「翼賛体制」（日本型全体主義）ができたのだという経過の詳細はかつて、論じようと思って準備していながら、遂に怠惰のため果たさなかった。その意図だけの痕跡が『天皇制国家の支配原理』の中にホンのちょっと残っている。要するに、「天皇制国家」と「天皇制社会」は違うものであり、国家を担う者の方が、しばしば公正で寛容な判断を示したものだった——つまり熱狂主義から遠かった——ということ

は覚えておいても損はない。責任というものがもたらす平衡感覚や判断の公正さがそこに現われるからである。日本の場合、成り上がり国家人であるから十分にそれが働いているとは言えないが、それでも窮まりなくハネ上がり続ける大衆的熱狂よりは、それらの点でマシである。ただし他面で特権意識その他の権力感が並み以上に現われるけれども。そして実は今は言わないが、これらの間に相互関連がある。

いわゆる「学問社会」に話を戻そう。制度化された「学界内」では「まともな関心」もそのような歪みを受けざるをえないから、大量販売を狙う著述家として抜きん出ようとすれば、意識的に「学者世界」からはずれて、言ってみれば「芸能的センス」に近い態度で「学者世界」に入り込む傾向が現われる。これについては論評の限りでない。

これらの態度が現代日本のいわゆる「知識人」の在り方の主要なものである。そして私は、そのどれにも加えられることをお断わりする。私は一介の一書生であり、感じ且つ考える者の一人ではあっても「学界」とも「芸能センス」とも全く関係したくない。

しかも当面私は、老夫婦がともに病いを得て、私の「最晩年」は「最悪」になった。さあ、これに対して「シジフォス」で行くか、「逃亡策」で行くか、その二つの両極一致方策を考え出すか、何れにしても、「受容（アクセプタンス）の哲学」が私に今最も必要である。私に必要なのは波のように絶えず揺れ動きながら、その動きが多様であるような精神、モンテーニュの言う「オンドワイヨン・エ・ディヴェール（ondoyant et divers）」なのである。そこにある「生きて動いている平衡感覚と相互的関心と関係」こそが現代全体主義に対しても最大の異物である筈である。

実はこの本は、私の直腸ガンが見つかって、入院前に「手直し」を入れて本にする筈であった。というのは、八一年以来、私は書くことをお断わりしてきたが、「目上の友人」という関係の線上で、何事か『思想の科学』に緊急「必要」が生じたらしいときには、鶴見俊輔氏から直接、「断りを許さぬ長電話」が私に来て、執筆を要求された。それは「事実上の強要」に近いものであった。粘り合いの結果、私にできるのは、せいぜい題名を注文のものから変えてもらうことぐらいで、何も書かないことは「年長の友人」に対する友情をご破算にするのでなければ不可能であった。――ということが何度かあって『思想の科学』に二〇～三〇枚程度のものが幾つか載ってしまった。そして、その中のものが一部の人達に引用され、物書き社会の人達の知るところとなった。こうなった以上、むしろ、「公刊」しておいた方が「死後の安心」というものだ、と思って、入院までに「手直し」を終える積もりでみすず書房の加藤氏と約束し、取り掛かったのであった。しかし、「手直し」は苦痛の故に予想外に進まなかった。

退院後は、術後八ヵ月から十一ヵ月を経た今日でもまだ執筆に必要な集中を可能にする程の体調にはなっていない。加藤氏が見える日曜の朝、大急ぎで二〇ないし三〇分くらいなぐり書きをするだけで限度であったし、今もある。遅れに遅れて今日に至ったゆえんである。

私は平均寿命とか闘病精神とか、といった概念に反対である。生きものには、それぞれ「寿命」と呼ばれているものがあり、六十七にもなればガンで死んでも至極当然のはずである。私達はその「寿命」即ち「個体差」と「生きものの個別性」をこそ「アクセプト（受容）」しなければならぬ。それこそが先程のモンテーニュの言葉に代表されるような、全体主義の妨害物となる異物の養成・実現・普及に貢献する道だと思うのである。異物だらけの全体主義は定義上矛盾であって成り立ちえない。しかし、医術の世界も「診察」と同時に「治療方針」が「一貫流れ作業」として決まって居り、「同意書」は不同意の場合を前提としない一つの「行政」手続きに過ぎないし、他方には私たちの社会全体の態度の問題があって、「寿命」に従って生き且つ死ぬことができる人は、今日、果してどれだけいるだろうか。そこにも今日の「全体主義」の一つの現われがある。どのような生・死の態度をとればよいのだろうか。現代型のシステムとしての「全体主義」の下では、そういうことまでも、問題となるのだ。　（終）

一九九四年十月五日

初出と底本

Ⅰ

天皇制国家の支配原理　序章　『法学志林』一九五六年九月号／著作集1
理論人の形成——転向論前史　『共同研究　転向』上巻、平凡社、一九五九年（原題：「昭和八年を中心とする転向の状況」一・二／戦後精神の経験1
「プロレタリア民主主義」の原型　『講座　現代』12、岩波書店、一九六四年／著作集3

Ⅱ

維新の精神　『みすず』一九六五年三、五月号、六六年七月号／著作集4
日本社会における異端の「原型」（『近代日本思想史講座　第二巻　正統と異端』用原稿、第二章）『藤田省三著作集　10　異端論断章』、一九九七年／著作集10
或る生の姿、或は範疇の混同　『みすず』一九六九年一二月号／著作集8
情熱的懐疑家　『みすず』一九七〇年三月号／著作集8
糟粕論　『みすず』一九七〇年四月号／著作集8
五人の都市　『図書』一九七三年一月号／著作集8
雄弁と勘定　『毎日新聞』一九七三年一月八・九・一〇日付／著作集8

「飢譜」讃　『東京新聞』一九七四年一〇月二二日付／著作集8

III

或る喪失の経験　『子どもの館』一九八一年九月号／著作集5
松陰の精神史的意味に関する一考察　日本思想大系54『吉田松陰』、岩波書店、一九七八年（原題：書目撰定理由——松陰の精神史的意味に関する一考察）／著作集5
或る歴史的変質の時代　『月刊百科』一九七六年五月号／著作集5

IV

精神の非常時　『思想』一九八一年一一月号／著作集6
今日の経験　『思想の科学』一九八二年九月号／著作集6
「安楽」への全体主義　『思想の科学』一九八五年九月号／著作集6
『全体主義の時代経験』序（日付のあと省略）　『全体主義の時代経験』、みすず書房、一九九五年／著作集6

解説——藤田省三を読むために

市村弘正

1

藤田省三（一九二七—二〇〇三）は終生「戦後精神」なるものに固執し続けた。それは「戦後文化」とも規定され、自らをその「世代の最終走者」と称した。それは端的に、藤田が時論的でないかたちで時代状況に深く関与し続けたことを示しているだろう。政治思想史から出発した藤田が自らの学問的営為を「精神史」と呼ぶとき、それは関与の独特の方法的形式を表現している。藤田省三という思想家について思いをめぐらし、その書き残されたテクストを読もうとするとき、戦後に係るこの時代「精神」と「世代」経験という文脈をまず押さえておかなければならない。藤田の方法が「戦後精神」に支えられた精神史であるとすれば、そして多くの読者にとって「戦後」がリアリティの希薄な「遠い」風景的符号と化しているとすれば、戦後精神とは何か、その定義を試みなければならない。そのことに自覚的でないなら、既存の読者は藤田の口真似をして終わってしまい、新たな読者は先行世代の評価にとまどいながら、どう読めばよいのか文脈を見失うだろう。

留意しなければならないことは、「戦後」をただの年代記として捉えてはならないことである。年代記的感覚ゆえに「遠さ」が生じるとすれば、その遠近法に抗う思考と批判の方法的精神が藤田の「戦後精神」であったとも言える。それは「戦後の「精神」に導かれた民衆運動」として捉えられた六〇年安保闘争から、九六年刊行の批評文集に「戦後精神の経験」と名づけるまでの射程と規定性を持って、繰り返し「蘇生」させようとする思考の運動であった。確かに藤田にとっても、戦後は一八歳で遭遇した敗戦に始まり、六〇年安保という節目を持ち、高度経済成長という決定的な転換を通じて時代の質的変化に直面していくように見える。しかし、前の時代経験に煉瓦を積み重ねるように次の時代の経験を加上すると考えるなら、それは明治時代を維新から啓蒙活動と自由民権運動を経て近代国家の形成に至る道筋として描き出すのと同様の単純化と誤解をもたらすことになる。敗戦後の近代主義的な市民運動は明六社的啓蒙活動を類推させ、六〇年安保闘争は自由民権運動の記憶を喚起する。戦後の道程を明治維新からの一本の尺度の上に位置づけようとする記念碑的時代感覚は、藤田に『維新の精神』という対抗的なエッセイを執筆させる契機となっただけではない。その戦後認識は、たえず戦前の蓄積とその受容と継承についての方法意識とともにあった。「「もう一つの戦前」が次々と姿を現わし、一つ又一つと発見されて行く過程が戦後史なのであった」（『藤田省三著作集』第五巻、一九四頁。以下、『著作集』からの引用は、五―一九四のように略記）という藤田の命題が含みもつ時間感覚の複合性と可逆性は、その歴史意識の端的な表われにほかならない。

藤田省三は「人民主権」論的思考からスタートしたと指摘される。もちろん間違いではない。占領軍による「法律革命」の一環として治安維持法廃止や天皇制批判の自由などを含む「覚書」が発令された一九四五年一〇月四日を、個別的自由にとどまらない原初的な「市民的自由」の条件を手にした「日本国民にとって忘れ得ない日」として重視するのはその端的な表われであり、何よりも藤田の思想史家としての仕事が「天皇制国家」の批判的解剖から開始されたことを忘れるわけにはいかない。それは国家と区別された「人民社会」を形成するための条件の探求でもあったからである。「日本国家の伝統的傾向に対抗しながら、民主主義の規範を下から形成して行こうとする運動、これは人民社会のものである。むしろこの運動が社会なのである」（七―三五一）。このような藤田のモティーフは、八〇年に至ってなお、原則抜きの自然主義的エゴイズムという精神構造を打破して「多面的な知恵と感覚を土台にした重層的な決定能力をわれわれが身につけた時、その時に人民主権は確立する。私が求め続けているのはそういうものだ」（一―二三一）と主張する持続性を帯びていた（そこには同時に終息と断念の意識が含意されているのだが）。

しかし藤田の戦後的思考を「人民主権の精神的条件」の精査と探求として捉えることは、その思考の深部に届いていないように思える。藤田は「押しつけられた憲法」や「occupied Japan 問題」や「変わり身の速さ」といった人民社会を取り巻く諸条件に殆ど言及しない。そのような事柄が「事実問題」としてあることを、もちろん知らないわけではない。占領軍による解放という「二面性」にもとづく「恥辱と栄光」は、藤田にとっても敗戦後の出発の前提であった。しかし藤田にとって決定的に重要であったことは、敗戦による国家の崩壊という経験であり、そこに出現した「自然状態」であり、その白紙的条件において見出された「原人性《ウルメンシュ》の原形質」(七—二二五)と呼ぶべき事態であった。存在理由を失った国家と法律の外で生きるという経験とその「大きい記憶」を藤田は何よりも貴重なものとして保ち続けようとし、その経験と記憶を「戦後精神」と呼んだのである。

藤田省三の「戦後」の際立った特徴は、そこから取り出された「精神」が帯びる野生性の強度にある。藤田によって戦後は、国家機構の崩壊とともに「祖国」や「国民」という共同性の精神的秩序の喪失として捉えられた。国家に先立つ独立のネイションの観念が存在しないことは、日本近代の構造的弱点に違いないが、藤田はそれを「可能性へのチャンス」として捉え返そうとする。いわば「解体」状況を「解放」の条件へと転換しようとするのである。「それはむしろ完全に一掃された方がよい。物質的条件と政治的条件における荒野に加えて精神的秩序における荒野が立ちあらわれれば、そのときわれわれ日本人は、はじめてホッブス的な意味での自然状態を体験する。つまり国家もさらに社会制度も存在しない前の人間として、最も自由に生きることから出発するのである」（七―二三二）。ここでホッブズ的自然状態は、一切の制度から独立した人間たちが「相互生存の規範」を不断に作り直そうとする状態として捉えられている。戦後精神という表現は、このような自然権的な権利感情を指し示すものとして登場してくる。敗戦から一五年、藤田は戦後経験の核にそのような「精神」を見出し、あるいは時代は藤田の内にそのような「理念」を形成したとも言える。

「戦後精神」が、法律の外で生きることを自分で権利づけるという経験と記憶を拠りどころとする、制度相対化の感覚と自然権的権利意識として定義できるとすれば、藤田の「戦後文化世代」という表現もほぼ了解できるだろう。既存の制度的な序列関係から「解放」された、相互性と可逆性を体現する思考様式と行動形式を共有する集団である。括目すべき藤田の思考の「野生」性が個人的な資質に還元しえないとすれば、戦後の日本に「原人性」を見出した思考感覚こそが注目されなければならない。いや、そのような思考感覚を自らの精神を貫く「時代経験」として感受したところに、この思想家が戦後の日本に例外的な「野生の思考」を持ちえた根拠を見出さねばなるまい。しばしば時代が帯びるオリジナリティは個人のオリジナリティを凌駕する（藤田は最初の著書の「あとがき」で師友とともに「時代」に謝辞を述べている）。

そして時代状況に対して「反時代的」に関わろうとすればするほど、その思考は却って他よりも深く時代性に貫かれるのであり、状況の質的変貌に伴う転回と亀裂をはらまざるをえないのである。一人の思想家について語ることが一つの時代を語ることになる所以である。

2

藤田省三の「戦後精神」が、不断の民主主義的運動によって形成される「人民社会」のヴィジョンと国家の絶えざる巻き返しのもとで反動化する「幼年期日本社会」の現状とに引き裂かれる事態において発揮され、また時代の諸条件と社会的な制約に深々と貫かれる精神的作業として遂行されるとすれば、それは徹底的な方法的態度を要請するだろう。藤田省三のテクストを読むための文脈としての「マルクス主義という経験」である。藤田がしばしば自己の方法として語る「対象それ自身の論理にくぐり込んで、対象をして自らの論理的帰結の前に立たしめ、それによって批判しようとするもの」（一—二八九）は、藤田自身によってマルクスにおける「対象内在的批判の方法」（四—一五六）と呼ばれるものである。自然的な精神態度を切断して、このような論理を駆使する「理論人の形成」が日本社会に批判的に立ち向かう前提となるのであり、この意味で批判されるべき弱点を持ちながらも「状況に対する主体的な態度の主体的な転換」（本書六四頁）としての「転向」を成し遂げたマルクス主義が「もう一つの戦前」の一極点とされるのである。

藤田のマルクス主義に対する評価は、戦後の再建に際して「精神的秩序を作り上げるにあたって一番大きな力があったのは、マルクス主義者だった」（七―六六）という五八年の研究報告から、「原始的蓄積過程、あそこの社会史過程の叙述と判断には驚く。日本の場合でいうと、戦前で最も大きい功績は哲学的なものとかではなく、歴史叙述と農業問題についてです」（六―一三七）という九一年の発言まで一貫して揺るがない。戦前の日本におけるマルクス研究の分厚い蓄積に対する敬意と評価は（『日本資本主義発達史講座』の成立が……確固たる普遍者を発見し、それを知的に基礎付け、そのことによって日本の社会的現実に対して体系的に働きかける思想を生み出した」（四―一二三）、先行世代と同様に（時にそれ以上に）藤田において継承され持続的に保持されたと言ってよい。それだけではない。戦後を形成し支える思想として「発見」されるべき「隠された戦前」の核心にマルクス主義が位置づけられ、その敗戦後の活動が繰り返し称賛とともに語られるのである。「戦後の現実に対する知的対応の面においても戦前に蓄積されたマルクス主義の威力は卓越していた。その典型が「農地改革」の咀嚼力において現われていた……マルクス主義者だけが戦前の理論的蓄積の上に立って、如何に「農地改革」が当然のことであり、かつ又必要な緊急事であるかを説明することが出来たのである」

（五一—一九七）。このような藤田の内で戦後マルクス主義歴史学について「起源の忘却」があったとは到底思えない。むしろ上記の引用を含む論考において、戦後間もない時期の徳田球一の演説にナイーヴに思えるほど「「受難」経験の底に突き通る精神」を見出す一方で、網野善彦の仕事に「戦後の経験の水脈の今日的噴出」を読み込む（いうまでもなく網野の研究は戦後歴史学の自己批判に立脚している）藤田の内に、コミュニズムとマルクス主義をめぐる或る緊張をはらんだ精神の動き、その論考の主題でもある「両義性」を読むべきだろう。

藤田のマルクス的方法は「対象内在的批判」や「超越とは……超越せられるものからの拘束を受け続けている状況においてのみ生ずるもの」（本書八〇頁）という把握が示すように基本的にヘーゲル経由と言っていい。超越論が福本イズム批判の文脈で論じられているように、それはもちろん「理論」固有の問題関心において重視されているわけではない。そのマルクスの弁証法的認識を現実的な「実践」の課題として思考するとき（「何をなすべきか」）、藤田が選び取った対象が、「運動としての民主主義」を緊急に要請されたロシアであり、その理念の現実化を担ったレーニンであったことに深く思いを致さなければならない。レーニンの思想構造の分析を通して明らかにされた、自然的な精神態度の徹底的否定や自己規律性や徹底した方法的態度や普遍的価値への献身の精神は、天皇制国家批判や反ファシズム論や転向論を通して藤田が探求しようとした精神態度であった。「解放感覚」と「規範意識」とを連結しようとするレーニン的秩序原理」（本書一四四頁）といった指摘は、戦後日本の精神的課題そのものを想起させずにおかないだろう。「崩壊」状況が危機的に要請する原理感覚とリアリズムとの内的緊張や特殊命題と普遍原理との峻別は、ロシア革命期におけるレーニンに固有の問題ではない。

マルクス的方法と日本の精神的課題との連結はもちろんレーニン論に限らない。しばしば指摘される明治時代後半、端的に日露戦後における歴史的変質について、藤田省三が行った卓抜な分析は一面において深くマルクス的認識によって支えられている。かつての民権運動指導者の変質はどのような事態として剔抉されているか。彼の文章の抽象的な表現は「集約された具体性としての抽象」では全くないこと、また国家像そのものが「完全に具体的規定と限定とを失ってただの抽象的欲求となっている」（本書三六一頁）ことに見出されるのである。明治後半だけではない。現代の批評的言説について、何よりも背後の具体性を欠くただの抽象的言葉の空疎な主情性が批判されるのである。「抽象が多様な具体的諸規定の総括でないからかえって「定義なき抽象語」の無限の分列行進が始まる」（本書二二一頁）。精神的課題として藤田が焦点化する「具体的なるもの」に対する分析視角は、マルクスの方法を想起させるだろう。混沌とした現実を抽象し概念化し、そこから多様な規定と限定を持つ具体性として組織化していく、「多くの規定と関係とを含む一つの豊かな総体」（マルクス）を目指す『経済学批判序説』の方法である。しかし、他者との関係を失って抽象的欲望へと解体する事態に対する藤田の苛烈な分析的関心は、眼前の出来事を歴史として叙述する「社会学的歴史家」としてのマルクスの方法を咀嚼するだけでなく、それを踏み破ってしまう根底性を帯びていた。接近方法は「対象」そのものによって制約されるという学問的信条（マルクス主義のドグマティックな理解への批判として表明されている）に従って、それは理論的関心の水準における重心移動や自己展開としてでなく遂行されるだろう。

藤田省三の徹底的な方法的態度は、藤田の普遍主義や普遍的精神なるものの性格を明らかにする。それは天上から降臨する超越性や静態的な原則論や規範意識と無縁であるだけでなく正反対であった。それは歴史的社会的制約における動態的認識の遂行を必須の条件とする。普遍価値への献身が結晶化したレーニンにどのような認識態度が要請されていたか。「社会の諸要素は尽く自己の存立の条件として把えねばならない。……だからしてここでの認識は殆ど全部自己客観化である」（本書一二三頁）。他なる諸要素が尽く自己の存立条件となる限り、すべての認識が自己に係るのであり、それを認識し尽くす自己客観化が要請されるのである。すなわち普遍主義は他者認識を通して成立する。あるいはまた、抽象的欲望に解体する以前の日露戦前の「スティツマン」たちにどのような思考形式が発見できるか。「観察と行動・行動停止と能動と受動とが一連のものと見做されるとき、自分をも他の要素や他の諸条件とともに一つの函数と見做す普遍的精神が成立する」（本書三六五頁）。他なる諸条件とともにある函数としての自己。普遍主義は他者性に貫かれるものとして成立する。藤田省三はたんに強い規範意識に支えられた普遍主義者ではなかった。徹底的な「対象内在的」認識と「函数的」自己認識を通して、不断に他者性に関与する普遍的精神の担い手であろうとした方法的ラディカリストであった。

3

藤田省三の知的＝実践的課題は「社会」の構築にあったといえるだろう。実際、藤田は様々な局面と種々の論点を通じて繰り返し「日本社会」のあり方を問題にしている。それは藤田のテクストを読むための重要な文脈の一つを構成する。「国家的支配者を除外する意味で」日本社会と呼び（七―三四九）、「国家はスタティックな装置であり社会はダイナミックな運動である」という古典的命題を引き合いに出すのは、その典型的な用例の一つにほかならない。しかし藤田の思想史家としての仕事の出発点において、すでに「日本社会」が自立性を確保するにはあまりに困難な事態が剔出されていたのではなかったか。一八九〇年前後という画期に村落共同体の秩序原理が国家に制度化されることによって、「権力国家と共同態国家という異質な二原理による」両極的構成が成立し、支配のダイナミクスを決定する「内部の二契機が形成された」（本書一四頁）という天皇制的支配原理は（それは『日本の思想』における丸山真男の分析といわば共著的な相似性を持つ）社会形成の条件を決定的かつ持続的に規定せざるをえない。天皇制国家秩序の縮小版として生活秩序が編成される、藤田が「天皇制社会」と呼ぶ社会形態の成立であり、その存在の形式は敗戦によっても壊れることがなかった。したがって、戦後精神にもとづく藤田の社会構築の試み、そのダイナミックな運動の確保は、いわば「人民社会」と「天皇制社会」という二つのベクトルをもつ秩序意識に引き裂かれることになる。この問題関心は藤田の内部で晩年まで持ち続けられ、天皇制社会は「個別性が分出することへの恐怖の存在形式」として再定義されている（一―三〇四）。この意味で、藤田が最後の著書の「序」に付けた二つの注釈は興味深い。すなわち「戦後社会」と「現代社会」の区分であり、「天皇制国家」と「天皇制社会」の区別である（後者には「国家を担う者の方が、しばしば公正で寛容な判断を示したものだった」と注記されている）（本書四〇二頁）。それは戦後の社会構築の実践が直面した事態の深刻さをいわば決算書として提示している。

しかし「戦後精神」にとって社会のあり方をめぐる引き裂かれた条件のみが問題なのではなかった。一つの決定的に重大な事態が戦後社会を貫き通して、分裂に拍車をかけるだけでなく、その思想的緊張状態に解除を迫るものとして出現する。戦後社会と区別される「現代社会」を産み出すに至る事態である。高度経済成長という未曾有の「膨張と崩壊」の過程がそれであり、時代的制約と社会の諸要素を尽く自己の存立条件と見做す「精神」にとって、「その精神構造を明らかにしなければ何事も始まらないだろう」（本書二三九頁）という認識への努力が不可避に要請されざるをえない。「高度成長社会」は藤田の予想をはるかに越えて進行していた。それがもたらす変遷速度の増大と新奇追求の競争が、根拠にもとづく行動の規律づけという意味での「精神の営み」を解体しつつあるとすれば（八—一〇）、それを認識し尽くそうとする精神態度とともに、その方法的探究に全力を傾けざるをえない。一九六〇年代半ば以降の藤田の試行（思考）錯誤はそこに由来する。そこには少なくとも三つの「発明」を見出すことが出来るだろう。「形式としてのエッセイ」という思考形式の転換であり、思惟様式から生活様式への方法的視線の変更であり、呪術論という形態における「世俗化」の再考の試みである。社会の高度成長による「歴史的変質」は藤田に決定的な「転回」をもたらしたのである。

二年間のイギリス滞在から帰国した六九年、藤田省三は「高度成長反対」を宣言すると同時に、執筆を開始した文章において頻りに「形式」に言及し強調する。「精神の世界の新しい形式を形成すること」が緊要であり、「手段と形式の存在がいかに人間に本質的なものであるか」（八—一四）の認識が根本的であって、「形式の拒否」の帰結を熟慮しなければならない。そこには高度成長のもとで加速度的に進行する精神と社会の解体状況に対決しようとする姿勢が簡潔に表明されている。しかし時代状況に対する藤田の「形式」的対抗はすでに渡英前に試みられていた。六五―六六年に執筆された『維新の精神』は、著者自身が「突破感」を感じたという「横議・横行・横結」という維新における社会的連結の構造や価値体系の変革を担う「社会のステイツマン」の活動という、藤田の社会構想を示唆する「構造と過程」の分析において興味深いだけではない。何よりも一年前に発表されたレーニン論と鮮烈な対照を示す「短いエッセイ」と呼ばれる形式において際立っている。以後、藤田は『天皇制国家の支配原理』から「「プロレタリア民主主義」の原型」に至る論文形式に立ち戻ることはないだろう。そして形式の発明は新たな思考の発明でもあるとすれば、この新たな形式の選択は偶然ではないだろう。「破片において考えるのは現実そのものが破れているからであり、破れ目を取り繕うことによってではなく、それを突き抜けることによってみずからの統一を見出す」という「形式としてのエッセイ」の著者の言葉を引き合いに出すまでもない。それは六〇年代後半の解体状況に対する藤田の認識を想起させる。その認識は『維新の精神』における走り書き的な文体と苛立ちを振り切るようなスタイルに表われているが、「断片的なものにおいてラディカル」(アドルノ)というエッセイの形式を手繰り寄せるものだった。

丸山真男による「思想史における思惟内在的アプローチ」(一―二七三)を評価し自らの方法的基軸としながら、藤田省三がそこからの偏差を示すことになるのはどの地点だろうか。七〇年代末には「「衝動」の複合体が全ゆる思惟形式の根っ子において働いている。そして自分を育成した文化（生活様式）は同時にそういう「衝動」の母なる大地に他ならない」（五―二一五）という認識が示され、端的に「生活様式を含み込んだ思想史」について語られている。思惟様式から生活様式（文化）への方法的な「転回」である。すでに七〇年代前半に藤田の「断片的なものにおいてラディカル」な形式にもとづく批評は、社会生活における「基本的な必要」は何であるかを問いつづけること、共同生活について「必要のプライオリティ」を考える習慣をつけることを要請していた。そこには「日本の「高度成長」というのは全く恐いものである」（本書二四五頁）という危機意識がある。おそらく同時代の中で藤田ほど「高度成長」の腐蝕力に脅威を感じ、危機意識を抱きつづけた思想家は稀少だったのではあるまいか（後年、藤田は度々「成長の限界」に言及することになる）。それは「構造と過程」の分析形式に反省を促し、思惟内在的な認識に転換を迫る事態として受けとめられた。

しかし、高度成長という要因を導入しても、なお六〇年代半ばの『維新の精神』から七〇年代半ば以降における方法的転換への「飛躍」を了解することは難しい。その藤田の思考形式の変化を見定めるための「失われた環」と呼ぶべき論考が、『著作集』で初めて公表された「異端」論にほかならない。そこでは古典的な天皇制の呪術的世界がどのように「合理化」され正統化されるのか、それに伴って元来の呪術世界は如何に異端として働き始めるかが追究されている。すなわち「公的呪儀」たる天皇制の呪術的官僚制的統合に対して「呪術異端」という対抗カテゴリーの癒着と拮抗という内的矛盾が摘出されている。それは「霊の合理化」が行われない呪的正統のもとで異端も「百鬼夜行」化せざるをえない日本の「世俗化」の不徹底を再確認したように見える。しかし見逃してはならないのは、「秩序の合理化」を「呪儀」の側から、というより呪術世界それ自体において考えたということである。天皇制的統合における「合理化」のあり方を焦点化したことによって、西欧思想史の合理化や世俗化モデルの認識枠組みでは解釈できない事態が浮上したのである。かつての藤田にとって、理論と理論以前の「生活契機すなわち信念《ビリーフ》や情緒や衝動や処世智などとの接触点」（七—四七）は思想の非合理的要素として思想史的な課題であった。しかし、異端論は二つの点で藤田にいわば「認識論的切断」をもたらすことになった。「統合にとって中心的位置を占める祭儀（公的呪儀）」（本書一〇四頁）への認識であり、私的呪術が生きる「民間信仰」的生活世界に対する眼差しである。この認識と着眼が藤田に新たな社会認識の視座をもたらすことになる。浮上した課題に対処し、新たな視座を根本的に咀嚼するために帰国後の藤田は、しばしば語られる（些か伝説化された）徹底的な「勉強のやり直し」に着手する。それが人類学や古典文献学や神話学であったことは、新たな認識視座の方向と形式と性格を示しているだろう。

4

七〇年代半ば以降、書き継がれる諸論考は（後に『精神史的考察』としてまとめられる）、藤田省三自身が言うように「崩壊・没落過程」の観点によって貫かれているが、同時にそれは見落としようがない分析視角によって支えられている。「元号批判」として書かれた七五年のエッセイが端的に論述するように、収穫祭を中心として「諸次元の諸王の交替儀式が行われる」元号以前の小社会と異なって制定国家は「宇宙的天体や自然的季節や社会の収穫祭などに直接依拠することなく」（五―一七三）元号すなわち時間の国家的領有を遂行する。藤田の視座の方位とその咀嚼の「成果」が表われているだろう。そこでは伝統的な呪術世界も繊細に分節化されて異端論における「合理化」の批判的視点からの転換を示している。制定国家において「呪的儀式は従来の伝統的小社会の場合とは全く違って、人為的で大袈裟な過剰儀礼へと変質させられたのである」。さらに翌年発表された「保元物語」論は、鳥羽死劇を形成する呪的な「「手」の動機」を通して「巫女的所作の世界すなわち社会的異変（出来事）を演技的に再現し解明して見せる表現芸能の世界」（五―六六）に着目する。古代の「小王国」や「政体なき社会」に関する先行研究を咀嚼した上で、ここには祭式や儀礼を「社会」を編成する核心として捉え、その系として身体技法や前言語的象徴や演劇的形象に注目する藤田の社会認識の「諸次元」に係る視座転換が明示されているだろう。

一言でいえば「成年式パラダイム」と呼べるような認識枠組みの成立である（藤田省三は「パラダイム」といった言葉を好まないけれども）。成年式に典型的な「祭式的」なるものが、社会の構成と秩序の更新と社会全体の再生を担う核心的な出来事として捉えられる。藤田が「もっともよく私の哲学――「持続」と「差異」の統合、すなわちベルグソンの逆説「存在的生成」――を偉大な古典学者ジェイン・ハリソンに些か張り合った形で……表してはいるだろう」（五―iii）と自認する「或る喪失の経験」は、このパラダイムの全面展開によって貫かれている。おとぎ話と隠れん坊の内に読み取った成年式の通過儀礼とその「世俗化」の過程について、藤田は冗長と思えるほど「説明的」な言葉を費やしている。ひとかどの読書人なら「分かっていること」をなぜ長々と説明するのか。なぜ繰り返し同じ主題に立ち戻るのか。『精神史的考察』全体に言えることだが、とりわけこの論考は新知識という意味での情報量は極めて乏しい。この説明と繰り返しは「分かっている」と思う自明性の内に、どれほど「隠された」意味が含み込まれているかを解明しようとする。どのような事態に対して、どのような事柄を標的として、どのように論じようとしているのか。その「問題発見」を支える動機の深さと認識衝動の強さを理解しなければならない。それを読み取らなければ、結論めいた命題や主張を断定的な口調とともになぞっても藤田を読んだことにならない。そこに藤田のテクストを読むことの独特な「難しさ」がある。留意すべき点であると思う。その論考の「古典的成年式の分解と解体」の叙述は事実の平面における社会史的経験を示すだけではない。「おそらくわれわれの大多数は、何らかの集団的祭式の媒体の中、文字どおり中間的場所においていっそう自由に呼吸する」（ジェイン・ハリソン）という古代ギリシアの祭式的経験を手繰り寄せるように、それは普遍的祭式としての成年式における「持続と差異」を通して、それが含む試練の契機を試金石として、眼前の社会的経験の変質と破壊の深度を測り対抗する作業仮説となるのである。

七〇年代に獲得された「成年式」的パラダイムを通じて、藤田は何を明らかにしたのか。古代社会の「小国寡民」性とその「呪術的精神」から、律令国家と同様に模擬的帝国を目指した天皇制国家を再審に付しただけではない。自然と社会から遊離して制定された政治機構の儀礼的変質を問題化しただけではない。何よりも社会全体の再生産を担った古典的成年式の解体が、現代社会の危機的事態の基底に据えられることによって、その変質と崩壊に対する「精神の存否」をかけた批判的思考の形象的核心となるのである。現代は「成年式の文化形式性を失った「丸裸かの成年式」（の試煉）がいつ果てるともなく生の根元に盤踞するに至っている……全く新しい野蛮」（本書二九〇頁）の到来として捉えられることになる。かつて二〇世紀初頭の批判哲学は、啓蒙主義的な合理化と技術化の果てに理性なき「新しい野蛮」の出現を見出したが、藤田の「成年式」的視角は、社会の祭式とその呪術的精神の解体が、いわば剝き出しの成年式という「野蛮」をもたらしていることを解明しようとする。さらに、文化形式を失った「剝き出しの生」について、危機は精神の根底であり身体的基礎でもある「感覚的基底」をも貫き通しているとすれば、ネガティブと見做されるような「抵抗衝動」にまで降り立って考え直さなければならないと強調される。何が「必要でないか」、何を「しないか」、何を「言わないか」という隠された判断基準としての「ないの発見」が、いわば逆向きの感覚的抵抗を支える形式性において重視される。藤田における「形式」の重要性は、ここでは「集団的祭式の媒体」が持つ文化形式の崩壊によって照射される「精神」の根底的危機として捉えなおされているのである。「丸裸かの成年式」とはそのような事態を指していた。「この「完全に行き詰った社会」において、全ての人間はそれぞれの個人として自分の「精神の層」の「基底的部分」を露呈して来た。底が割れたのだ。危機は万人を貫き徹している」（八—二〇四）。

「成年式」的観点と二〇世紀の批判哲学との連関は、もちろんただの思いつきではない。成年式の古典的構造とその社会史的解体は「人類史的経験」として普遍化され、そこに含まれる「相互主体的交渉の塊り」を媒介として、藤田によってベンヤミンに代表される二〇世紀の批判精神と連結されるのである。成年式の形式解体と精神的基底の露呈から、「没落とは物事の基礎に達すること」（ベンヤミン）という命題に（飛躍を含みながら）一気に駆け抜ける「或る喪失の経験」というエッセイは、主題の的中度や方法の貫徹度よりも、その構成自体において藤田の問題関心の方向を鮮やかに示している。冗長を厭わぬ説明的叙述は、この現在性の着地点を目指していたのであった。「相互主体的交渉の存否」という基礎範疇と「経験」という鍵概念が、藤田の批判的理性の形姿をかたちづくることになる。既に明らかなように、古典学的人類学的な認識枠組みと経験概念の「発見」は同時併行的であり重層的であった。その批判的思考は「経験」の哲学として結晶化する。

5

藤田省三が七〇年代後半、人と物との関係の変質をめぐって「経験」という概念に全重量をかけるように、それを基軸として幾つものエッセイを発表したことは知られている。この「経験」の哲学が、藤田が七〇年代半ばから集中的に読み込んだベンヤミンの思考と緊密な関連のもとに形成され展開されたことは間違いない。藤田自身もその根本的概念をめぐってしばしばベンヤミンに言及している。しかし、それは『精神史的考察』前後の仕事をベンヤミンによって解釈し裁断できることを意味しない。それは却って藤田の思考の独自性や特異さを読み落としてしまうことになりかねない。ここには藤田のテクストを読むために留意しなければならない「ベンヤミン経験」という文脈がある。何よりも人類学や神話学や古典学に拠る方法的転回と併行して藤田はベンヤミンを「発見」したのであった。そのことは端的に両者の「戦後」的思考における「経験」の位置価の違いとして表われる。第一次大戦直後にベンヤミンが見て取ったのは「経験」が底をついて空っぽの状態であった。この「空洞」（彼の周囲にいたE・ブロッホやクラカウアーの基礎概念）からベンヤミンのいわば「戦後」の思考は開始される。「戦後の思考の前提は経験であった。どこまでも経験であった」という断言から始まる論考に典型的なように、藤田にとって「戦後」は相互関係性と両義性の原初的自由をはらむ「経験」を起点として措定されるものであった。そこでは崩壊や没落による空洞は、同時に「原人性」を可能にするような経験の場でもあった。したがって現在の精神状況において「相互性の塊りとしての経験の喪失」が語られるのであり、その意味で「「経験」は今日の認識の中心的範疇とならなければならない」（五—一九一）と主張される。それにとどまらない。「或る喪失の経験」の翌年に書かれたエッセイでは、絶対的他者としての物事と相互的に交渉する「経験」の中で、混沌の苦しい試練を経て欲求や希望の再形成が行われる「精神の「成年式」」（六—一一二）という比喩形象において、いわば祭式的経験として「最後の経験」が考えられている。

藤田にとって、物事や事態との遭遇・衝突・葛藤を含み、変形・融解・統合を経過する「相互主体的な交渉過程」こそが「経験」の内部構造であった。ここに、「静止状態における弁証法」にユートピアを見出し、「思考の停止」による歴史的対象の「結晶化」に救済を夢想するベンヤミンと、「社会はダイナミックな運動である」という命題を保持し、「生成経験」と「絶えず揺れ動きながら、その動きが多様であるような精神」（本書四〇四頁）を希求する藤田との相違を見るべきだろうか。確かに経験の「結晶」にも相互性の痕跡と「社会的なるものの胚種」を読みとる藤田にとって、経験はどこまでも「社会的」に開かれていなければならない。しかし同時に、それは藤田に独特なベンヤミンの咀嚼の仕方を示してもいる。戦後日本の思想家としての藤田省三の独自性が、眼前の「高度成長」によって腐蝕された物事への問いかけが「人類史的経験」と連繫するような「遠近法」的思考に見られるとすれば、その思考がベンヤミンに触発されて、もう一つの「埋もれた」過去を通して社会的現在を発見していったのであり、ここでも失敗や敗北や没落の意味についてベンヤミンに深く学びながら、「現代が含み持つ人類史的問題群」が発する微かな光を「零落し粉砕されて断片と化したもの」（六—四）に見出そうとするのである。

そのような「問題群」によって現代の精神が貫き通されているとすれば、私たちに出来ることは何か。現代の様々な領域における「受難経験の探求者たち」に学ぶことであり、それを物知り顔になぞるのでなく「彼らの精神と方法の根柢にまで達してそこに井戸を掘らねばならぬ」（六—六）のである。八一年のこの提言は藤田に対する現在の読者にも該当するだろう。この「井戸を掘る」という比喩を、かつての「意識の慣習の底に眠っている普遍的地下水を地表に噴出させること」（七—三六〇）や「あまりに共通な基本的経験であるが故に逆にかえって生活の中に深く沈澱させられたまま規範的意識の水面に昇ることがない」（七—三六一）といった地下水の比喩と対比してみるとよい。この二〇年の間に「普遍的地下水」の水量が枯渇して「規範的意識の水面」を確保することが困難になっている。普遍を論じ規範を語ることが困難になり「落魄」や「零落」がアクチュアリティを帯びていると言ってもよい。それは「戦後精神」の喫水線に係る問題であり、「歴史的変質の時代には精神の試験場は地下深くにある」とすれば「目に着きにくい歴史の地下水道」（本書三五八頁）に注意深くなければならないのである。個別的な物事に注がれる藤田の眼差しに、注意深さとともに或る「深み」が感知されるとすれば、それは藤田が抱えもつ「地下水道」的思考感覚によると言えよう。藤田の「経験」の哲学は、このような歴史認識に下支えされていた。それを藤田は「時代経験」という概念で提示しようとする。確かに「時代経験」は、社会関係の解体や観念形態の断片化という「状況性」を生きる者の内的様態を指すに相応しい概念に思える。そのような歴史の地下深くにある試験場で検証すべき「時代精神」と「時代経験」の一箇の体現者を藤田は論究することになる。「吉田松陰論」である。

6

個人の存立条件を時代や社会の他の諸条件とともに「一つの函数」と捉える藤田省三にとって、一箇の人間に対する評価は個人の内に完結するものでないと同時に、たんに時代状況に還元されるものではありえない。「函数」的把握とは、他なる要素や条件の徹底的認識を通して自己認識の遂行を促すのであって、安易な還元や中途半端な状況認識を拒絶するものであった。そのような藤田省三の一箇の人間をめぐる徹底的認識が最高度に発揮された論考が「吉田松陰論」であった。それは思想史研究における一成果であるのではない。一箇の個人を通じて「時代経験」の様相とはいかなるものかが鮮やかに解明され捉えられている。いわば時代感覚を過剰に抱え込んでいた藤田が、思想史的な媒介を経てそれをフル回転させたのが、福沢諭吉や中江兆民や内村鑑三でなく、「短い生涯そのものが彼の唯一つの主著」（本書二九六頁）とされる松陰であったことは極めて興味深い。

時代が突き付ける課題に応答しようとし、時代が課す諸条件と社会的制約に深々と貫かれながら、その時代状況を生き抜いた人物の論評として、藤田の傑出した論考が「思想家」ではなく「徹底的に状況的な存在」とされた松陰であったことは、おそらく偶然ではない。「状況的」

とは制度や型や恒数的なものによって支えられた秩序関係が崩壊した状態である。松陰が「変数関係」がすべてを支配する政治的・社会的・思想的な「崩壊状況」を生き抜き、何ものをも隠蔽することなく解体の時代の苦しみを「体現」したことが明らかにされていく。それによって松陰が「歴史の激動の持つ悲劇性」を自らの悲劇とし「転変期が持つギクシャクした喜劇的側面」をも意識することなく自身の行動様式の中に映し出したという指摘に、藤田の「思想史的」方位感覚が示されているだろう。幾つも留保しながらも、周囲の世界から孤立した松陰の内に、ただの感傷的な孤独と反対の「全社会の崩壊を宿した」孤独を見出し、「全社会の状況性を一身に引き受けて体現した者の内面的な深さ」を読み込み、「愚直に徹した」精神的な営みに共振するとき、藤田自身の「戦後精神」が辿らざるをえなかった「時代経験」をそこに読み取りたいという誘惑に駆られるだろう。

松陰の「時代経験」のあり方については、論述に就いて丁寧に読み取られねばならないが、ここには一端を記しておきたい。松陰の「記録精神」についての藤田の指摘は、その経験のアクチュアルな意味に気づかせずにいない。松陰は自らが接した事物や書籍や人物について対象性の自覚をもった記録類を遺している。基礎的な「事実」への注目が方法的に問題になってくるのは、従来の諸体系が崩壊し始めたときであるとすれば、「原初的な事実」を知ろうとする松陰の記録的態度の内に、藤田は「崩壊期がもたらす「事実」への注意と「感性」への重視」

の具体的な表われを見出す。しかし翻って考えれば、藤田が「基本的な必要」を評価と判断の基準とすることを要請し、すべての基礎的な事柄を一つ一つ検討するという思考作業の緊要性を提起しながら「基礎的な事柄の中にはもちろん人間感覚その他の諸能力も入っている」（本書二四五頁）と主張するのは、七〇年代前半の日本社会に対してなのである。基礎的な事柄と感覚への注目は、幕末期を迂回して高度成長期の日本を照射する。吉田松陰という「諸体系が崩壊する時代」を体現した者の「内面」を徹底的に読み込むことによって、崩壊期について動かしがたい認識に到達したのである。あるいは眼前の七〇年代を考え抜くことによって、松陰という一箇の破格の生涯の内に「一つの生がなした全仕事が、この全仕事のなかにその時代が、その時代のなかに歴史経過の全体が、保存され、かつ止揚されている」（ベンヤミン）という折り畳まれた歴史認識を把捉したと言ってもよい。

松陰論において対処せざるをえない問題に、彼の忠義の思想と連動し「夷狄」の哲学と結合していた「愛国的態度」の問題がある。松陰はその「尊王攘夷のナショナリズム」が称揚されてきたからである。しかし、ここでも松陰の「崩壊期の精神」に対する藤田の分析態度は揺るがない。松陰の政治的な忠義の社会像が分解して、一箇の内面へ収斂する「体系的イデオロギーの崩壊」に着目することによって、その解体が促す制度と型とを破る行動（国際的な「横議・横行」をまで試みさせるもの）の内になお生きている一つの精神態度に注目する。それによって松陰の「愛国的態度」は、ジョージ・オーウェルの「生活様式への愛」に読み換えられるのである。自分の属する生活様式への外からの侵害に対して防御的に対決する愛着を意味する、オーウェルの「生活様式への愛」によって松陰を論じ切るのは些か無理があるように思える。それは藤田も認めている。そのことよりも、ここで再確認したいのは藤田における「生活様式」という概念の重要性である。社会の歴史的変質が「思惟様式」の分析を踏み越えて「生活様式」への重心の移動を促したとすれば、崩壊状況における一箇の破格な精神としての松陰について、その崩壊の「時代経験」とともに捉えるとき「生活様式」が争点化するのである。藤田にとって「生活様式」とは、時代や社会の状況にもとづく生き方から日々の暮らし方までを包み込むものとして「生」のあり方そのものであった。社会全体の「状況化」のもとで、それは絶えず変質と亀裂と分解の危機をはらんだものとなる。

7

藤田省三は独特なかたちで時代状況に関与し続けた。時代の諸条件と社会の諸要素に連繋する思考は、主題たる対象とともに方法的な転回を促された。とりわけ「高度成長」による社会生活とその感覚の質的変化は深部に及ぶ決定的なものとして受けとめられた。藤田自らが語るように「特別の断絶が、あの高度成長で行われた」のであり、それは「堕落の一般化という点で深く且つ広い劃期」（六一一九二）であった。その「断絶の地点」を思考の場所とすることの確信から、生の複合性と相互関係性を核とする「生活様式」と「経験」の概念を通して精神と社会の現実を捉える藤田の方法が、どのような個別的物事に立ち向かい、どのような「問題」を発見したのかは、六〇年代後半以降の諸論考に就いて具体的に確かめられなければならない。ここでは、『精神史的考察』以後の藤田が、時代状況がもたらす問題の拡散とモティーフの揮発化に悪戦苦闘しながら収斂していった「全体主義」論の一端に思いをめぐらしたい。

「戦後経験」から「全体主義の時代経験」への推移は、時代にとっても藤田省三個人にとっても不幸な道筋であった。八〇年代以降の藤田の問題関心が、ハンナ・アレントを参看しつつ全体主義論に集約されたとき、限度なき市場経済とその「状況性」に対して、藤田がアレントに付け加えた形態が「生活様式における全体主義」に他ならない。その端緒をなす「「安楽」への全体主義」という文章のタイトルが示す生活様式と生活感覚の地殻変動、いわば社会的精神的プレートの移動についての反省的考察が藤田の関心の中心を占めることになる。全体主義という表現とその含意が、現代社会の生活様式と社会心性のすべてを塗りつぶして「脱却不可能」を思わせるけれども（実際、藤田がそう語ることもある）、「「安楽」への全体主義」というエッセイに「充実を取り戻すべく」という副題が付せられていることを見逃すべきではない。

その文章の末尾には「充実の存在」こそが安楽への隷属状態に対する「根本的な抵抗」であり、「文明の健康な限度設定とそれを担う小社会の形成という目標（ユートピア）への心指しでもある」（本書三九九頁）と書きとめられていることを見落としてはならないだろう。とめどない経済主義に対する「限度設定」と人間社会の核心としての「小社会の形成」とは、藤田にとって最後まで手放すことのないユートピアであった。不快や苦痛の除去と「安楽への自発的隷属」に関して、この論考は「言い過ぎ」のように思えるけれども、決して「絶望」に塗り込められた文章ではない。

しかし、最後の著書『全体主義の時代経験』に辿り着いたとき、心身ともに苦痛に苛まれながら、この「戦後精神」の最終走者は、「絶えず多様に揺れ動く精神」によって現代全体主義社会の「異物」たることを表明することが精一杯であった。「断絶」の場所において絶えず「異物」たらんとすること、それを藤田省三という思想家の最後のメッセージとして受けとりたい。

（付記）本書が成るにあたって、著作の収録を承諾してくださった藤田春子さんと、仲介の労をとってくださった小林祥一郎氏に、心から感謝したい。

平凡社ライブラリー 701

藤田《ふじた》省三《しようぞう》セレクション

発行日…………2010年5月10日 初版第1刷
2019年5月30日 初版第2刷

著者……………藤田省三

編者……………市村弘正

発行者…………下中美都

発行所…………株式会社平凡社
〒101-0051 東京都千代田区神田神保町3-29
電話 東京(03)3230-6579[編集]
東京(03)3230-6573[営業]
振替 00180-0-29639

印刷・製本 ……中央精版印刷株式会社

DTP…………エコーインテック株式会社＋平凡社制作

装幀……………中垣信夫

ISBN978-4-582-76701-8
NDC 分類番号311.21
B6変型判（16.0cm） 総ページ440

平凡社ホームページ http://www.heibonsha.co.jp/

平凡社ライブラリー　既刊より

【思想・精神史】